民国大师文库

（第三辑）

黄忏华西洋哲学史纲 (下)

黄忏华◎著

北京联合出版公司

Beijing United Publishing Co.,Ltd.

第五章　十九世纪后半期底哲学

第一节　黑智尔学派底分裂及唯物论底勃兴

（甲）黑智尔学派底分裂

从康德到叔本华底主要的哲学者，除赫尔巴特外，都采取唯心论。尤其是黑智尔底哲学，由精致的论理，普泛的应用，又普鲁士政府底保护；一时得非常的势力，风靡全德意志底思想界。他底辩证法，差不多侵犯学问底一切的领域。然而他死后四年，就是一千八百三十五年，德国底神学者司特老司，出版《耶稣传》，站在历史的观点论耶稣，做蟠在黑智尔学派里面底各种思想分裂底直接因由。黑智尔曾经论哲学和宗教底关系，说哲学和宗教，用不同的形式，表现同一内容。就是和哲学底形式，是概念相反，宗教底形式，是表象。以正统派自许。关于这个第二点，产生异说。一派底学徒，主张黑智尔底哲学，和教会派底教说一致，就是正统的。另一派底学徒，主张黑智尔底哲学，和正统派不相容。恰巧像斯宾挪莎底一元论，产生唯心论和唯物论。第二党底巨魁司特老司，比拟国会底席次，把他们叫作右党左党。右党就是保守派底代表者，是格瑟尔（Cöschel），罗生克兰（Rosenkranz），爱尔特曼。虽然，思想发达史上，占重要位置的，光是左党。左党就是自由派底代表者当中，在宗教哲学史底范围，有司特老司，费尔巴黑，宝厄（Bruno Bauer）。在权利哲学，社会哲学底范围，前有露格（Arnold Ruge），后有马克斯，拉萨尔（Lassalle）。

一　司特老司

司特老司（David Friedrich Strauss），是德国底哲学者。以一千八百零八年，生在符腾堡。起初进神学校，后来在杜平根大学，学神学；都师事德国底神学批评家主唐。他修学康德哲学，对于他偏于唯理的，不满意；醉心雅科俾，谢林，雅各，波姆，诗莱尔马哈等神秘哲学者和信仰哲学者。最后遵奉黑智尔。虽然，到晚年，倾倒自然主义和唯物论。他死在一千八百七十四年。

司特老司底主著《耶稣传》，关于福音历史底解释，开一新生面。《圣书》，尤其是《四福音书》底内容，果真是历史上底事实么？对于这个问题，回答"是"的，是正统派。非正统派底批评家，例如来马鲁斯，拿所谓他底记述违背理性做论据，说他都是耶稣底弟子们所假作。司特老司，对于这两种解释，都反对。以为《福音书》所记述，不是历史（事实），也不是假作，只是神话，就是信徒底热心的宗教的想象，无意识的歌唱出来底故事，就是无意识的诗歌。所以《福音书》底耶稣，不是历史上底耶稣，是信仰上底基督。历史的耶稣，我们完全不能够知道。司特老司，在《耶稣传》底末章，批评神人底教义。说神人性（是有限同时是无限），断不是所谓耶稣一个人底特性，是属于人类全体底特性。司特老司，像这样，反对正统派；然而最后倡导唯物论。

二　费儿巴黑

费儿巴黑（Ludwig Feuerbach），是德国底著名的唯物哲学者。以一千八百零四年，生在巴威（Bavaria）。起初在海得尔堡大学，学神学。后来在柏林大学，列席黑智尔底讲筵，很倾倒他。从一千八百二十八年，到一千八百三十二年，充任埃尔兰根（Erlangen）大学讲师，因为公然否定灵魂不灭，不能够升充教授。于是退隐田舍，从事著作。起初专心研究宗教，后来渐次带唯物论的倾向。

费儿巴黑，是十八世纪法国唯物论底再兴者。他底哲学，可以说是黑智尔哲学和马克斯哲学底中间关节。

费儿巴黑，想从心理上，说明宗教底起源。叫宗教底拟人的解释彻底。因而他底立场，不是唯物论，是人本主义。依他，宗教底中心，不是神，是人。神断不在人类之外，是人类底感情所创造。人类，把自己底衷心要望，最高理想，投射到自己底外边，看作离开自己独立存在底实在；就是神。所以人不同，从而神也不同。人类由描写神，去描写自己。所以宗教底发达，就是人类底发达。在基督教，所谓神是人格，是说人格的生活最高。所谓神是爱，是说没有像爱那样尊贵的。所谓神苦恼，是说为别人忍受苦恼，是神圣的行为。洗礼用水，圣晚餐式割面包，是说水和食，是生活所必须，因而是神物。所以神学就是人类学。又人类学之外，另外没有哲学。新哲学，拿人类做哲学底唯一普遍的而且最高的对象。

费儿巴黑，是黑智尔左党底代表的人物，倾倒斯宾挪莎一流底自然主义的泛神论，临了于是脱离黑智尔底观念论的辩证法，建立独自底唯物论。他排斥黑智尔哲学底神化，对于黑智尔，把精神的、普遍的、必然的，看作真实；他把自然的、偶然的、自然界，看作真实。对于黑智尔，把自然看作精神底他在；他把精神看作自然底他在。依他，物质，不是精神底产物。精神自体，不外乎物质底最高产物。

费儿巴黑底唯物论的倾向，逐渐走到极端。他批评侔雷斯珂底食物论，说关于食物底学说，在伦理上，在政治上，都有重大的意义。食物变成血液，血液变成心脏和脑髓，变成思想和精神底质料。食物。是文化和思想底基础。假如想把国民改良，应当停止大声非难他底罪恶，而拿良好的食物给他。人是吃底动物。

同从黑智尔出，在费儿巴黑等底影响之下，走到唯物论，在社会哲学底方面，发抒唯物的思想；又有马克斯。

三　马克斯

马克斯（Heinrich Karl Marx），是科学的社会主义底建设者，以一千八百十八年，生在普鲁士底末因省（Rhine）。他底父亲，是犹太人。他在波昂（Bonn）大学和柏林大学，专修法律。然而热心研究历史和哲学。一千八百四十年，著关于德谟颉利图和伊壁鸠鲁底论文。一千八百四十一年，得哲学博士底称号。他在学生时代，是黑智尔派底理想主义者。然而到和黑智尔左党底人们接近，渐次进到无神论的革命的倾向。卒业后，起初希望当波昂大学讲师，有志未逮。一千八百四十二年，充当《来因报》底编辑。第二年，到巴黎，热心从事经济学和社会主义研究。在那个地方，他制造后世所谓马克斯主义，就是社会主义理论同历史观底基础。他又和许多社会主义者交游，尤其是和蒲鲁东（Proudhon），彻夜谈论。其后对于蒲鲁东底《贫困底哲学》，著《哲学底贫困》，痛骂蒲鲁东，于是绝交。然而他在那里所会见底最重要的人物，是恩格斯（Engels）。恩格斯，公私都是他底援助者。后来卜居伦敦，专心从事社会主义经济学底著述。其间对于国际社会主义运动，多所尽力。《经济学批判》，《资本论》等，是他底业迹当中最著名的。他不断的遭遇官府底迫害，流浪各处。一千八百八十三年，死在伦敦。

黑智尔底学说，在另一方面，由马克斯，恩格斯等，和社会主义底学说结合。所谓马克斯主义，有很复杂的构造和要素。把他分做哲学方面底议论和经济学方面底议论去观察。前一种，是想拿哲学的根据，给他底经济的和社会的意见。后一种，暴露资本主义底本体。

马克斯学说全体底基调或者指针，是唯物史观（*Materialistische Ge-*

schichtsauffassung），又叫作经济的唯物论，辩证法的唯物论等。反对观念的史观，把人类社会底历史，看作不外乎思想（观念）底发展。从经济的立场，说人类社会底历史的发展，拿物质的生产力做动力，用辩证法的径路进行。以为一切历史的过程底根本本质，是经济的要求和经济的关系。以为精神的方面底历史、道德、法律、学问、艺术、宗教等生活现象一切，是经济的过程底结果和随伴现象。就是马克斯以为经济生活，是人类生活底基础。依他，不但是法律，政治；像道德，宗教，哲学；也都被经济的关系所制约。而社会底经济的关系，用黑智尔底措定反措定综合底关系，必然的发展。

　　详细说，就是人类底物质的生产活动，换句话说，就是生产生活资料底活动；制造某种必然的离开自己底意志独立底关系。人类，被这种和物质的生产力底发达程度相应底生产关系所支配。这个生产关系底全体，就是制造社会底经济的构造的。不是人类底意志，制造外界。是在人类周围底社会的关系，反对，构成人类底意志。而在这个社会的关系，最重大、最中心的，是经济关系。所有的东西，是拿这个关系做基础做根柢，在他上面所建筑。像法律的政治的上部构造就是。而又产生和他相应底某种社会的自觉（精神生活）。就是和生产力底程度相应底某种生产关系（经济组织），做基础；从那里，产生和他相应底法律的又政治的形态。因而又产生和他们相应底社会的意识形态，就是精神的文化。就是资本主义的生产组织（资本主义底经济的构造），产生和他相应底资本主义的法律的又政治的形态，又产生和他们相应底精神的文化。物质的生活资料底生产方法，决定社会的、政治的和精神的生活过程一般。

　　在像这样的见地，他明白是唯物论者。然而他更就历史的发展观察他，在那里建立辩证法的原理。依他。一定的组织上，有两个时期。第一个时期，是那个社会组织和那个社会底生产力，能够调和适合底时期。第二个时期，是那个社会底生产力，越发发达；到着某阶段，就和那个社会组织，不调和适合。就是那个社会组织和生产力底调和破裂，以前助长促进生产力发达底那个社会组织，现在却妨害生产力底发展。就是生产方法，发达到某程度；他里面生起种种的矛盾冲突。就是生产方法本身当中所包括底各种要素中间，生起矛盾冲突。到这个矛盾冲突，极度急激，于是社会组织底崩溃，就是社会革命生起。而在这个场合，经济的基础变化，同时他底巨大的上部构造全部，或者急激，或者徐徐变革。而以前底社会组织，于是告终；而新社会组织底第一期开始。像这样，人类底社会形态，同时又和他相应底精神的文化，不断的继续进化。

就是社会组织和社会底生产力能够维持调和底时代（第一期），是黑智尔所谓正底状态。然而伴随他底发达，他底内部，发生矛盾，发生反对势力底时代（第二期）；是所谓反底状态。而超越这个矛盾，到达更高的阶段；就是由革命，产生新社会；是所谓合底状态。这个进化过程，不是自动的又延续的流动；是发展的，是阶段的，是辩证法的。要约说，就是社会底历史，依辩证法的理法而进化。而把那个理法，最根本的体现的，是经济关系。所以对于经济关系底进化，人类底意志，没有力量。

（乙）唯物论底勃兴

从康德到黑智尔底德国哲学界，是思辨哲学底全盛期。然而前代理想主义，到十九世纪底中叶，沉在一种萎靡不振的状态；盛极一时底黑智尔哲学，在这个时候，也急转直下；而现实主义底风潮，替代理想主义勃兴。十九世纪，是自然科学底全盛时代。就是十八世纪末以后，成就异常的发达的，是自然科学底研究。因为自然科学底研究进步，学术上底大发见和大发明，陆续出现。例如法国底化学者拉瓦节（Lavoisier 1743—1794）关于燃烧底新说，德国底物理学者赫芝（Hertz 1857—1894）关于电气底新说，德国底自然科学者迈尔（Robert Mayer 1814—1878）底势力不灭说等，是最著名的业绩。这些大发见，惊动世人底耳目。他底结果，自然科学万能主义，物质尊重主义生起。从十九世纪底中叶到世纪末，是自然科学支配一切底时代。自然科学者，把从来许多的人类完全没有豫想过底神秘世界，展开在眼前；用有像这样的伟力底自然科学，无论什么问题，恐怕没有不能够解决底思想自然生出来。企图把精神上底各种问题，也从自然科学上说明的；从德国底学界陆续出现，唯物论于是抬头。

司特老司，费儿巴黑底主眼，是宗教上底唯物论。马克斯更把一切文化底发展，解释做唯物论的。然而都不是想把精神也用物质说明底形而上学的唯物论。倡导像这样的形而上学的唯物论的，从自然科学者中间产生。他们把唯物论看作自然科学底论理的归结。他底代表者，是佛格特（Karl Vogt 1817—1895），侔雷斯珂（Jacob Moleschott 1822—1893），毕希勒（Büchner 1824—1899）等。他们盛鼓吹唯物论，一时关于唯物论是非底争论盛行。就中，于一千八百五十四年在格丁根所开自然科学者会议底席上，生理学者瓦格涅（Rudolf Wagner 1805—1864），朗读所谓"人类底创造和精神底本质"底论文，拥护以太的精神本体——像音乐家推动钢琴底弦子一样，推动脑髓底纤维；而且由分裂，从双亲传到子女底精神本体说。引用《圣书》底教说，做这个假说底基础。而且为维持他，承认把知识和信仰充分区别底必要。他从实际的见地，主张离开物质过程独立的灵魂底存在。佛格特，对于这个，在他底主著《盲信和科学》，用巧妙的论锋，激烈的驳击。说像离开物质过程独立的灵魂，不存在。像这样的，只是盲目的信仰。学问是废毁像这样的信仰的。他以为脑髓是思想底器官。脑髓和思想底关系，像器官和作用。像胆汁对于肝脏，尿液对于肾脏。就是像胆汁是肝脏底分泌一样，思想是脑髓底分泌。他底主张，总之不外乎复兴法国启蒙时代底唯物论。

受佛格特底刺戟，许多的唯物论者辈出。例如侔雷斯珂，在他底主著《生命循环论》，把他底学说，建立在物质不灭说上。他说这个大思想，是近世底科学的研究所确认。将来底信念，也不可不拿他做基本。自然界底循环，实在足以惊叹。矿夫额头流汗，从地中掘出磷酸石灰。也许像这样，最良的脑髓和最高的思想，通过他们底两手。农夫用这些磷酸和石灰，施肥耕作地，因而更成为小麦底构成要素，而小麦成为人底身体和脑髓底营养。生命，和物质一同循环世界底所有的部分。思想也和生命一同循环。而思想为叫生命更善良更幸福，产生意志。人假如能够用最良的物质，供给有机体和脑髓；思想和意志，就也可以到达最高的发展。科学者，是今日底伯罗米修士（Prometheus）。化学，是最高的科学。像这样，倅雷斯珂，以为生命是物质从无机移行到有机，更从有机移行到无机底久远的循环。他底唯物论底结论，是没有物质，就没有力。没有力，就没有物质。思维，是脑物质底运动。又说人类，不外乎双亲和乳母，场处和时间，空气和气候，食物和衣着底总和。

毕希勒，受倅雷斯珂生命循环论底影响，著《力和物质》，又拿物质不灭，做究竟的根据。说势力不灭，不过是从物质不灭当然引出底自明的结论。又说力底循环，是物质循环底必然的对应。所以这个物质和力两种相合，永久构成我们所谓宇宙底现象全体。又人类底灵魂，是脑髓作用那个东西，所以和脑髓一同消灭。精神依赖物质，不是独立的存在。又人类是自然底进化所产生，他底意志和行为，预先被决定。生命也是一种自然运动。自然只有法则性和因果性，没有目的原因。

稍微后一点，德国底生物学者、哲学者赫克尔（Ernst Häckel 1834—1919），著《自然创造史》、《人类发生史》等有兴味的通俗书，把英国底进化论，输入德国。后年著《宇宙之谜》，根据进化论，倡导自家底自然主义的进化论的一元哲学。

赫克尔，虽然把他底哲学，叫作一元论。总之，是唯物论。更详细说，就是拿物质做根本原理。依他，一元哲学所认为宇宙之谜的，只有一项，就是实体问题。他以为一切哲学底种种的倾向，可以分做相反底两种理论；就是（一）二元的世界观，（二）一元的世界观。二元论，把宇宙分做全然不同底两种，就是物质界和非物质界。一元论，和他相反，只承认宇宙是唯一的实体。这个唯一的实体，就是神，同时是自然。肉体和精神，或者物质和势力，不能够分离。这个纯粹的一元论，和理论的唯物论，迥不相同。后一种，不承认有精神，把世界看作死原子底堆积。纯粹的一元论，又和理论的唯心论，迥不相同。后一种，不承认有物质，把世界看作势力就是非物质的自然力，特殊排列所成。他深信歌德所说：物质没有精神，又精神没有物质，都不能够存在，也不能够活动。他又依斯宾挪莎所说：实体是物质扩充到无限的，精神就是有感觉或者思维底物质，一切神的世界以及上下四方底物质，都拿这两种做根本。然而这两种，不过是某一种实体底两种属性。他把这两种，就是神和自然，肉体和精神，物质和势力，看作同一物底两面。实体，是物质，同时是精神。而这个事情，并非像一种信仰，是科学经验底结果。又他从脑髓底作用，说明认识。心理学是生理学底一部。

第二节 自然科学的唯心论

像在上面所说，十九世纪后半，是自然科学全盛，哲学衰落底时代。哲学上底学说，粗笨的唯物论流行。然而不是当时所有的学者，都遵奉唯物论。一方面充分承认自然科学底根本原理，就是机械的说明底价值。然而以为他只可以适用在现象世界。从这个见地，企图把唯物论和唯心论加以调和底人们，也从自然科学者中间生起。像朗格，费希奈尔，陆宰，冯特；就是。朗格，从认识论；费希奈尔，陆宰，冯特，从形而上学（唯心论）；把两种加以调和。又综合黑智尔和叔本华底哈特曼，在大体，也属于这个倾向。

一 朗 格

朗格（Friedrich Albert Lange），是德国底哲学者、经济学者，是前期新康德学派底一人，是马尔堡学派底建设者。以一千八百二十八年，生在索林根（Solingen）。少年时代，在沮利克（Zürich）和波昂两大学肄业。一千八百七十三年，充任马尔堡（Marburg）大学哲学教授，发起复归于康德底运动，催促康德哲学复兴底气运。死在一千八百七十五年。他底主著《唯物论史》，讲唯物论底历史，在批判的观念论底立脚地，检核古来底唯物论的思想。一方面承认批判的方法论的唯物论底价值，一方面非难唯物论的世界观底僭越；做新康德学派底先驱。

朗格，出在唯物论底全盛期，极力反抗这个风潮，祖述康德底认识论，驳击唯物论。一方面和费希奈尔，陆宰，互相呼应；制作新形而上学体系底时期。一方面诱致康德研究底风潮。依他，唯物论底功绩，是排斥目的观，主张一切的现象，只能够用原因结果底机械的结合说明。然而唯物论有不能够逾越底限界。他不能够说明意识。什么缘故呢？意识的进行，在势力不灭底原则，从而自然科学底领域以外缘故。像这样，唯物论，做自然科学研究法底原理，有重大的意义。然而做世界观，哲学体系；差不多没有价值。

朗格底立场，一方面叫我们复归于斯宾挪莎，同时一方面又叫我们复归于康德。他不把存在底两重形式，就是运动和意识，看作本源的究竟的。却指示全体的物质就是外界，和我们底身体，从而感觉器官，神经系，脑髓；实在都不过是对意识存在。换句话说，就是他们是意识底产物。我们把世界像现今解释，完全根据我们自己底机构。假如承认我们底世界观是物质的组织就是机构所产生，这个物质的机构，也不外乎意识底对象。详细说，就是他只直接在意识内，又对意识存在。物质和机构，都是我们底观念。所以精神和物质底争斗，结局，归于前一种底胜利。对于物质底素朴的信仰，精密研究他，就不得不消灭。然而这个信仰虽然消灭，自然科学研究底凯旋的进行，也不因为这个，丝毫受阻碍。

现实世界，是我们底机构所产生。而我们能够认识的，只是这个现实世界。然而我们更根据感情意志底要求，超越认识底范围，由想象力，创作种种的理想世界。这个就是艺术，宗教，和哲学底渊源。理想底世界，都是诗。形而上学，是概念底诗。理想和认识，有别种底根柢。因而断不可以混同，又不可以用一种规律另一种。

　　理想，像这样，和认识完全是别物。然而断不是和空想同一。但是从起源上论，理想，和空想同样，依从一定的心理的法则而生起。把理想和空想区别的，不是他底起源，是他底价值。所谓价值，是说他和人类底理想的本质，发生关系。所以把理想和空想区别的，也实在是理想。我们从心理上，可以把理想理解做空想。然而从精神的价值上，我们不可不把他由同类底价值计量。我们可以把哥隆（Köln）底大会堂，理解做石块底累积，然而他底价值，和其他的会堂，其他的美术品比较，才可以计量。从起源上看底时候，哥隆底宏大壮丽的会堂，也是石块底累积。然而从价值上看，是伟大的艺术品，有谁说不过是石块底累积呢？理想对于空想，也像这样。

　　康德，是近世哲学底巨擘。他底势力，弥漫德国底哲学界。但是到一千八百二十年以后，把他底地位，让给黑智尔。一时康德底名字，被哲学者所遗忘。然而一千八百五十年以后，从新见地，把康德底批判哲学复兴底学者兴起。一千八百六十年，哲学史家斐西耶底《康德》出版，学界底注目，重行集到康德，高举复归于康德底呐喊。一千八百六十六年，朗格底《唯物论史》出版，对于当时风靡思想界底唯物论，下致命的断案；拿有力的动机，给与康德哲学底复活。像这样，康德哲学，重行成为思想界底一大势力。研究他发展他底哲学者辈出。把这个康德底祖述者，总称作新康德学派。

二　费希奈尔

　　费希奈尔（Gustav Theodor Fechner），是德国底科学者，是思辨的神秘的思想家。以一千八百零一年，生在劳威兹（Lauwitz）。少年时代，在来比锡大学，学医学，兼学物理学和哲学。一千八百三十四年，充任同大学底物理学教授。一千八百三十九年，因为眼病辞职。以后，潜心研究自然哲学、心理学、美学等类。一千八百八十七年，死在来比锡。他创立精神物理学，可以看作实验心理学底先驱。在哲学上，他从精密科学的态度，建立一种实在论的唯心论。

他底主要的著作，有《植物底精神生活论》（*Nanna, od. Über das Seelenleben der Pflanzen*），《大界和来世底事物论》（*Zendavesta, od. Über die Dinge des Himmels und des Jenseits*），《精神物理学》（*Elemente der Psychophysik*），《光明观对黑暗观》（*Die Tagesansicht Gegenüber die Nachtansicht*）等。

物心并行论

费希奈尔，在世界观底方面，反对把精神生活丰富鲜明的世界，认为由漠然不明了的事物或者存在支撑底思想。他不断的排斥唯物论者底物质，唯心论者底精神本体，康德底物自体。又反对自然科学者和神学者，把神和世界，精神和自然分离。所以他和反对信仰没有精神底物质一样，反对信仰离开自然底神。就是和反对唯物论一样，反对正统派。更非难当时流行底世界观，以为包含二元论，就是有限和无限底分离。

费希奈尔，依自然科学底实验的方法，建立物心并行论。依他，物质和精神，完全同一。物质和精神底差别，是现象上底差别，由于观察点底差别，不是由于本体底差别。在他自己，是精神的。从别的立场看，就是物理的。所谓物理的，不外乎事物底现象的外样，并非现象底背后，有暗淡的不可知或者没有生命底物质，他是和我们同样的精神的生命，只有程度底差别。就是依他，身体和精神，不过是把同一物从外部和内部互相不同的方面眺望。譬如从内部眺望底曲线，是精神。从外部眺望底曲线，是身体。就是精神和身体，是同一物底两面。

他把这个身心相关论，用类推法，适用于种种的事物。以为从人类以外底动物植物，到地球同天体，都像人类一样，有身体和精神两面。依俗见，只是人类和动物，有精神。其他的任何事物，没有精神。然而我们只关于自己有精神，有直接的经验。别人和动物底有精神，能够从他底身体所发现底动作，用比论去推定他。所以假如有确实的理由，我们就把这个类推，更扩充到植物界和天体界，有何妨碍，或者有人说植物没有神经系统，所以没有精神。然而蛇不是没有四肢而动，笛子不是没有弦而响么？或者有人说植物底运动，由外界底刺戟，机械的惹起。我们底神经和脑髓底运动，也是机械的，然而我们不是和他一同感觉音响、色彩、温暖等类么？动物和植物，高等的，很为不同。然而下等的，断不能够划截然的界限。地球也有心。假如地球是死物，如何能够产生活物呢？或者有人说地球，没有鼻子，没有眼睛，没有耳朵，没有脑筋；所以不能够嗅，不能够看，不能够听，不能够思维。然而具有那些器官底人类，不是更构成所谓地球底一大有机体底器官么？和地球同样，其他一切的天体，也有心。物理的世界，有体系，有统一，必定有和他相应底精神的统一。像一切物理的现象，被所谓宇宙底一全体所统括一样。一切的精神，被神底精神所统括。世界在神之下，而且在神之中。神不单是最高的实在，同时又是世界底全体。神和世界底关系，犹如人心和人体底关系。自然是神底身体，是世界灵魂底客观的表现。而这个世界灵魂，对于自然，犹如人心对于人体。围绕我们底世界，并非像近世底物理学者和唯物论者所说，是没有意识没有感觉底黑暗世界，是从最小到最大，有生活有精神底光明世界。费希奈尔，把前一种世界观，叫作黑暗观。对于这个，把自己底立脚地，叫作光明观。万物有生命，有精神。像光和音响，也不是主观的假现，是客观的实在，是神底感觉。我们底生活，感情，思想，也都是神。我们在神当中，生活，动作，又存在。

像这样，万物都有心。物质的，在他自身，也是精神的。同一本质，对自己显现底时候，就是精神的。向外面显现底时候，就是物质的。所以精神和物质，不外乎同一实在底两种显现，物质必定伴随精神，精神也必定伴随物质。依这个并行论，就世界底一切进行，是物理的，同时是精神的。换句话说，就是精神物理的。然而精神的进行，和物理的进行，是同一物底两面，有物质的进行，必定有和他相应底精神的进行。所以不消说，物质和精神之间，没有因果关系。

费希奈尔，否定物质和精神之间底因果关系，然而承认两种之间，有一定的分量的关系。而规定这个关系的，是他底有名的精神物理学。他把外界底刺戟，和感觉强度底关系；依自然科学底方法，加以数量的研究；改良扩张韦柏（E. H. Weber 1795—1878 来比锡底生理学教授）底法则，用有名的精神物理学的公式，就是费希奈尔底法则表示他。所谓费希奈尔底法则，是感觉强度，比例刺戟强度底对数，而增进。费希奈尔底精神物理学，安置实验心理学底巩固的基础，大成他的，是心理学底泰斗冯特。

三 陆宰

陆宰（Hermann Lotze），是德国底哲学者。以一千八百十七年，生在宝层（Bautzen）。一千八百三十四年，进来比锡大学，学医学和哲学。在文学哲学底方面，受外塞（Weisse）；在科学底方面，受韦柏，福尔克曼（A. W. Volkmann），费希奈尔底感化。一千八百三十九年，充任同大学哲学医学两科底讲师。一千八百四十二年，升充额外哲学教授，一千八百四十四年，应格丁根大学之聘。继赫尔巴特之后，充任哲学教授。他底主要著作，差不多是这个时期所成。一千八百八十一年春天，转到柏林大学，充任哲学教授。同年，死在柏林。

他底主要的著作，有《小宇宙》（*Milkrokosmos*），《论理学》（*Logik*），《形而上学》（*Metaphysik*）等。

泛心论

陆宰和费希奈尔、哈特曼、冯特等，同属于所谓自然科学的形而上学派。他底哲学，是综合自然科学的思潮和理想主义的。他一方面采取机械的自然观，一方面以为这个机械的自然过程，不过是神为想实现最高理想，就是善底手段。

陆宰，调和来布尼兹，赫尔巴特以及物理学者底实在论；和黑智尔，斐希特等底唯心哲学；倡导目的论的唯心论。依他，所谓事物存在，就是所谓有物，并非单是说被知觉，而且是说互相有亲密的关系。所以没有我底知觉底时候，有别人底知觉。没有一切的知觉底时候，事物也自己相互间有关系，依然存在。又所谓事物存在，不是和别的没有何等关系底纯粹的存在，没有关系，就没有规定。离开一切规定底存在，等于黑智尔底论理学所谓非有。换句话说，就是像这样的有，等于无。纯有，完全是抽象的产物，不是具象的实有。

关系底主体，是事物。事物，他自身，是浑一的常住的。然而是许多变化的状态底所有者。这样，那么，那个所谓所有者，是什么东西呢？自然科学底机械观，只告诉事物相互间底关系，就是事物底外面的事情。不断的变化状态，然而他自身常时是同一的，不外乎精神。精神，尽管自己底状态，始终变化；然而由记忆和追想，感觉又知道自己是那些状态底常住的浑一的主观。所以事物底内面的本性，依比论，也是精神。凡存在的，都有心。

关系，属于物自体底状态，关系底变化，同时是状态底变化。因而所谓关系，是互相变化状态。就是关系，是交互作用（Wechselwirkung）。宇宙间种种杂多的事物存在。然而那些事物，没有一种孤立而存在。不但不孤立而存在，而且一物作用他物，同时又被他物所作用。物和物之间，有能够互相给予变化又互相被给予底交互关系，所以成立原因和结果底关系。假如绝对孤立，没有像这样的微妙的交互关系，物和物之间，就没有能够生起因果关系和其他的关系底道理。就是宇宙间，没有一物，绝对孤

立。所有的事物，互相作用，又互相被作用。所以宇宙全体，不可不说是
互有关系底浑然的一全体。然而这个杂多的事物，互有关系，而构成统一
体；由于精神作用。精神作用以外，没有把这个杂多的事物统一底作用。
所以构成统一体底宇宙，也不可不说是精神的实在。假如宇宙不是精神的
实在，就没有构成浑然的统一底理由。宇宙是精神的实在，所以万物当然
都有心。心底发达，不消说，从不明了的感情，到明了的自意识，有无数
的阶段。然而从最高的动植物，到尘芥，没有一种不是活物。万物都有
心。——这就是泛心论。他从唯物论底根本法则就是因果关系出发，到达
泛心论的思想。

一切的实在，是唯一无限的无制约的绝对的实体底状态又部分。因而
交互作用，是绝对者在自己底上面作用。而这个绝对的实体，从宗教哲学
上考察底时候，就是神。像已经说过。事物底本质，是变化当中底不变，
杂多当中底浑一。而像这样的本质，精神之外，不得有。神是一切实在底
普遍的本质，是把物质和精神底根本反对说明底绝对的原理。所以是精
神。神是最高绝对的人格，世界完全依属神底意志，因而是神底本性底必
然的开展。但是横在我们眼前底世界，只是现象。认识断不是和一切实在
底交互作用绝缘的表象底世界，是由外物和精神不断的交通才生底现象。
所以依属两种尤其是精神底性质。像这样，不是把世界照实摹写。然而这
个事，断不是可悲。什么缘故呢？依陆宰，真有价值的，是表象底世界。
外面底实在，反而不过是叫他产生底手段。以太和空气底波动，单是方
便，有意义的，是灿烂的色彩，嘹亮的乐声，缘故。事物被精神所认识，
所赏玩，才完成他底本分，认识底真理，在阐明世界底意义和本分。这
样，那么，世界底目的，是什么呢？是实现最高理想，就是善。就是世界
为善为最高理想而存在。而那个所谓善，是什么呢？是福祉（Seligkeit）。
然而这个事，不消说，是实际的信仰，不是理论上底基础。总之，陆宰就
自然科学所承认底因果关系，论证精神的实体。

　　陆宰，是伦理的目的论的观念论者底很有名的代表。虽然在经验科学底领域内，是机械观底极其热心的辩护者。然而在冥想底领域内，不把这个机械的方法，估价过高。他对于道德的宗教的要求，感觉很为敏锐，不忍否定世界底意义，把人类灵魂看作机械作用底产物。所以不满足科学，而在道德生活和价值底世界里面，探求形而上学底基础。在善和伦理的规范里面，探求世界底真内容，和一切过程底实体。

　　我们观察应然，才能够理解实然。什么缘故呢？自然界，没有离开全体底目的和意义，独立生起底事物。对于全体，各部分负有他底存在和他底能力。从科学底有限的见地，似乎被机械的法则所支配底各种作用；从全体的绝对的立场看他，其实也是自发的作用。而受动的服从底机械的法则，变成自动的认可底理想的规范。价值，是一切实在底规范；所有的事物，准照他底价值，存在和延续。光是在全体底调和里面，扮演一个角色的，能够永久存续。认识作用，也从属实际的活动底目的。真理，光是作为实现善底必要的假定，有价值。这个实践理性底优先，和价值底观念，是陆宰哲学底枢轴。后来变成文德尔班，闵斯德堡，罗益世底哲学底主要的原理。

　　包尔生底主意主义

　　又德国底哲学者包尔生（Friedrich Paulsen 1846—1908）也在他底哲学概论里面，提供和费希奈尔，陆宰同样底观念的世界观。依他，世界是精神的全生命底现象。自然法则，是神的意志底普遍的现象形式。

　　包尔生和尼采，到达主意主义底极端，把理性看作不过是意志底机关。依包尔生，精神底构造，全部是种族进化底偶然的结果。时间，空间，范畴；和眼睛，耳朵，脑髓同样；出现在进化底过程当中。所以他们不过是意识底变化的第二次的部分。然而意志普遍一切生活活动当中，而且可以由这个比论，推定做一切物质的活动底基础。这个意志，实在是贯通精神和宇宙底真正第一次的永久的原理。规定生活底目的的，不是理性，是意志。理智只行使一种从属的职能，就是发见于成就这个意志底目的，适当的最善的手段。存在底意义，只显现在事物和意志底关系当中，只显现在一切评价底基础，就是不明了的感情当中。而哲学底真事业，在规定这个存在底意义。所以我们要想和横在事物下面底生命接触，必须不依靠理智的意识，而依靠道德的和宗教的信念。世界，不是各种盲目的力量底无意义的游戏，是我们底意志所指向底最高善，同时是宇宙过程底目的。这个确信，不能够由只把现象界底实在情形登录底科学得来。他只能够由敏锐的义务意识，相对于一切价值底创造者就是完全者底宗教的信念，得来。

包尔生，像一切主意主义者一样，依靠心理学的分析，证明意志底优先。心理学者，也从霍夫丁（Höffding），斯滔特（Stout），瓦尔德（Ward），约德尔（Jodl）等起；对于主意主义，热烈的欢迎。

四　哈特曼

哈特曼（Karl Robert Eduart von Hartmann），是德国底哲学者，和冯特相并，占第一流底地位。以一千八百四十二年，生在柏林。他底父亲，是陆军军官。哈特曼自己，起初也当军官，因病辞职，静居柏林郊外，专门致力于哲学底研究。一千八百六十九年，发表《无意识者底哲学》（*Philosophie des Unbewussten*），大受世人底欢迎。一千九百零六年，去世。

哈特曼，除《无意识者底哲学》之外，关于道德、宗教、美学等类底著作很多。哲学底方面，有《认识论底根本问题》（*Grundproblem der Erkenntmistheorie*），《范畴论》（*Kategorienlehre*），《哲学纲要》（*System der Philosophie im Grundriss*）等。

德国历代底哲学者，都和大学底讲座有关系。哈特曼虽然始终以私人资格，发表研究，也不失为学术界底一异彩。

无意识哲学

哈特曼，综合谢林，黑智尔，叔本华底哲学；在各种科学的成果上，依归纳的自然科学的方法，建筑一个思辨的哲学体系。

哈特曼，把叔本华底盲目的"意志"，和黑智尔底纯理性的"观念"结合；就是把黑智尔底泛理性论（主知说），和叔本华底泛意志论（主意说）调和；创说拿无意识者做根本实在底自然哲学。他和谢林在万有底差别之上，建立无差别的本体，叫他做绝对相同；拿无意识做绝对的本体，说意志和理性，是这个本体底两种属性。就是把意志和表象（就是黑智尔所谓理性），非论理的和论理的，看作精神的原实在底两种同位的属性。用无意识者底名字，称呼这个原实在。

哈特曼，把事物本质底根据，看作理性。把存在底根据，看作意志。理智，他自己没有力量，所以没有意志，理智就不能够存在。又单是意志，他底追求，就没有目的。所以没有理性，就不能够成为一定的意志。因此，意志，理性；毕竟都是相对的根本原理，不是绝对的原理。绝对，是精神。意志，理性，都不过是他底属性。理性，是意识底条件，在他前面，所以是无意识。意志，是盲目的，所以也是无意识。因而包含意志和理性底绝对，就是精神，是无意识的精神。

意志，是发动的。理性，是受动的。前一种，没有条理，没有方向，没有目的。后一种，给与条理，规定方向，订立目的。世界底存在，因为有前一种。世界底像这样存在，因为有后一种。两种底性质相反。由相反的两种，互相作用；产生变化，产生抵抗冲突，产生固定、分解、集散、离合等类。像这样，于是这个世界成功。

费希奈尔，陆宰，承认自然底机械的说明。然而哈特曼，以为机械的说明，不充分，必须用观念论的思想补充他。假如不假定自然有意志底作用，种种的事实，就不能够说明。而这个意志，总之，是无意识的被目的观念所规定底意志。例如动物底本能，不意识（知觉）那个目的，而灵敏的向目的行动。他不是被机械的和精神的事情所规定，而是为适应他底环境，应他底需要，而改变他底机关。事物当中底指导原理，是无意识非人格的，然而是观念加意志，他只用人类底脑髓能够意识。物质是力底中心，就是无意识的意志冲动所构成，而他代表绝对普遍的无意识精神底活动。这个绝对精神，元来在无活动底状态；不过是潜在的意志或者理性，但是他被没有根据底意志所作用。然而由他里面有论理的理性，无意识的世界意志，被合理的目的所支配，表现在进化底合理的过程当中。

哈特曼，和叔本华相同，承认世界是一种苦难场。像这样的世界底起源，是无意识者当中所包含底盲目的生活意志，偶然渴仰存在，从本质变做现象，从潜在变做活动，从超越的存在变做存在，压倒理性底结果。像这样，世界天天变化不止。然而万有底变化，像黑智尔所说，是进化的。他底目的，像叔本华所说，在解脱。试看无论什么人，都躲避不快乐，追求快乐，不休止；就知道世界是苦恼底世界，不如没有的好。叫他这样的，是意志。虽然，试看自然界，有调和，有统一。又试看历史所显示人类进化底踪迹，就知道世界就是最好的世界。叫他这样的，是理性。盲目的意志底活动，渐次被理性所整顿，所限制；渐次向安静，向休止；于是复归于无意识。就是一切的意欲，是过恶，是不幸底原因。然而哈特曼相信所有的开展，有起始和终结。世界发展底结果，意识发生发达。意识发达，文明就进步。然而文明，是一切苦痛底源泉。苦痛，比例文明底进步而增加。所以到文明底进步，到达极点；真正彻底的知道人生是苦痛，一切的努力是仇敌；人类自然决心非存在。于是无意识者，脱离绝对意志，复归于本来的静止底状态，就是涅槃。然而同时我们底义务，是极端肯定生活意志，不是实行禁欲和避世。

依哈特曼，哲学，根据天才的神秘的直观。我们由像这样的直观力，才能够参与横在经验底根柢底无意识的精神活动。因为这个缘故，所有的哲学，光是创造他底哲学者，和由一种神秘的作用在自己里面发见他底根本要素底人，能够证明。这种理智的直观底思想，哈特曼，从谢林底哲学得来。

哈特曼底无意识，不过是名义上底无意识。实际，他底无意识，是比我们底意识更高的意识，可以叫他做超意识。

五　冯　特

冯特（Wilhelm Wundt），是德国底哲学者，是近世心理学底建设者。以一千八百三十二年，生在巴登（Baden）。少年时代，在杜平根，海得尔堡，柏林等大学；研究医学。一千八百五十七年，充任海得尔堡大学底生理学讲师。一千八百六十四年，升充额外教授。一千八百七十四年，应沮利克大学之聘，继朗格之后，充任归纳哲学教授。第二年，转任来比锡大学教授，担任哲学讲座。一千九百十九年，死在来比锡。

冯特底传记，就是研究底经路。他在一千八百七十四年，出版《生理学的心理学》（*Grundziige der Physiologischen Psychologie*）。这个著作，次于费希奈尔底《精神物理学》，是实验心理学底名著。一千八百八十年以后，绵亘数年，著《论理学》。一千八百八十六年，著《伦理学》。一千八百八十九年，出版《哲学体系》（*System der Philosophie*）。在近世底哲学界，放一异彩。一千八百九十六年，著《心理学原论》（*Grundriss der Psychologie*），根据自己多年底研究，简明论述心理学问题底要领。一千九百年，出版《民族心理学》（*Völkerpsychologie*）。他又在供教职之余，从一千八百八十一年到一千九百零三年，发刊标题做《哲学研究》底杂志。

又他在来比锡大学，设立实验心理学研究室，自己当指导底任务，养成许多的心理学生。这个心理学研究底模范，不单是德国，各外国，尤其是北美，盛行同样的设备。

（1）哲学底定义

冯特是近世底最伟大的精神物理学者，他从医学、生理学、心理学等自然科学研究，移到哲学；而在哲学上，采取斯宾挪莎，德国观念论，赫尔巴特，费希奈尔，陆宰和近世进化论底学说；建设一个主意论的哲学体系。

依冯特，把人引到哲学的，是理智的要求。哲学是显示叫理性和感情底要求同时满足底世界观、人生观的。近代，理智的要求底范围扩大，科学发达；单是像在希腊时代，哲学，绝对不能够满足理智的要求。而这些科学底发达，成为叫理智的兴味增大底有力的指导者。不能够像浪漫派底思辨哲学，把科学置之度外。哲学底使命，反而在：叫由科学所得底种种知识，相互间一致；产生理智的兴味和道德的要求底调和。因而科学的哲学，可以把他定义做：把由特殊科学所得底普遍的知识，统一、综合、调和；去建立没有矛盾撞着的体系底普遍的科学。就是把哲学定义做普遍的学问，他底机能，是把用特殊科学所得底一般的真理，组织成一个首尾一致的系统。所以哲学底目的，是把我们关于万有底各个的知识，统一综合；不单拿满足给与悟性底要求，又叫心意全体底需要，就是道德的宗教的感情满足底世界观、人生观。换句话说，就是哲学：拿把科学底结果，组织成没有矛盾的体系，去把科学和宗教调和；做他底任务。

（2）精神现象和物质现象

冯特，把哲学大别做认识论和原理论。属于认识论的，是思考论（形式论理学），和知识底理论，以及历史（本来的认识论）。原理论，是普泛的部分，他把他叫作形而上学，说他是哲学底终结，然而不是他底出发点。形而上学，也有特殊的区分，就是自然底哲学同精神底哲学。

冯特底认识论，从直接经验出发。他先从自然科学的立场，假定精神现象和物质（自然）现象。依他底心理哲学，所谓精神现象或者心理现象，是直接经验底现象。所谓直接经验，是还没有主观和客观底对立，浑然一体底经验。就是事物和由那个事物所生底观念还没有分别底状态，他叫他做直接经验。就是没有经验，认识固然不成立，然而不是像英国底经验派，只把外界底经验，看作经验底全体。光是从外界来底刺戟，不能够产生认识作用。认识，由我们底精神所具有底思维作用，和外界底刺戟底协力的动作，产生。而最具体的直接经验——含有客观性底表象，是他底出发点，所以这个表象，一方面和对象连续，一方面和思维关联。思维和存在，表象和事物，是不可分离底状态。断没有单是他底一方面单独存在或者活动底场合。假如把思维和存在，表象和事物，假定做两种各别的实在，就不能够了解两种能够互相关系底理由。因而两种底认识关系，不能够解释。主观，不在客观以前。两种，是我们在反省底时候，抽象作用底结果；把本原的经验底不可分的对象，分做思维底主体，和被思维底对象。两种，是同一实际的事实底两种论理的规定，不是根本不同底两种事实。认识作用底出发点，不是纯粹思维，也不是主观的表象，是含有客观性底表象。总之，认识底根柢，是直接经验；在这个直接经验当中，活动性，感情性，表象性；融合为一。那么，什么缘故，思维作用，不满足这个直接经验，却逐渐制造概念，一直到他到达科学底最抽象的概念，和形而上学底究竟概念呢？这个是先验的理性底统一要求，努力把包含潜在的矛盾底原本的经验，精练统一；缘故。就是像这样的直接经验，拿感觉，观念，表象，感情，欲望，都不能够分离底浑一体，做内容。把像这样的经验，加以科学的分析，才产生主观客观底区别。像离开观念，没有感情一般；没有离开感情和欲望底观念作用，是都不能够分离底浑一体。然而科学的知识，不满足像这样的直接经验。从这个直接经验当中，把观念抽象，把他看作客观的存在。和这个客观的存在对立，感情、欲望、意志等类，是主观的存在。

因而客观的存在，对直接经验说，就不外乎间接经验。客观的存在，都是从直接经验当中分离、抽象底间接的存在。所谓客观的存在，是所谓物质现象。从冯特底学说说，就是物质现象，不像精神现象是确实的实在，是不确实的间接的假定。什么缘故呢？精神现象，是主观的存在，我们能够直接观察他。物质现象，是客观的存在，只能够间接类推、想象。

　　冯特详细论精神现象和物质现象底特质，物质现象，古来用实体原理说明。就是把物质现象，看作从像所谓原子或者元素底不变不动不可分的实体或者本体成立。就是物质现象，不是所谓活动、变化、作用底过程，是把从所谓原子或者元素成立底不变不动的实体延续的。

　　然而精神现象，全然和他相反。古来把精神现象，也用实体原理说明。就是假定像所谓灵魂底原理，把精神现象看作这个实体底作用。然而现在排斥像这样的假定，以为精神现象，不像物质现象，是实体的；全然是活动，是作用，是变化，是过程。换句话说，就是和物质是物，是实体比较；精神全然是作用，是活动。因而他不由支配物质现象底实体原理支配，完全由活动原理支配。而这个精神现象底中心作用，支配精神现象底原理，是意志，是情意活动。

　　冯特，更从种种的方面，阐明精神现象和物质现象底差异。第一，对于物质现象，是量的；精神现象，是质的，价值的。他说：和物质现象，能够纯粹从分量上测定相反；精神现象，要从品质上测定。近代底自然科学，假定物质现象，可以依势力（Energie）分量底多少去测定。就是依势力分量底多少，能够知道物质底变化。然而精神现象底测定，和他完全不同。普通依他底品质，像所谓善恶、美丑、高下等类底标准，去区别他。就是所谓善恶、美丑等类底区别，都以品质上底判别为主，断不是只是分量上底区别。所谓精神的势力底强弱，也不是全然没有关系。然而测定精神现象底主要的标准，在品质。

　　第二，对于物质现象，纯粹是机械的，必然的相反；精神现象，完全是目的观的，合目的的。和测定底标准，只在分量；所以物质现象，是机械的必然的相反；测定精神现象底标准，拿品质做本位；所以不能够把他看作机械的必然的。精神现象，距在品质本位上；所以从价值上，加以等差，去判别。反过来，物质现象，绝对不包含所谓价值。势力分量底多少之外，什么价值，什么等差，都没有。物质现象和精神现象底差异，就在这里。物质现象，不是自发的行动，是被他物他方面所催促，受动的行动。所以物质现象底运动，是机械的必然的。反过来，精神现象，依从一定的意志和目的，自发的行动；所以是目的观的。

冯特，想从因果律底方面，完成这个机械观和目的观底调和。他把因果律，分做物的因果和心的因果两种。这两种，固然在他们底根柢，本质相同；然而具有各种不同的特征。就是物的因果，例如从 A 到 B，又从甲到乙；他们底关系，是一条线；A 底结果，必定变成 B；甲底结果，必定变成乙；是单纯的，机械的。然而和他比较，心的因果，非常复杂。心的因果底决定的原因，是那个人底全倾向，全人格。然而这个全人格，动摇不定；所以心的因果，非常复杂。然而精神现象，结局也严密受因果律底支配；不是全然自由。就是精神现象，无论如何复杂，也被因果律所支配，和物质现象无异。所以精神现象，虽然说是自由，然而一方面也被因果律所支配；是自由，同时是必然。（机械观和目的观底调和）

第三，对于在物质现象，多数的事物聚集，只构成集合和总和。然而在精神现象，集合和总和之外，必定成立新现象。在物质现象，譬如海岸底砂山，只是多数的砂集合，没有创造什么新东西。然而在精神现象，就不只是许多的事物底总和，而且必定产生各要素所没有底新意义。冯特把这个叫作创造的综合。

总之，在自然科学，势力不灭底原则，是根本原理。就是自然科学底根本假定又原理，是所谓势力底等量。就是宇宙间底物质的势力，不增加也不减少，维持不生不灭底状态；是自然科学底根本假定。然而在精神现象，随从经验底增加，创造新意义。世界底文化，逐渐新，逐渐丰富；所以精神的势力，和物质的势力不同，拿品质的逐渐增大、生长、发达做原则。所以在精神现象，所谓势力底增加，是根本假定。

（3）唯心的一元论——意志本位底唯心论

冯特，在自然科学底范围，采取物心二元论——并行论。但是所谓并行，断不是绝对的。就是仅仅在精神现象底下段，物质现象，和他并行。然而在他底较高的阶段，物的并行就缺乏。因而物质现象，不过是精神现象发达底必须条件。像这样，他在他底哲学说，舍弃二元论，采取唯心的一元论，就是主张唯心论。

冯特底形而上学，把在认识论上所生底二元论，用本体底观念去统一。冯特，在认识论上，叫精神现象和物质现象二元对立。然而他到最后，不能够停止在像这样的二元论。他在形而上学，把物心二元论，像下面调和。精神现象和物质现象，在种种地方，显著的不同。然而不是两种全然异质，也不是全然没有关系。假如两种全然异质，他里面就没有产生因果关系底道理。因而应该一物不能够作用他物，又被他物所作用。然而精神和物质之间，互有影响，是经验上底事实。所以精神和物质，不是从根柢，本质不同，没有像所谓离开精神现象，完全独立底物质的实在。那个不过是自然科学底假定。冯特，又从别的方面，根据形而上学的原理，像下面叫精神和物质，归着一元。认识底根本事实，是直接经验。而直接经验，是具备内容和形式底一种活动。这个活动，是认识底根本事实，同时是宇宙底本体。实际，机械的关系，不过是宇宙底外皮；他底背后，隐藏着精神的创造。宇宙底本体，是一大活动，是意志的实在。他包含精神上和物质上底一切作用。所以自然科学所假定底物质，结局也是和主观的意识同质的一种意志。所谓宇宙人生，都是意志底活动；是冯特底结论。就是冯特从心理哲学出发，到达意志本位底唯心论；把所有的现象，看作意志底活动。

（4）全体意志

冯特，叫二元论归着一元，到达唯心论的理想主义。像在前面所说，精神现象底中心作用，是意志。所以他底学说，属于主意说。他把个人精神底基本就是意志，推到种种方面。他把个人所集合成功底团体，就是像社会和国家底团体，也看作有特殊的社会意志又国家意志。他把像这样的团体意志，对于个人意志，叫作全体意志。许多的个人集合，就发生和各个人底意志完全不同底新意志，就是全体意志。所以全体意志，不可以看作单是个人意志底集合。像这样的团体意志，不只是抽象的存在，和个人意志相同，是真实的存在，或者是更确实的存在，是更具体的存在。社会意志和国家意志，是他自己具有生命底特殊的实在，是精神。不消说，像这样的全体意志，不是离开个人意志，单独存在。像这样的团体意志又全体意志，具有强大的力量。个人意志，不过是全体意志底要素。个人意志底理想，动机，都从全体意志发生。没有单独存在底个人意志，最高目的，只能够在全体意志发见。个人意志，往往为社会为国家而牺牲。而国家和社会，超越各个人，去叫更大的生命和文化发达。个人意志，不外乎对于像这样的永久的文化和生命底发达，作各各的贡献。把全世界都看作意志底活动，是冯特底中心思想。

第三节　英法底实证哲学

一　实证哲学以前底概观

在十九世纪初期底法国哲学界，种种的学派并存。像在前面所说，支配启蒙时代底法国的，是把英国底观念论和自然科学的机械观结合底唯物论的感觉论的思潮。这个由康的亚克代表底系统，到十九世纪底初期，依然继续，就是所谓观念派。他底特征，是和康的亚克相等，拿分析观念尤其是研究他底起源，做哲学底中心问题。他底代表者，是特雷西（Destutt de Tracy 1754—1836）和喀巴尼斯（Cabanis 1757—1808）。然而不久起两样反动，一神学派，二心灵论派。

神学派，反对观念派底分析的破坏的学风，拿维持宗教道德底威权做目的。把人生底一切秩序和存在底一切理解，归到超自然的原理。他底代表者，是波那尔（Louis Visconte de Bonald 1754—1821），梅斯特（Josef de Maistre 1753—1821），拉梅内（Félicité Robert de Lamennais 1782—1854）。像梅斯特说：人类底理性，不能够支配人，单是信仰教权传说，能够抑制人，而维持社会底巩固的秩序。

心灵论派，排斥感觉论者把精神现象看作受动的，也承认生得观念底存在。属于这一派底主要的学者，是缅因得·俾龙（Mainedo Birar 1766—1824）和路瓦耶·珂拉尔（Royer Collard 1763—1845）。决定论的受动的精神观，在康的亚兑底极端的感觉论，到达顶点。其后，在感觉论者底内部，也注意精神底能动的、创造的方面。像特雷西，喀巴尼斯等就是。喀巴尼斯，叫人注意意识生活底要素，就是感情和本能的活动，以为他不能够解释做单是外感觉所产生。缅因得·俾龙，继承这些人底思想，自己建设一种独特的主意说。他重视主观底自发性，自己意识底能动的作用。他说我们只知道自我是活动的，自我是自意识的自由活动，不但是心理学底第一原理，而且是哲学底第一原理。笛卡儿说我思维所以我存在，把自我底本质，规定做思辨的。缅因得·俾龙，由把这个笛卡儿底命题，改做我意志所以我存在，把自我底本质，解释做能动的。他底根本，是意志。在像这样的意志底努力当中，我们感觉我自己是自由原因，所以我是真正的原因。就是我们在意志，同时直接经验自己底活动，和非我底反抗。反省这个在自己里面底作用，是一切哲学底出发点。内的经验，给与形式。抵抗力努力底经验，给与材料。从这个根本事实，生起力、本体、原因、统一、同一、自由、必然底概念。就是努力底感情，是意识底中心要素和认识底基本原理。我们用这个内的经验，能够直接知道灵魂底活动，和物质界底存在。又努力底感情，是力、因果、统一、同一等概念底根底。像这样，他把心理学看作形而上学底基础，把内的经验，看作一切精神的科学底最明了的自明的根底。

从心灵学派出发，折衷许多的哲学说，制作一个体系的，是所谓折衷学派。他底最有力的代表者，是库争（Victor Cousin 1792—1867）。他把德国底超个人的理性底概念，引进法国。他底哲学史的位置，和英国底格林类似。然而他底立脚地，是折衷说，他采取苏格兰哲学底长处，把他和缅因得·俾龙底哲学结合，更采用德国哲学。他底结论，近似德国哲学，尤其是观念论的理想主义哲学。然而和像德国哲学者，只依思辨去建设形而上学相反；由加添自然科学的方法，和苏格兰底心理学派接近。然而也不像他们排斥形而上学。追踪笛卡儿，在缅因得·俾龙底主意的心理学上，建设形而上学，就是一种绝对的观念论。他唱导普遍的、超人格的（绝对的）理性说，以为超人格的理性，是一贯万有底原理。这个理性，是绝对的，是唯一的本体，就是一切事物、一切真理底根原，就是神。这个理性，在自发底状态，直下领会绝对。在反省底状态，才变成主观的。就是理性，包含一种对于原理底直接的领会，一种自发的直观，一个光和和平底领域。在这个领域内，理性认识真理。这个自发的直观，是自然的论理，他是神底思维，反映在自然法当中。所以直观和良心以及美感，一同把我们引到神。就是康德把理性看作人格的，库争把他看作超人格的。不把他只看作主观的观念，把他看作宇宙底实在，看作客观的世界的势力。无限和有限，神和世界，是相互不可分离的。历史，民族，伟人，都是观念底显现。他底立脚地，是绝对的唯心论。虽然，他底思想，其后逐渐变迁，临了于是回到苏格兰常识哲学底立脚地。

　　法国大革命，不消说，是政治上底一大变革。然而因为他底影响及到所有的方面缘故，他底范围，极其广泛复杂。连像哲学，和现实生活，交涉稀少，尚且不能够避免这个大革命底影响。上面所举两种思潮，就是和大革命时代底一般人心相呼应所生。和这个相并，有叫大革命底理想，就是自由、平等、博爱底精神彻底，去建设新社会；对于理智的改造，拿社会改造做目底一群社会主义者。就是当时底法国哲学者，都怀抱经世忧国底志愿，他们承认现代社会底缺陷，梦想社会组织底改良。当中参与国政，为革命底主义尽瘁的不少。在这个时代底学者当中，有力说高唱改善社会，被称呼做社会改革派底一派。这些人，是人道主义底鼓吹者，一方面具有冷静的科学的精神，一方面具有热烈的宗教的分子，他底代表者，是圣西门（Claude Henri de Saint-Simon 1760—1825）和傅立叶（Francois Charles Marie Fourier 1772—1837）。他们指摘现代社会底缺陷，论述排除财产、权利、教育、幸福底不平等的分配，去叫理想世界实现底手段方法。然而他们所论述，一概是空想的；对于后来底马克斯等，被称呼做科学的社会主义；他们，被称呼做空想的社会主义。

圣西门，是法国社会主义底鼻祖，他拿建设新社会，做精神的基调。他底生活、性格和思想底末梢的方面，极不统一。然而他底中心精神，始终不变。依他，现代底社会，缺陷很多。少数的贵族，度豪奢的生活。多数的民众，陷在不幸的状态。这些是缺陷当中底缺陷。什么缘故产生像这样的缺陷呢？主要的原因，是（一）他们没有适当的职业，（二）他们没有智识。劳动和教育，是所有的人当然享有底天赋的权利；所以不问上下贵贱，所有的人，都有从事劳动底义务，同时都有受教育底权利。编制劳动底组织和制度，同经营教育事业一样，是社会国家应当计划底事业。把劳动底种类、选择、去就、组织和制度，任凭个人底好恶，自然流到无规律、杂乱、不统一，不能够产生充分的效果。国家，不可不担当把劳动组织化底大事业。政治，不可不拿把经济生活组织化做主体。所以圣西门，极端反对把国家组织破坏底革命的倾向，只主张借国家底力量，把经济生活组织化，去叫国民底社会生活，改善向上。

然而改革社会，豫想社会法底知识，因而意含改革学问和我们底世界观。依他，现在，是批判、否定和离散底时代，是精神的混沌底时代，不是有机的时代。中世纪，是建设底时代，是精神的和社会的机构底时代，是有机的时代。就是依圣西门底思想，提高社会生活，造出新时代的，惟独精确的科学底力量。不可不凭借科学底力量，脱离旧迷信和谬想，而造出新思想和信仰。所谓实证的时代，意思就是科学的时代。在旧时代，基督教支配全人类底思想。虽然，基督教底信仰，在现代底社会，丧失威权。在今后底新时代，替代基督教，统率人类底思想界的；是科学底力量。科学者，替代基督教底僧侣，统一人心，给与安定底科学的时代，就是实证的时代。由科学者统率底时代，就是新基督教时代。在欧罗巴底中世纪，活基督教底信仰，支配全人类，统一信仰，安定人心。从现在看，中世纪是最美的理想时代。我们必须复归于像这样的时代。所以现在底新科学，务须替代已经丧失生命底基督教，恰巧像中世纪底基督教，图谋统一人心，安定人心。我们需要新思想底体系，而这个体系，必须是依据经验和科学底实证哲学。

圣西门，傅立叶，改革社会底志愿，很为热烈。然而他们关于改革底对象，就是社会，没有一贯底组织的知识。继承他们底志愿，建设宏大的社会学底体系的，是实证哲学底开祖孔德。法国底哲学界，从笛卡儿以来，好久缺乏独创的见解，在孔德，重行获得有特色底体系。

在英国，经验论，从培根以来，成为传统的哲学。然而也不是没有和他反对底思想系统。像在启蒙期底末期，苏格兰底常识哲学派，就是。这个学派，进入十九世纪，在休厄尔（William Whewell 1795—1866），哈密尔敦（Sir William Hamilton 1788—1856），显著受康德底影响。尤其是哈密尔敦，他把黎德等底心理主义哲学，和康德底批判哲学结合。他又对于道德宗教底问题，有兴味；拿批判哲学做基础，建设自己底神学体系。进入十九世纪底后半，英国哲学，在孔德底影响之下，经验的实证的倾向，又盛起来。穆勒底经验论，斯宾塞底进化哲学，就出现在这个时候。

二　孔　德

孔德（Auguste Comte），是法国底哲学者，而且是数理学者，是实证论又实证哲学底创始者，又是社会学底鼻祖。以一千七百九十八年，生在曼皮列（Montpellier）。他底家庭，奉罗马旧教。他从一千八百十四年到一千八百十六年，在巴黎底理工学校，学自然科学，崭露头角。一千八百十六年，政府因为学生反对教师，把学校封闭，叫学生回籍。回曼皮列，勾留几个月，在同地底大学听讲。不久，到巴黎，教授数学糊口。一千八百二十年，和圣西门相识，受他底感化不少，交游六年，因为思想上底疏隔，绝交。一千八百二十五年，在自己家里，讲自己底思想体系。然而因为过度底勤劳和家庭底不幸，得精神病。一千八百二十九年，恢复健康，重行开始讲学。一千八百三十二年，就职理工学校，埋头写作毕生底大著《实证哲学讲义》（*Cours de Philosophie Positive*, 6 vols）。一千八百四十二年，出版，被撤职。其后，一直到一千八百五十七年病没，由门弟子和崇拜者援助。

孔德二十五岁底时候，和巴黎底一个年轻的才女结婚，后来离异。四十八岁底时候，和叫作福克斯（Clotilde de Vaux）底妇女相识，一年多底精神的交际，叫他底科学的态度一变。第二年，福克斯去世，叫他底宗教的倾向越发深，而创建新宗教，叫作人类教。注重爱情和秩序，拿人类底进步做目的。

他底主要的著作，除《实证哲学》之外，有《实证政治学体系》（*Système de la Politique Positive*, 4 vols），《实证论的问答书》（一名《普遍宗教底纲要》*Catèchisme Positiviste, ou Sommaire Exposition de la Religion Universelle*）。

（1）实证论

孔德底理想，和圣西门一样，他底究竟目的，是改革人类社会全体。这个目的，除掉我们知道社会底法则就是社会学，不能够达到。而社会学，又豫想所有其他科学和哲学底知识。所以要想改革社会，必须改革政治的又社会的科学和哲学。他把他底终身，贡献于建设新哲学。中世纪有他底神学的世界观人生观，然而他是代表第一次底思想的。在近世，尤其是在法兰西，自然科学非常的发达；暗示科学的方法，在新事业，占重要的地位。科学底唯一目的，是发见自然法，就是事实中间底恒常的关系。而这个，光是用观察和实验能够做。像这样所获得底知识，就是实证知识。而且光是像这样的知识，能够适用于人事底方面。假如还没有获得像这样的知识，就不可不适用进步的自然科学底方法。就是他反对拿宇宙底目的和精神底自由，做根本义底折衷说；主张用观察和实验，精查事实；去发见他里面底自然法。依他，像所谓宇宙底本体，或者事物底本质等类，是不可认识的。认识底范围，只限于现象界。就是我们不能够认识现象底本质。又不能够认识他底第一原因，终极目的；只能够认识现象底法则，就是事实中间底恒常的关系。所以学问底目的，是用观察和实验，精查当面底事实，把他比较、统一，去认识他里面底因果关系。就是把经验统一，去发见自然法，是学问底使命，因而一切的认识，是关系底认识，就是相对的，断不能够是绝对的认识。他从像这样的见地，排斥探求绝对者和究竟的本体底神学，以及形而上学的思辨。但是孔德说自己底实证论，断不是普通的经验论。依他，各个单独的经验，不但无用，而且不确。实证的认识，不是堆积事实，是结合。他底对象，不是事实本身，是事实底法则。

（2）知识发达底三阶段

实证知识，是历史的进化底结果。依他，人们底知识，必然经过三种阶段，就是经过三种研究法而发展。所谓三种阶段，第一是神学的阶段，第二是形而上学的阶段，第三是实证的阶段。

第一，神学的阶段，是人智最幼稚底时代。在这个时期，想象力，扮演主要的角色；把一切自然现象，看作拟人的，看作超自然的存在底表现。用人格的本体，人格的活动者底任意动作，说明自然现象。神或者精灵底观念，提供事实中间底连锁。就是这个时代，把一切自然现象，都看作不可思议的神力所成。这个神学的阶段，实在是人智底出发点，拿想象做基础。说明自然现象底基础，是事实底观察。这个事实底观察还狭隘底时代，自然把自己底想象所描写所谓神或者灵魂借来，用他底动作说明。然而假如这些神秘的观念不活动，知识的活动，也没有开始底机会。因而人类，将要把原人时代底愚痴蒙昧的状态，照原样延续到今天。在这个阶段，人类所努力想获得的，是绝对的说明。孔德把这个阶段，更分做庶物崇拜，多神教，一神教，三个小阶段。在第一庶物崇拜底阶段，把自然界底物象，都看作和人类一样，具有灵魂。在第二多神教底阶段，把自然物看作由尢数的神灵支配。就是想象种种不可见的力量，以为他们，各各支配某种类底物象。在第三一神教底阶段，以为创造世界底唯一神，保存万物。就是许多的神，被一神底观念所统一。创造、支配世界的，是这个唯一神。神，创造、保存、支配世界，时而用奇迹干涉自然底进行。到这个一神教底时代，就很接近第二阶段，就是形而上学底时代。

第二，形而上学的阶段，是青年期。到这个时期，不把神看作支配者。就是舍弃超自然的拟人的说明方法，而建立。例如哲学上所谓本体或者实体，用先验的主观的解释，说明自然界。就是用抽象的概念、力、原理，替代人格的本体，说明事物底最深性质，万物底起原和运命，一切现象发出底方法。例如运动用运动力，生活用生活力，医治用医治力说明。最后把这些种种的力量，还原到唯一的原力，唯一的大原（根本的存在），就是自然。

以上两个阶段底共通的特征，是求世界底绝对的说明，就是想获得世界底绝对的知识。就是神学，形而上学；都想把事物底本性，事物底本原和终局，以及如何产生，什么缘故又为什么存在？无遗憾说明。然而这两种底差异，是用抽象替代神学底具体，用推论替代想象。就是在第一阶段，置重想象。在第二阶段，置重论证。

依孔德，形而上学的阶段，完全是过渡的阶段，是变化的阶段，是破坏的阶段；就是在这个阶段，论证闯进神学底观念当中，索求指摘他里面所包含底矛盾撞着，用一定不变的观念或者力，替代多数的意志。然而这个，什么新东西也没有建设创造，不过弄架空的论理。

第三实证的阶段，渐次脱离形而上学，进入科学的版图。想象，论证，都从属观察。摈弃发见世界底本源，而努力发见现象中间底关系。问题，不是什么缘故，是什么。不是绝对原因，是自然法则。就是在这个时期，摈弃架空的思辨，停止研究所谓宇宙底起源、实体、本体，根据把事实照原样观察实验，而说明现象界底理法，去阐明事实和事实底前后连络。就是用观察法探究现象中间底恒常的关系（法则）。换句话说，就是科学的说明底时代。总之，科学的时期，是科学最进步的时期，排除想象和理论，一切拿经验做基础，抽出那些经验的事实普遍的法则。而以现象底相对的说明为满足。我们不能够知道热、光和电气是什么？然而能够知道这些现象生起底条件，又能够知道像这样的条件共通底一般现象，就是支配这些条件底一般法则。而为实际上底目的，像这样的知识，就足够。法则底知识，叫我们预知现象将来底开展，因而对于他有所预备。

人心企图把事物归到单一。但是这个不过是主观的倾向。我们不能够把许多不同的自然法则，归到单一的法则，就是拥抱一切底法则。经验显示很多难变的差异。实证哲学底根本，是把一切现象，放在自然法则底支配之下；发见这个法则，尽量把他还元到少数。

所谓实证底术语，依孔德说，意思是现实，有用，确实，正确；是否定底反对。就是实证知识，并非单是否定或者批判主义。

（3）科学底分类

所有的科学，都经过上面所陈述底三个时期，然而他底发展，有迟速。孔德，依到达实证的阶段底历史的顺序，把科学分类做六种。就是一数学，二星学，三物理学，四化学，五生物学，六社会学。这个顺序，同时表示内容从单纯进到复杂，从抽象进到具体，从一般进到特殊底进步的过程。因而各科学，在这个序列，拿在自己前面底所有的科学做基础，而在他底上面，附加自己特殊的真理。所谓数学就是数底科学，是说算术，代数，几何，合理的力学。其中算术和代数，处理最单纯同时最普遍的现象。因而能够离开一切科学单独研究，因而是基础的科学。其次几何，预想算术，然而不要其他科学底补助。其次是合理的力学，他预想算术和几何，同时要附加平衡和运动底各种法则，然而不要其他科学底补助，能够研究。此所以把数学摆在最初。星学，直接和数学结合。星学底真理，本干算术、几何、力学底真理。星学底真理，对于数学底真理，不给与任何影响，只是对于后一种，附加一群新事实，就是重力底法则。像这样，后面底科学，拿前面底科学做基础而发达。

孔德底分类，对于论理学、心理学、伦理学三种，没有给与什么特别的位置。孔德又把论理学看作心理学底一部分。而心理学不是一种特殊科学。精神或者灵魂，是一种形而上学的本体。所以拿他做研究对象底心理学，不能够认为科学底一分科。精神的过程，不能够主观的观察。我们所能够做的，是客观的研究他。客观的研究，是考究他们结合起来底有机的现象，和他们客观的表现底社会制度。所以心理学，一部分属于生物学，一部分属于社会学。

最后，最复杂的科学，是社会学。社会学，是现在逐渐进入实证的阶段底学问。社会学，依靠其他一切的科学，尤其依靠生物学。因为社会是从有机的个体所构成缘故。社会学当中，包含经济学，伦理学，历史哲学，和心理学底大部分。孔德，又把社会学，分做社会静学和社会动学。社会静学，研究社会底不变的存在条件。社会动学，研究社会底不断的进化法则。前一种，论社会的要素，就是观念、习惯、制度等类底交互关系。后一种，论政治的和社会的发达底阶段。前一种底根本观念，是秩序。后一种底根本观念，是进步。然而静学和动学之间，有密切的关系。什么缘故呢？秩序和进步，互相依从，互相制约；缘故。

孔德，在生物学当中，就是在性底本能，育儿底本能当中，发见社会性底萌芽。而在人类底历史，利他心由不断的训练而进步。就是社会生活底起源，不由于自利，由于社会的冲动。不消说，人类也有利己的冲动，而这个也是社会所必不可少。最初，利己的冲动，比他爱主义（Altruisme）强，是社会成立底障碍。所以由理智底进步，变成更高的冲动，就是他爱的感情，而抑制自利的冲动。孤立的个人，不过是抽象。家族是社会底单位，是更大的社会生活底准备。家族是最亲密的社会，就是合一，不是契约。在大社会，个人为共同目的，由共同观念底刺励而行动，尤其重要。最高的观念，是人类底观念。一切个人和社会发展底最后目的，是人类底发展。社会，和知识底阶段相当，经过三个进化底阶段。就是神学的阶段，在社会，是军国主义全盛，以侵略征服为事底时代。军国主义底特征，是秩序，训练，力量；而机制是进步底唯一条件。和形而上学的阶段相当的，是法制主义发达，用法律底力量统率社会底时代。是革命底阶段，是政权底时代，是消极的过渡时代。更推移到积极时代，就是人道时代。和实证的阶段相当的，是产业主义底时代。这个时代，置重社会问题。他是专家底时代，一方面指导科学研究，监理公共教育，启迪公众意见。一方面调整社会生产。孔德，恐怕专家被愚昧无知之徒所支配，排斥代议制。公众意见，是秕政底解毒剂。社会问题，结局是道德问题。实证的国家，从理想和习惯底变化生起。他依他底理想，解说历史。所谓进化，意思是实现人道的理想。历史，向理想移动。理智上社会上和伦理上底发展，令实证主义正确。像这样，于是实证论，变成一种形而上学。

（4）伦理学及人道教

孔德，到他底晚年，注重人生底情操的实践的方面，拿伦理思想做慰藉。从前高唱理智，把他看作改造社会底主要的原因。现在置重情意，于是把伦理学离开社会学，做第七科学。他在伦理上，倡导极端的爱他主义。拿增进人类底幸福，做道德上底目的。拿同情、仁爱、献身，做道德上底本分。他提倡崇拜人类底伦理的宗教，以开祖自任。人类教底纲领，是拿爱做主义，拿秩序做基础，而拿进步做目的。就是爱，是叫一切社会的势力实现秩序和进步底主要的原因，因而拿各自抑制利己心，为别人生活，为人类全体努力；做人类最高的义务。在这里，不止拿爱他做道德底根本义，进而拿爱他做宗教底根本义，以为过去现在未来底人类全体，是神，是大实在。就是不承认像通常的宗教底神，把叫作人道底抽象的概念看作神。他所谓人道，是从无数的个人成立，然而绝对超越他，却可以翻译做人类，或者人性底概念。

三　穆　勒

约翰·斯图亚特·穆勒（John Stuart Mill），是英国底哲学者，经济学者。他是詹姆士·穆勒底儿子。以一千八百零六年，生在伦敦。詹姆士·穆勒，也是有名的哲学者，经济学者，历史家。供职东印度公司，关于经济学，政治学，社会学，哲学，有许多的著作。约翰·穆勒，从小时候，受父亲底熏陶。八岁，已经能够自由阅读古典就是希腊文底书籍。他父亲引导他研究十八世纪底哲学，就中，从哈德烈底心理学，边沁底伦理学，受很有力的感化。哈德烈底观念联合说，成为约翰·穆勒底心理学底指导原理。边沁底功利说，成为约翰·穆勒底伦理学底根本观念。十七岁底时候，组织少年功利学会，演说功利主义。一千八百二十一年，和他底朋友，研究法律学。一千八百二十三年，和他父亲同样，供职东印度公司，服务到一千八百五十八年公司被议会废止。一千八百五十六年以来，专门从事研究和著作。一千八百六十五年，被选举为下议院议员。一千八百七十三年，死在亚威农（Avignon）。他底性格，谨严而正直，笃守道义，令一代底大政治家格兰斯顿（Gladstone）赞叹。

他底主要的著作，是《论理学》，《功利主义》（*Utilitarianism*），《孔德和实证主义》（*Comte and Positivism*），《哈密尔敦哲学底探究》（*Examination of Sir William Hamilton's Philosophy*）。

（1）穆勒哲学底根本精神

穆勒底实证主义，他底根本精神，也在所谓改善社会底实际的方面。他关于认识论，关于伦理学，发表许多有力的学说。然而他用最深最高的兴味，极力主张不止的，是改善实际生活。他底学说可以说是都是根据这个改善实际生活底必要所倡导。一般的社会问题，不消说；广提出政治问题、经济问题、道德问题等类，许多于人类底生存上紧要的问题。穆勒，没有完全解决这些问题。然而他是问题底提出者，关于改善人类生活，对于世间，作有力的暗示。穆勒底实证主义，拿改善社会生活，做根本动机。除外这个实际的目的，不能够批评他底学说。像只对于学说底论理批判，从穆勒自身说，恐怕属于无意义。

（2）论理学

穆勒底论理学体系，可以看作经验派对于纯粹理性批判底答辩。在经验论的认识论当中，是最精致的。和康德底认识论，努力想在认识作用当中，确立先验的形式相反，他努力想把他还原到经验的要素。他相信不但所有的知识，都从经验发生；而且经验本身，他里面也不包含什么先行的假定。依他，经验，是经验底标准。我们叫经验作他自身底试验。这个场合所谓经验，和休谟相同，意思是印象底总体。提示如何才能够从像这样的印象，引出一般的原理，是他底问题。为解决这个问题，他采取历史的和心理的两种方法。

穆勒底论理学，拿休谟底联想说做基础，以为所有的知识，不外乎观念底一定不变的联想，就是观念底联合。而所谓思维底必然，就是必然的真理；不外乎这个联想底确实必然的表现。所以所谓知晓（to Know），是研究观念底连络。就是调查如何的观念继续如何的观念，是除去一时的变化的联合，发见永久的不变的联合。穆勒举归纳法，做发见这个永久的不变的联合底方法。所谓归纳法，意思是搜集特殊的事物，从那里头抽出全体共通的法则原理又知识。例如搜集所谓甲死、乙死、丙死底许多事件，从那里头抽出所谓人是会死的东西底知识，是归纳法。这个所谓归纳法，是和所谓演绎法对立的。所谓演绎法，是从一般的原理当中，把那里头所包含底特殊的事件分析抽出。例如从所谓人是会死的东西底原理当中，分析出所谓所以乙死底事件，是演绎法。因此，穆勒说所谓演绎法，只把原理当中所包含底事件弄明白，不能够拿什么新知识，就是原理当中没有包含底别的知识给我们。在既知的知识上，附加新知识的，只有归纳法。

穆勒，由分析在过去三世纪间发达底经验科学的方法，发见他底有名的归纳底四种方法，就是类同（契合）法，差异法，剩余法，共变法。

（一）类同法（Method of agreement）在一种现象生起存在底种种不同的事例，单是一种事情常时存在底时候；可以推定那个类同底事情，是那个现象底原因（或者结果）。

（二）差异法（Method of differences）在一种现象生起底事例，和那个现象不生起底事例，单是一种事情不同，就是在前面底事例存在，在后面底事例不存在；其他的事情，没有变异底时候；可以推定那个唯一的事情，是那个现象底原因（又结果）或者原因底主要的部分。

（三）剩余法（Method of residues）分析一种现象，把和在他前面底现象当中底某部分，因果关系已经确定底部分，省除底时候；可以推定那个现象底残余的部分，是先前的现象当中残余的部分底结果。

（四）共变法（Method of proportional variation）一种现象，每起某种变化；伴随他，别种现象，也起变化底时候；可以推定两种之间，有因果关系；或者两种，由某种因果关系，互相连结。

穆勒，从科学底历史，引出适切的例证，把这些方法说明。像这样，他企图换置归纳的论理学，替代亚理斯多德底演绎的论理学。所以他底企图，可以说是完全接受培根底企图。但是在事例底丰富，观察底深远，穆勒底论理学，优于培根底新机关。

然而穆勒不排斥拿演绎法做学问底研究法，这个也非常必要。但是依穆勒，演绎法，结局，豫想归纳法。演绎法做前题底命题，就是所谓能够引出特殊的法则底一般的原理，原来是由归纳法所发见底事实。例如在所谓"所有的人们终有一死，保罗是人，所以保罗终有一死"底三段论法，所谓所有的人们终有一死底一般的原理。不外乎许多观察底总和，就是不过是从甲乙丙其他种种的人死亡底经验的事实所归纳。不是从经验的事实归纳的所造成底原理，不能够从这个原理演绎各个的法则。

像这样，一般的命题，是从各个经验归纳所得。所以知识底最后的根据，是各个特殊的印象。就是归纳法，是唯一的新知识增进法，不由归纳法，不能够增进知识。所以归纳法底基础，就是经验的事实，是一切新知识底源泉。经验的事实之外，没有增进知识的。换句话说，就是一切的认识，本于经验的事实。所有的知识，是从经验的事实就是各个印象，归纳的所造。不单是常识，像科学的知识，也这样。例如因果律，任何人都认为永久不变的科学的法则，也原来是从无数经验的事实归纳的所造。断没有离开经验的事实而存在的。不单是因果律，像休谟所除外底数学的知识，也这样。不外乎人类由多年底经验所造底法则。

全知识作用底最初的过程，从两种现象（例如人和死）互相照应而生起底事实成立。像这样的事实，屡次生起；就在两种现象底一种生起底时候，就预期另一种现象。这个就是推论底根本形式。然而他不是从一般的命题出发，却是从特殊进到特殊。例如小孩子，看见火，就缩手。不是知道所谓接触火，手就灼伤底一般的命题缘故。是过去屡次经验底结果，看见火，就直接唤起苦痛底观念。从一种观念，到别种观念，什么理由也没有，直接推移。

归纳法，从某种事实，屡次生起；例如从几次经验把手接触火，手就灼伤；推论所谓把手接触火，手就灼伤底一般的命题。然而这个包含一种假定。就是一次（尤其是几次）生起，豫想在同样的事情之下再生起，而且常时反复。就是豫想自然法底一样性。假如自然法不是一样的，就无论搜集如何多法底事例。例如过去底经验，多少次数手灼伤；也不能够保证今后也是这样，或者什么样。所以所谓自然底过程，是一样的；是归纳底根本原理或者公理。这样，那么，这个原则，如何能够得到呢？这个原则自身，是归纳底一个例子。在这里，穆勒明明陷于循环论法。所以穆勒底企图，就是想组织全然归纳的论理学；可以说是和黑智尔底企图，就是想组织全然演绎的论理学，同样失败。黑智尔想从思想底形式，连内容也产出。穆勒，和他反对，想从内容，连形式也产出。

自然过程底法则，和因果律，都是经验底结果。他们，不是必然的真理，也不是先验的真理。实在，没有像这样的真理。就连论理学底原则，和数学上底命题，也是从经验所归纳。例如二直线不能够包围空间底命题，是从过去底经验所归纳。况且数学上底命题，只是近乎真实，就是只有假设的价值。我们不能够承认没有宽度底线。完全的圆底各半径，都相等；然而像这样的圆，不存在。没有和几何学底定义相合底真点，真线，真圆。这些，都不外乎把我们所经验底点、线等类，理想化；不过是抽象，是虚构。又演绎底第一原理，不外乎最单纯最容易最普遍的归纳底种类。

关于外界，穆勒以为我们能够知道的，光是现象，不能够知道物自体。总之，依他，所谓外界，不外乎感觉底永恒的可能（A permanent possibility of sensation）。又关于精神，以为我们底精神，不过是种种感情底系列。

（3）伦理学

在伦理学，穆勒也继承英国底传统思想。他在他底功利说，和边沁相同。

用理论底形式，大成前代英国底功利思想，也可以说是现代功利主义底渊源的；是边沁底功利主义论。边沁，也和英国历来底学者同样，说道德底根本，是自爱。虽然，边沁底所谓自爱，拿自己底快乐，或者快感，做目的。人类，都不外乎拿自己底快乐做目的底生物。然而我们要想获得自己底快乐，就不可求别人而且是多数别人底快乐。不然，我们就不能够获得自己底快乐。又人们所受底快乐，可以从分量上计算、比较。所以我们不可不尽力寻求大快乐，舍弃小快乐。像这样，快乐底优劣，在分量上底多少。此外又有连续的和一时的，不掺杂苦痛底纯粹的和不纯粹的等类底区别。边沁像这样分析快乐，说"最大多数底最大幸福"，就是道德的善，是人类底最高目的，同时是分量最大的、连续的、纯粹的快乐。

穆勒，遵奉边沁底功利说。说道德底根本，是自爱。光是自爱，是人心固有底"自然的感情"。而所谓爱他心就是同情等类，断不是像自爱一样的自然的感情。穆勒，和边沁相同；以为幸福就是最大多数底最大善，是最高善，是道德底标准。但是在边沁底量的评价之外，更用质的评价。所以他底功利说，不单是分量的快乐说，也包含性质的快乐说。依边沁，快乐底价值，在他底强度，继续，确度，接近，丰富，纯粹，广阔。快乐，没有性质上底区别。针戏（push-pin）和诗一样是善。然而依穆勒，快乐有性质上底区别。理智的快乐，比感觉的快乐，更高更好。因而曾经经验过两种底人们，宁可以选取更高的一种。所以有智识的人，不愿意做愚人。有良心的人，不愿意做自私自利的。现在试看人和猪，也许却是猪底方面满足。然而人谁愿意和猪交换他底运命呢？所以做人而不满足，优于做猪而满足。做苏格拉底而不满足，优于做愚人而满足。

又穆勒，和边沁相同；说我们应当为最大多数底最大幸福努力。然而边沁，根据自利，就是为最大多数底最大幸福努力，结局，是为各人自己底幸福。穆勒，根据人类底社会的感情，主张他。依他，功利说，要不问是自己底幸福，是别人底幸福；完全不偏不党。

像在前面所说，穆勒遵奉边沁底功利说，然而一方面心醉喀莱尔底理想主义的道德说。所以精确说，他底伦理观，是在边沁底功利主义，和理想主义底人格说中间彷徨的。可以叫作一种动摇期或者变迁期底伦理观。

换句话说，就是穆勒，是把边沁底功利说彻底，而进到人格主义底伦理说的。

四　斯宾塞

斯宾塞（Herbert Spencer），是英国底哲学者。以一千八百二十年，生在英格兰底德被（Derby）。他底家属，多半是学校教师。他小时候，在家庭受教育。他庶父亲，是有名的教育家，注重思想底独立。叫学生努力用独立思维观察。这个地方，影响到斯宾塞底教育意见。他底父亲，因为他底体质纤弱，不督责他底功课。据说他在学校，疏忽，懒惰，刚愎，不服从。然而在教室以外，在父亲底指导之下，成就良好的进步。他底父亲，指导他作物理和化学底实验。后来受他底叔父托马斯·斯宾塞（Thomas Spencer）底熏陶。托马斯，预备把他送到剑桥大学，他加以拒绝。他在数学和机械学，高出同学。然而暗记言语和文法底规则，不是他底长处。他实在是独立的，创作的，和自然的。一千八百三十七年，充当铁道底土木技师，奉职十年。后来转而从事文学上底工作。一千八百四十六年，充当《经济学家》（Economist）杂志底编辑。他生来好学，在这个期间，也不断的注意读书和修学。尤其是对于当时逐渐萌芽底进化论思想，大起兴味。渐次注意哲学上底问题，于是生起组织自家哲学底念头。一千八百五十年，发表他底最初的大著《社会静学》。一千八百五十二年，他发心组织"综合哲学大系"，辞去《经济学家》底编辑，专门着手那个事情。一千八百五十五年，发表《心理学原理》。一千八百六十年，发表《综合哲学底纲要》。一千八百六十二年，发表综合哲学底第一篇《第一原理》。此后，从一千八百六十四年到一千八百九十三年之间，发表《生物学原理》二卷，《社会学原理》三卷，《伦理学原理》六卷。绵亘三十六年，完成综合哲学底全体系。他不曾履修大学底课程，又不曾担任大学底讲座。终身不娶，性情清廉洁白，专门献身于著作和研究，一千九百零三年，以八十三岁底高龄去世。

（1）不可知论

斯宾塞，是十九世纪后半期底科学的大哲学者，拿进化论底思想做根柢，把一切科学综合统一，去树立一家底哲学体系，所谓综合哲学。

斯宾塞，在《第一原理》底前半，论不可认识者（The unknowable）。所谓不可认识者，就是绝对者。依他，我们底认识，都是相对的，因而我们不能够认识绝对者。这个思想，是勃洛大哥拉以来许多思想家所倡导。斯宾塞用这个学说，调和宗教和科学。

斯宾塞，由分析思维底过程和思维底产物，把知识都是相对的，像下面证明。

（一）先分析思维底过程，可以看见我们底思维，被类似、差异和关系所制约。所谓思维，是关系。无论什么思维，也不能够陈说关系以上。思维底根本作用，是把类似的和差异的区别。我们依这个根本作用，发见类似和差异，获得知觉和推理底一切知识。假如没有这个根本作用，就不能够知觉，也不能够推理。因而我们只能够知道相对的，有限的。绝对，无限，第一原因，不能够知道。因为他不能够和其他事物比较差异缘故。就是绝对者，断绝一切关系对待，所以不能够把他由和其他事物底类似又差异，去认识。

（二）其次，分析思维底产物。认识底进步，把特殊的真理，次第包括在普遍的真理。然而这个进行最后到达底最普遍的最高真理，不能够更包括在他以上底真理。因而最后的真理，就是绝对者，不能够理解说明。

（三）像这样，绝对者，是不可认识的。不但能够从我们底智性，演绎的证明。又能够从科学底事实，归纳的证明他。就是我们不能够理解科学底根本概念：像空间，时间，物质，运动，力，自我等类。这些概念，不是客观的实在底摹写，也不是映象，不外乎实在底象征。实在自体，不能够知道。

绝对者，超越一切的关系认识。然而我们能够叫相对的事物，和绝对互相关连。的确，我们必须有绝对，叫事物和他互相关连。除掉和绝对的互相关连之外，不能够思维相对的。相对，豫想绝对。我们能够知道事物，是他们相互间以及和绝对底关系。假如我们不能够叫他们和绝对互相关连，就不能够知道他。的确，他们自己，就是绝对的。我们不能够消除现象底后面有实在底意识，因而确信那个实在。虽然，绝对自身，不能够和他物互相关连；所以他是不可认识，就是不可知。然而所谓绝对是不可知者底事实，不能够做把他底存在否定底理由。这个不是纯粹的怀疑的不可知论，是不可知论的实在论。现象底后面，有绝对的存在。科学和宗教，在这个地方一致。就是宗教企图为我们说明这个普遍的实体，给我们种种的定义。然而宗教越进步，绝对越被看作神秘不可思议。所以在所谓绝对者神秘不可思议底根本真理，宗教和科学，没有背驰之处。科学，限于实证的可知世界底知识。宗教，用信仰处理不可知世界。像这样，宗教和科学，把他们底领域分开。所以避免科学和宗教底冲突，保持恒久的平和。

一切知识底最后的根据，像上面所述，是把类似和差异区别底能力。然而这个能力，不能够从经验引出。实在，经验豫想这个能力。所以这个能力，必须是先验的。然而只在个人，是先验的。从种族看，就是经验底结果。但是种族和个人底差异，不是根本的。种族，在某一定的时期，由特定的个人代表。斯宾塞底学说，掺和唯理论底要素，然而结局是经验论。不过是把经验底范围，从个人扩张到种族。

（2）进化论

斯宾塞，对于知识底理想，是知识底完全的统一。常人底知识，不统一，不连络，自相矛盾。科学，是统一的知识，然而是部分的统一。把一切的知识，完全有机的统一的，是哲学。因而哲学底问题，是发见一切现象共通底真理，就是事物底普遍的法则。像这样的普遍法则，就是进化底法则。斯宾塞，在《第一原理》底后半，详论进化底法则。一切的现象，由进化底过程，获得存在。所以我们要想理解某种现象，必须知道他底进化。这样，那么，所谓进化，是什么呢？依斯宾塞，进化有三种特征。

第一是凝聚（Concentration），一种现象发生底时候，先前散在底要素，聚合，结合，集注。像云和砂山底构成，是最单纯的例子。像原始的星云底发生，有机体底成长，社会底构成，是大规模的例子。

第二是分化（Differenciation），就是已经凝聚的物质底各部分，互相分离，各各构成特殊的部分。在太阳系，各游星底构成；在有机体，各器官底发生；在社会，劳动底分化等类；是他底例子。

第三是组织（Determination），就是已经分离的各部分，互相关联，构成浑一的有机体。进化和分离底区别，实在在这个组织底地方。到这里，种种的部分，能够集中起来，变成浑一的。在上面底意味，所谓进化，是从单纯的同质状态，移到复杂的异质状态。换句话说，就是从混沌、不定的状态，移到有明确的定形底状态，是事物底进化。因此，他下进化底定义说：所谓进化，是从没有定形、没有脉络底同质状态，移到有定形、有脉络底异质状态。

斯宾塞，把可知的世界，就是现象世界，看作不断的进化底世界。在斯宾塞，一切现象底根柢，是无机物底世界。有机物就是生物底世界，从这个无机物底世界进化。意识世界，从这个生物底世界产生。社会生活，就是道德、伦理等类；从这个意识世界进化，所以无论是现象世界底什么事件，没有一种不是进化底结果。宇宙那个东西，就是进化那个东西。

哲学，是把科学的知识总括，完全统一底知识。事实底最普遍的一般的，是物质运动底两种变化。就是进化和退化。前一种是运动散而材料凝。后一种是运动增加而物质空乏。而最一般的真理，是势力底不灭。物质不灭底法则，运动继续底法则之外；自然底齐一，力底变换性，运动底方向等法则，都从这个发生。而拿这些物质、运动、力底根本事实做本据，从无机的自然界，进而说明有机界，精神界，社会的现象界。

斯宾塞，把进化底法则，适用在种种的方面。就中，在生物学，他在达尔文之前，企图把物种底原始（The Origin of Species），由自然的进化说明。达尔文底功绩，是发见自然淘汰是进化底原因。进化那个东西，断不是新思想。

依斯宾塞，生活现象，由内的关系，对于外的关系，不断的顺应；就是内的状态，不断的顺应外的状态；成立。有机体不只接受印象，又把他加以变化，而叫他能够顺应外界底变化。就是内的事件和外的事件之间，有交互作用。有机体，不发展内的关系底组织，顺应外的关系，就不能够延续自己。而这个内的关系和外的关系，越亲密，有机体越发极其发展。所以最完全的生活，是内的关系和外的关系，最能够顺应调和。

意识底发生，在印象增加，需要系统的整理底时候。就是意识，在印象非常多，假如不把他们系统的排列，有机体，对于他底环境，就不能够顺应底时候；发生。像这样的整理，是意识底根本作用。

关于意识和物质底关系，斯宾塞底思想不一定。最初以为意识对于脑过程底关系，等于热和运动底关系。后来以为意识（精神）和物质，是不可认识者底两种发现。而这两种发现，不能够互相还原。

（3）进化的快乐说

斯宾塞，以为人生底终极目的，是快乐。虽然，拿快乐做直接目的底时候，反而不能够获得快乐。要想获得快乐，必须先从长度和宽度两面，增进生活。而要想增进生活，必须先顺应环境。说我们底行为是善或者说是恶，在他顺应环境与否。就是行为底道德的价值，由他所生底快乐、苦痛决定。人生底价值，由享受快乐底多量与否决定。像这样，快乐是人生底终极目的，不是直接的。直接目的，是增进生活，这里头伴随多大的快乐。所以实行道德，所以顺应社会。顺应社会，所以增进生活。增进生活，所以增进快乐。实行道德和快乐，是二而一。不消说，现时底社会，还在进化底途中，所以两种还没有完全一致。有虽然实行道德，然而未必伴随和他相应底快乐。虽然，到理想社会，是人类进化底顶点，个人完全顺应社会。保存个人，同时能够保存社会，能够享受纯粹的快乐。就是绝对正当的行为，必定伴随纯粹的快乐。斯宾塞叫他做绝对的伦理学。

达尔文底生物进化论

和斯宾塞同时，英国底博物学者、生物进化论底主唱者达尔文（Charles Darwin 1809—1882），发表《生物学的科学的进化论》。斯宾塞底进化论，是哲学的。他底进化论，是纯科学的。达尔文，被马尔萨斯（Thomas Robert Malthus 1766—1834）底人口论（比例食物底供给，人口底增加，很为激烈。人口，用等比级数就是几何级数底比例增加。然而食物不过用等差级数就是算术级数底比例增加）所刺戟，想到所谓生存竞争。就是地球上底各种生物，用非常激烈的比例增加。各种生物，要想求食物，去维持他底生存，必须作种种的苦斗。向外，为叫自己适合周围底境遇，必须和自然、气候、风土战斗。又向内，必须和自己底同族或者异族底各种生物竞争，而占优胜底地位。于是所谓生存竞争盛行，善于适合境遇的，就生存；不这样的，就死灭。

生物像这样，作种种争斗底结果；各各起多少的变化。为想叫自己适合周围底境遇，为想在同是生物之间比别的生物优胜，都伴随多少的变化。这种变化，是生物进化底根本原因。就是生物虽然遗传底结果，传承类似的形态；然而继续不断的慢慢的进化。达尔文底研究，只到这种机械的进化为止。关于生物进化之间所生底精神的影响，达尔文没有另外说。就这个地方进前研究的，就是斯宾塞。

第四节　英法底唯心论（精神主义）及观念论（理想主义）

（甲）英国底新黑智尔学派

德国观念论，在十九世纪底初年，由伟大的文学领袖哥尔利治（Samuel Taylor Coleridge 1772—1834），威至威士（William Wordsworth 1770—1850），喀莱尔（Thomas Carlyle 1795—1881）和纳斯钦（John Ruskin 1819—1900），介绍到英国。影响到穆勒，休厄尔，哈密尔敦等底经验说和直觉说。但是真挚的研究新德国哲学的，从斯忒林（James Hutchinson Stirling 1820—1909）底《黑智尔底秘义》（1865）起。自此以后，一群有力的思想家，受康德和黑智尔底影响，渐次露头角。从十九世纪末期到现代，替代穆勒、斯宾塞，领导英国底思想界。这些人们，被称呼做英国新康德学派，又英国新黑智尔学派。他底代表者，是格林，约翰·撰尔德（John Caird 1820—1898），爱德华·撰尔德（Edward Caird 1835—1908），卜拉德赉等牛津底学者。

新黑智尔学派最初的巨著，是格林底《休谟入门》（1875）。其次，爱德华·撰尔德底《康德哲学底批判的叙述》（1877）。稍后《康德底批判哲学》（1889）出版。

一　格　林

格林（Thomas Hill Green），是英国新理想主义底代表的哲学者。以一千八百三十六年，生在约克州（Yorkshire）。少年时代，就学于牛津大学。卒业后，充任同大学底历史同哲学讲师。一千八百七十八年，升充道德哲学教授。他对于下层社会底人们，有温厚的同情，为种种社会事业尽力。一千八百八十二年，死在牛津。

他底主要的著作，《休谟入门》之外，有《伦理学序论》（*Prolegomena to Ethics*）。

（1）永久的自意识说——神本主义

格林，采取康德和黑智尔等底德国观念论，组织客观的观念论。反对休谟底经验论，穆勒底快乐说，斯宾塞底进化论。依格林，宇宙底本体，是超越时间空间底唯一的精神的原理。他把这个精神的原理，叫作神的自意识（Devine Self-Consciousness），又永久的自意识（Eternal Self-Consciousness）。永久的自意识（神的自意识），是宇宙底本体。一切万有，不外乎这个本体底发现。永久的自意识，发现做宇宙间底万有，而且把他所发现底万有统一。所以永久的自意识，是宇宙底本体，又是宇宙底统一者。格林如何证明宇宙有像这样的本体呢？格林从分析经验的事实，到达宇宙精神底存在；像下面断言：依主唱进化论底自然论者，我们底认识，属于自然底过程。然而自然论者所谓自然，不外乎经验世界底一部分；所以不能够用自然底过程，说明认识。所谓认识，不假定精神的原理底存在，不成立。认识，以主体就是认识者，和客体就是对象为必要。主体，必须是精神的原理。假如主体不是精神的原理，就不能够统一从对象所受底感觉。不能够统一感觉，认识就不成立。认识，由主体就是精神，统一从客体就是对象所受底感觉，成立。假如认识底主体是精神，就不可不承认认识底对象就是自然界，也包含精神的原理。什么缘故呢？假如认识底主体和客体，性质全然不同，主体就是精神，就不能够认识客体就是自然界缘故。认识底成立，证明主体和客体之间，有同一性。

自然，是杂多的。然而他里面，有统一。所以自然必须和自意识类比的说明，就是可以看作一种心灵的宇宙。像这样，一切物，因而所有脑髓神经组织底过程，生命和感觉底机能，我们底精神现象，也都由宇宙意识决定。但是人类底意识本身，是宇宙意识底再现。进化论和这个见解，也没有抵触。动物进化成人类，才到达宇宙意识能够再现底区域。

依格林，人类，不单是自然底孩儿，而且是精神的存在。假如不假定像这样的精神的自意识，就是心灵的自我；知识，道德，就都不能够有。先就知识看，单是印象或者感觉底继起，不是知识。知识底产生，不可以没有把这些印象或者感觉统一的。而把他们统一的，不外乎自意识。就是没有具有这些感觉把他统一底自我，就不能够构成知识。其次，就道德看，也同样。单是肉体的欲望或者冲动底继起，不能够构成人类底行为。肉体的欲望或者冲动，是自然的事件。必须先被意识，才变成人类行为底动机。换句话说，就是我们意识这个欲望或者冲动，和他同化，而努力把他实现底时候，才可以说是意志。人确实受过去经验底影响（决定论），但是在过去作那些经验底时候，我们是自己底对象，因而是自己行为底作者。所以人对于他现在所作底行为，有责任。况且我们对于自己，能够意想更好的状态，因而能够求那个状态底实现，而将来能够变成比现在更好的（意志底自由）。

（2）自我实现说——人格主义

格林，拿他底本体论就是永久的自意识说，做根据；倡导人格主义底伦理学说。格林底伦理学说，通常叫作自我实现说（Theory of Self-re-alization）。宇宙底本体，是具有自意识底大精神。一切万有，是他底发现。具有自意识的人格底人类，是他底再现。因而各个人底精神，必定包含宇宙底本体，就是永久的自意识。换句话说，就是各个人底精神，不外乎宇宙底根本原理，就是永久的自意识底部分的发现。所谓自我实现，是超越物理的组织底限制，再现永久精神。我们底精神，是宇宙精神底发现，所以具有神性。发挥这个内部所包含底神性，是自我底目的，同时是人生底至高的目的。就是所谓自我实现，是说把自我本来具有底资质，完全实现发挥。换句话说，就是叫自我天赋底各种性能，圆满发展。叫自我天赋底各种性能调和的发展，就能够和宇宙底大精神就是永久的自意识合体。依格林，那个所谓自我，不是自然的经验的自我，是超时空的永久意识，就是绝对我。

人类有种种的欲求，满足他底时候，就产生自己满足。自己满足，是善。然而自我实现底自己满足，是永久的自己满足，不是单是一时的心理的欲求底满足。因而自我实现，是道德的至高善。自我底实现，又通过社会。神的自意识，等待人格，才能够实现。这个人格底发展，依属社会的生活。社会的生活，和人格有密切的关系，恰巧像言语和思维底关系。就是社会的生活，是人格底成立所不可缺底要件。所以等待社会，才能够实现他。因而个人底善，又是社会底善，就是洽善。

（乙）法国底新唯心论派新批判论派及其他

孔德以后，实证主义，成为法国哲学底中心思潮。然而反抗这个大势，提唱异说的，也不少。第一是库争等底折衷论派。第二是新唯心论派，是元来属于折衷论派底拉魏孙、塞克累坦所创唱。他们对于折衷论，树立反旗；对于实证主义，也极力攻击不已。第三是新批判论派，是雷诺维也所创唱。他们也像新唯心论派一样，对于折衷主义，实证主义，都反对。

此外有傅叶，不完全反对实证论，却想把实证论和唯心论调停。又有居约，拿生命做思想底中心，唱导一种伦理的理想主义。

一　拉魏孙及塞克累坦

拉魏孙（Felix Ravaisson），是法国底哲学者，考古学者。生在一千八百十五年，和雷诺维也同时，同在理工学校就学，在一千八百四十年就是孔德还没有把他底《实证哲学讲义》全部发表完结底中间，已经在杂志上，发表《唯心论的主张》。一千八百六十七年，发表《十九世纪法兰西哲学纲要》。这个书，形式是历史的叙述，然而同时是新唯心论底宣言书。和朗格底《唯物论史》，恰好是一对。然而在发表，和朗格底《唯物论史》，只有一年之差，就是《唯物论史》出版底第二年。

艺术的道德的宇宙观

现代底法兰西哲学，是两大思潮合流底结果。一种是自由底哲学，渊源于康德底实践理性优先说。对于理智，主张情意底权利。一种是科学底批评的考察，马赫是他底开拓者。拉魏孙和塞克累坦，从自由底哲学，采取美的宇宙观和道德的宇宙观。从科学批评底哲学，把对于必然的法则底论辩借来，力图把理智和自由意志底背反除去。

依拉魏孙，一切的哲学，能够还元到三种形式。所谓三种形式，是（一）经验底哲学，（二）悟性底哲学，（三）理性底哲学。他以为经验底哲学最低，悟性底哲学次之，理性底哲学最高。经验底哲学，只拿感觉印象做对象。但是这种哲学，他所肯定，没有错误，只否定有错误。然而他所否定，是比所肯定更重要的实在。悟性底哲学，在感性之外，承认悟性。然而单是悟性，就受时间、空间、因果律底限制，不能够超越这个范围以外去认识。理性底哲学，就是形而上学，是由理性底直观，和真善美底本源就是绝对者，合一底哲学。因此，哲学底真正的工具，是艺术的灵感和宗教的情操，不是科学的分析。他是叫我们捕捉自我底活动的本质，而且拿感情底不可抗的真凭实据给我们底直观。是创造和艺术的观照，独有底自由膨胀和自己抛弃。宇宙底过程，不是必然永远的运动底机制，像自然科学所假定，用贫寒的数学的公式表示的。他实在是值得惊叹的艺术作品底不断的创造。他从无机体底粗笨的轮廓，逐渐发展成精神生活底高尚的形式。宇宙进化底意义，不是自然的存在已经到达底意义，是他们底更高的向上和理想。真正的实在，不是像康德在他底纯粹理性批判当中所说，现象底必然性；是像他在判断力批判当中所说，美和自由底光所照射底世界。就是世界底本质，是自由作用。自然，是由自由作用底反复所构成底习惯底结果。事物，是倾向完全和美底意志发展底产物，不是机械作用底产物。世界底必然的，是假现。真相，是自发性，是自由。一切想到达善美底极致，就是神；用自由意志发展。就是一切虽然是法则的，一样的；然而根原是意志。所以物体也有精神。像这样看，精神就是自然界底本质，所以有机科学，常时需要用究极的概念，或者从全体底见地，去把部分解释。就连无机科学，毕竟也同样。无机物只是灵性底程度，和生命、意识体不同。一切的运动，是倾向。惰性，是想继续运动底倾向。无论什么活动，假如延续，就习惯化。无机物底自动，是退步或者化石的意志。只有活动的和自己同一的精神，能够构成习惯。自然，是神底副产物。物理世界，是神的精神底屈折或者飞散。像这样，实在是思维，又是意志。物质是这个实在底影子。真存在，是精神的。精神活动，不是实在底属性，他自身就是实在。所谓存在，就是活动。意志和思维，毕竟同一。所谓思维，就是活动。所以所谓存在，就是思维。

塞克累坦也同样，把世界底本质，看作自由膨胀底作用，爱和慈悲底作用。他说：必然性，是由自由的神的创造所生。他不受论理的理性底规定，是爱和慈悲底自发的流露。知识不是绝对的目的，不过是对于世界底教化底一种手段。世界底最高理性，只在道德的秩序里发现。意志是一切底根本。意志底完成，是科学底目的。又说：我相信实践理性底优先，为自由举行自由的投票。

二 雷诺维也

雷诺维也（Charles Renouvier），是法国底哲学者。以一千八百十五年，生在孔德底诞生地曼皮列。少年时代，肄业理工学校。在那里，从孔德，学高等数学。他长于数学，对于社会问题，也很有兴味。不消说，也很注意孔德底哲学。所以后来虽然反对孔德底学说，然而不难察知从孔德受种种的影响。他不断的思索，不断的论议，不断的著作；度八十多年底生活。他底著作，不独拿很大的影响，给哲学界。在政治上，也有非常的反响。

他底许多著作当中，最代表的，是《一般批判论》（*Essais de Critique Générale*）。此外，有《新单子论》（*Lanouvelle Monadologie*），《人格主义》（*Le Personnalisme*）等。

现象论

雷诺维也，是新康德派底有力的代表者，掺加孔德，哈密尔敦，来布尼兹等底哲学；改变康德哲学，构成自己底学说。

雷诺维也，把自己底体系，对于康德底批判论，叫作新批判论。虽然，他底哲学，发展成和来布尼兹底单子论相似底观念论的形而上学。他底特征，是多元主义和人格主义。

雷诺维也，以为认识底对象，是各个的现象，就是表象，没有本体，物自体等类。他极力攻击本体概念里面包含（内在）底无限概念。他说：像所谓空间有限无限，宇宙有始无始底问题，滑稽而无意义。说空间无限，说宇宙无始，总之是承认所谓无限，是可能，是实在。然而所谓无限的实在，是名辞上底矛盾，到底不合理。依他，把某被限定底全体，看作无限；例如把一尺底长度，看作能够分割做无限；是论理上底矛盾。又经验告诉我们，所有的物体，由一定数的部分成立。所以实际的无限底概念，是论理上底矛盾，也是经验底矛盾，宇宙，是有限物底有限的总和。

连续底概念，也不可不和无限底概念，一同破坏。什么缘故呢？所谓连续律，是说自然没有跳跃，从一种状态到达别种状态，有无限的中间底程度。然而思维无限底中间状态，是错误；所以连续律底不成立，明了。依雷诺维也，事物底差异，由于跳跃，不连续。

不连续底概念，隐含自由底可能。不但自然界有跳跃，我们承认知识底根本原理，也是一种跳跃。什么缘故呢？承认那一种原理，是选择底结果缘故。然而选择，是意志底决定。所以思维不是必然的非人格的，是自由的人格的，总之，雷诺维也，承认康德只许在超感觉界底自由意志，在现象意志底范围内。

但是像在前面所说，依雷诺维也，没有本体、物自体等类。一切的对象，是现象。我们底认识，只限于现象底范围。换句话说，就是所谓认识，是认识事物交互底关系。认识底对象，只限于现象。现象，是有限、复杂、关系的、相对的，拿秩序和确实性给他，就是拿客观的确实性给予经验就是事物的，是法则，就是先验的思维形式，就是范畴。但是这个法则，也不过是支配其他现象底普遍的现象。所以实在，从表象内容底合法则的关系成立，没有什么物自体。一切事物，都不过是现象底合法则的系列。

就是表象，包含表象的和被表象的。这两种，是经验底不可分的两面。就是主观和客观，不过是现象底两面。主客不外乎同一现实在底两因素。表象是某物底经验，又是被经验底某物。康德底误谬，在叫不可分的经验分裂；认为超然的主体在内，超然的客体（物自体）在外。其结果，可知变成非实在，实在变成不可知。然而变转的现象底壶奥，没有恒久性（实在）。表象自体当中，有法则，有机能的依倚底恒久的关系。这些就是范畴。客观的经验，由先验的思维形式就是范畴成立。然而不能够把范畴从一个原理先验的引来。范畴，不过是经验底抽象。范畴底特色，是在现象的与料当中，用特殊的形式表现。所谓先验，意思是经验以上的，是经验底向导，是叫经验适合法则的，就是无论什么时候都确实。这个范畴，有关系、数、位置、继起、性质、转成、因果、目的、人格九种。在这里头，关系，是最高的范畴；知识、经验，都依从他。人格性，是遍通一切存在底范畴。

受雷诺维也底影响的，有鲍特鲁，柏格森，威廉·詹姆士等。

三 傅 叶

傅叶（Alfred Fouillée），是法国底哲学者。生在一千八百三十八年。家道不甚丰裕，少年时代，多半被生活所逼而劳动。然而在那个期间，也努力研究哲学。其后，在波尔顿，得教授底地位。其次，转到巴黎。后来，因病，移居南方底蒙通（Menton）。在那里，和居约一同度思索和著述底生活，死在一千九百十二年。

他底著作，有《柏拉图底哲学》，《自由和决定说》，《观念力底进化说》，《观念力底心理学》，《观念力底道德》等。就中主要的，是《观念力底心理学》（*La Psychologie des Idées-forces*）。

观念力论

傅叶，在许多地方，是和雷诺维也相反底学者。他富于想象力，文辞流丽，而且对于哲学史底造诣很深，和孔德完全不同。孔德，像斯宾挪莎一样，他自己底哲学以外，差不多不知道别的哲学，然而傅叶不但对于柏拉图等底古代哲学，对于康德，孔德，斯宾塞，陆宰，雷诺维也，拉雪利叶（Jules Lachelier），鲍特鲁，柏格森等底哲学，也深有研究。

傅叶，是主意主义者，他反对向来底主智主义，把一切心理现象，用观念力底原理说明，最后在这个思想上，建立形而上学。他起初研究柏拉图底哲学，然而反对柏拉图峻别理型就是观念界和现象界。依傅叶，和现实世界没有关系底观念，不过是抽象的。为和这个抽象的观念区别，把前面底观念，和现实世界有关系底观念，叫作观念力。像这样，他把柏拉图底理型，扯落地上。

观念力，是傅叶哲学底中心。观念，依傅叶，观念和意志，不是各别的，两种常时互相伴随。没有没有观念底意志，也没有没有意志底观念。观念和意志，在初步的意识状态，完全同一。例如动物区别饱底快感和饿底苦痛，是识别（认识），同时是好恶（选择就是意志）。这个，在进步的意识，也同样。思想，差不多常时包含意向、计划和方法。思想，是可能的知识底理论的缩写，同时是可能的行动底实际的略图。总之，观念，是意志的。观念越明了，就移到行动底力量越强，临了于是表现做实行。所谓观念是力，就在这里。

傅叶底可举的功绩，是毅然丢弃副现象的意识底背理的思想，和那些动辄把精神生活比做自动机械底科学者不同，他从心理学出发，进到宇宙论；努力像这样去证明就连物理的进化本身，假如不顾虑意识底要素，也不能够说明。无论什么进化发展，他底出发点，也断然不是素朴的运动，却都是心的、意欲的反射过程。这个过程，同时是朦胧的表象，模糊的感情，乃至活动。

机械的进化，不是原本的法则，不过是意欲的过程底形式，和外面的记号。意欲的过程，是我们自己和其他所有的事物底真本质。达尔文底进化论，断不要求把生物学的心理学的现象，看作机械的法则底错综复杂。却是那个机械的法则他自己，也是生存竞争底一种形式。这个生存竞争，又教导我们归着到拿最小苦痛和最大幸福做目的底竞争，就是各种意志底竞争。世界，不是死原子底集合，是从用同感底结子结合底各种意志成功底社会的有机体。哲学，把各种意志底宇宙的结合，看作那个从前叫作自然底基础。用活实在底完全丰富的综合，代替科学的抽象。科学，把事物底各种关系，和意志又思维底主观割断，又和那些关系底总体割断。所以他底结果，只拿事物底抽象的侧面观给我们。这种侧面观，当然不能够包摄丰富的实在。反过来，哲学，不满足实证主义所求底客观的统一，必须由再造和那个意识的主观底密切关系，把他补完全。哲学者底眼界广阔，所以不大看见由限制现象所得底科学的确实性。各种观念底轮廓，渐渐的变成不分明，渐渐的消逝在那个神秘的远处。那里就是信仰、或然性和感情底领域。虽然，不可以叫信仰和感情，反抗理论的认识。认识虽然会被限制，却是我们底最确实的所有。反过来，不定的感情，很容易陷于误谬。爱和意志，是补救知识底缺陷的，但是他们不能够把不确实变成确实。人们底最大的义务，是获得最大多数的确实的真理。离开理智的确实性，另外没有真确实性。信仰底效力，虽然是不能够否定底事实，但是他底效力，未必是他底真实底证明。

傅叶，像这样，对于极端的实用主义和偶然论，举反抗底旗帜；毅然主张：就连道德，没有理性，也不能够存在。又假如自由，光是牺牲理智能够购买，那就纵然亏折自由，也保留理性。比享受没有理性底自由，一定要好得多。其次，所有的形而上学，是假说的，本于心理学的类推和社会的类推，把自身看作和宇宙生命就是意志力底社会同一，是从个人生命底要求发生底最高展开。所以形而上学的体系，互相竞争；他们当中底那一种，在这个占优势的科学底氛围气当中，最能够繁荣呢？是问题。

四 居 约

居约（Jean Maria Guyau），是法国底社会学者、进化论的哲学者。以一千八百五十四年，生在拉服耳（Lavaur）。他底母亲，是《两个小孩子旅行法兰西》底著者。居约，小时候，受母亲底教育。其后，母亲再瞧傅叶，居约也随从母亲，在傅叶处，受教育。他十九岁底时候，已经草拟《功利的道德底历史和批评》底论文，得法兰西学士院底褒赏。后来得肺病，转地尼斯（Nizza）海岸等处疗养。一千八百八十八年，以三十五岁底壮年，在蒙通去世。这个时候，尼采也因为疗养，偶然转地蒙通。尼采底方面，曾经读到居约底著作。然而居约底方面，却完全不知道尼采底著作。傅叶也这样。尼采底生命主义，受居约底影响之处不少。

居约，在他底短促的生涯之间，遗留很多的著作。最著名的，是《现代英吉利底道德论》（La Morale Anglaise Contemporaine），《没有义务和制裁底道德论》（Esquisse Dúne Morale Sans Obligation ni Sanction），《从社会学上所见底艺术》（L' Art au Point de Vue Sociologique），《现代美学底问题》（Les Prodlemes de L' ésthetique Contemporaine），《将来底无宗教》（L' irreligion de L' avenir）。

生命主义

居约，采取生命底进化论的世界观。他底主要对象，是道德上、宗教上、艺术上乃至社会上底问题。依他，艺术、伦理、宗教共通底根本原理，是生命底原理。生命，是力。生底冲动，是一切存在底核心。生命底深化，是广延。生命，包含扩张、充实、活动、宽大底原理。就是维持生命而且叫他发展，是人生底精髓。然而个人和社会，同一不离；所以个人的生活，包含社会的要素。因而不消说，发展个性，是最高价值。所谓发展个性，是充实强化内的生命。

更详细说，就是居约底中心兴味，是伦理学。而他底伦理学说，拿生命底观念，做根本思想。所谓生命，是什么呢？他所谓生命，是形而上学的生命，不是单是生物学的生命。维持生命而且叫他发展，是一切生活底目的。尤其是在人类，维持自我底本性就是个性和叫他发展，是全生活底目的。发展个性，不是被其他权力所命令，又不是达到其他目的底手段，他是为我们底生命那个东西，为自性那个东西所行；所以有最高价值。自性底完全进步，在一切具有生命的，是最高无上的价值。

所谓维持自性和叫他发展，不外乎叫自己底内生命充实；就是把自我底本性，深化强化。所以有最充实的内生命。在我们，是最有价值最可贵的生活。

叫自我底本性完全发展，和"人类爱"，有极其深密的关系。内生命底神髓，是所谓人类爱底感情。我们越叫自性完全发展，就爱其他人们越广。所以把自己深化，同时是把自己广延。光是由把自我底本性弄完全，能够和其他同化。

内生命底充实，在协同连带的社会生活之外，不能够期望。什么缘故呢？孤立而蛰居在狭隘的利己里面，不外乎狭隘自己底活动范围，限定自己底能率，缘故。协同团结的社会生活，对于自性底发展，是紧要的事情。个性底发展越完全，人类就越发变成团结的，人类底社会生活，越发完全实现。从这个方面说，就所谓人类生活，不外乎团结的社会生活。所以人类进化底程度，又可以由他底社会生活完全不完全，就是协同团结底大小，社会化底大小，去测定。进化底目标，个性发展底目标，实在是这个协同团结。所谓协同团结，是实行和实现人类爱底感情。总之，是由人类爱底社会的实行，完成我们底社会生活。

他底宗教观和艺术观，从像这样的根本思想产生。就是在居约，所谓宗教，是把人类爱彻底感觉，和全人类、全宇宙协同团结。把自己扩大，去和全宇宙成为一体底态度，是宗教。宗教，就是最大的协同团结底态度。

又艺术，也和充实内生命，有密切的关系。就是所谓艺术，是在想象上，创造强烈的和广延的生活。是在空想上，创造在现实世界不能够看见的那样尊严的生命底充实。内生命底充实越广大，那个艺术就越发美。反对，就是丑。

协同团结，在艺术，也是中心生命。

第四编 现代哲学

第一章　序　说

像在前面所说，从十八世纪后半期，到十九世纪前半期；和唯理派相并，一方面，主情派就是浪漫主义，很占优势；另一方面，主意派，也显示相当的声威。然而从十九世纪后半期起，二三十年间；是产业文明底发达期，又是自然科学底全盛时代。伴随自然科学底勃兴，经验主义又实证主义的哲学，或者唯物主义又功利主义的哲学等类；成就特殊的发达。哲学，逼塞在科学底下位，他底威权，差不多坠地。然而到十九世纪底末年，一种活泼泼的哲学精神勃兴，复归于康德，去重行把理想主义复兴底呐喊；逐渐高起来。像新康德学派，便是代表这种倾向的。这种新气运，从世纪末继续到挽近，于是重见哲学全盛底时期。

现代底哲学，他底内容，极其丰富。便宜上，可以先把他分做认识论派，形而上学派，折衷派三种。认识论派，不消说，是认识论本位底哲学。又把认识论看作哲学底根本要素，拿认识又真理做哲学底主要对象，拿科学批判做哲学。形而上学派，把形而上学看作哲学底主要部分，拿实在做哲学底主要对象。折衷派，努力把上面底两派，打成一片。认识论派，更可以区别做新康德派，和实用主义。新康德派，更可以区别做西南派和北派。所谓西南派，是拿文德尔班、黎卡特做中心底一派，把哲学看作价值批判底学问。所谓北派，就是马尔堡学派，是拿柯亨、拿托尔伯等做中心底一派，把哲学看作纯粹思维底学问。实用主义，拿詹姆士做创建者，拿杜威做绍继者，支配美国哲学界。他进入英国，变做席勒尔等底人本主义。而这个实用主义和人本主义，和所谓新康德派，差不多站在反对底立场。形而上学派，可以区别做柏格森底直观派，倭铿等底精神生活派。折衷派，可以区别做胡塞尔等底新波尔扎诺派或者德奥学派，罗素等底新实在论派，詹姆士等底根本经验派。此外拿哲学底方法做原理去分类底时候，可以区别做论理派和心理派，又论理派和直观派、体验派，先验派和经验派。更拿哲学底立场做原理去分类，就可以区别做主观派和客观派。

最后，在这些众多的现代哲学当中，比较占优势的，就是代表现代哲学的，是新康德派，新波尔扎诺派，柏格森派，实用主义，新实在论等。然而占第一位的，是新康德派。

第二章 德奥哲学

第一节 精神生活底哲学

一 倭铿

倭铿（Rudolf Eucken），是德国近代底哲学者，是新理想主义底提倡者。以一千八百四十六年，生在汉诺威（Hannover）底奥立希（Aurich）。他从小喜欢数学，尤其是代数。中学时代，努力自修古典和哲学。一千八百六十三年，十七岁，卒业中学，他起草关于西塞禄底哲学论，做卒业论文。其后，进格丁根大学，研究文献学、史学、文学、哲学。后来转入柏林大学，在那里，受哲学主任教授特棱得楞堡底感化，专心从事哲学研究。一千八百七十一年，充任巴塞尔大学教授。一千八百七十四年，继斐西耶之后，充任耶拿大学教授，讲授精神生活底哲学。他底新理想主义哲学，到二十世纪，和柏格森底哲学相并，驰名世界。一千九百二十六年，以八十岁底高龄去世。

他底主要的著作，是《精神生活底统一》（*Die Einheit des Geisteslebens im Bewusstsein und Tat der Menschheit*），《为得精神生活底内容而战》（*Der Kampf um einen Geistigen Lebensinhalt*），《宗教底真谛》（*Der Wahrheitsgehalt der Religion*），《人生底意义和价值》（*Sinn und Wert des Lebens*），《精神生活底哲学入门》（*Einführung in eine Philosophie des Geisteslebens*）。

倭铿、尼采、马赫、阿梵那流斯，与其说是现代底哲学者，毋宁说是过渡期就是从十九世纪后半移到现代底人们。

倭铿底哲学，宗教的色彩很浓厚。他反抗十九世纪末底功利的、主智的倾向，把全力倾注在振兴宗教的思想。所以他所提倡底理想主义，是一种宗教哲学。极端说，就是基督教神学。

（1）精神生活

倭铿底哲学，拿精神生活底观念，做根本思想。就是倭铿底哲学，是精神生活底哲学，是人格底哲学，是伦理、宗教的理想主义底哲学，是灵活主义底哲学。依倭铿，哲学底使命，是创建精神生活。所谓精神生活，是人格底世界，是独立就是自主自由底世界。同时是创造底世界，是永远而普遍的世界。因而精神生活，不是所与，是创建。而创建精神生活，要精神的活动，和精神的飞跃。精神生活，不是抒情的，是戏曲的。不是精神生活底生活，是自然生活。人生底目的，是创建精神生活。因而哲学，不单是生活底手段，是他底一个主要内容。精神生活底本质，是创造，是活动，是努力；而他底主要方向，是真、善、美就是科学、道德、艺术、宗教。就是这些东西综合起来，是精神生活。

就是倭铿哲学底中心，是他底所谓灵的生活，或者精神生活。倭铿底所谓灵的生活或者精神生活，是一切个人的精神生活底源泉，是普遍的精神过程，是绝对无限的一大生命。倭铿，以为像这样的绝对无限的一大生命，是唯一的实在。我们底现实生活，都不过是这个实在底发现。我们底生活，由这个最高实在统一。没有这个最高实在底统一，我们底生活，就全然支离灭裂，而这个世界，充满矛盾和不调和。因而人们丧失生存底意义。

倭铿底精神生活，和神相同。他以为这个神，超越现世而存在，然而具有人格，就是他底神，是一种超越的人格神。我们都不但从像这样的超越的人格神，领受无限的生命。而且在现在，也不断的获得生命底补给。生命底补给，假如杜绝；我们底现实生活，就忽然枯死。人世界底一切文化，总之，是从超越的人格神所领受底无限的生命之流。除外所谓超越的人格神底最高实在，不能够说文化。

　　像这样的绝对无限的一大生命，就是精神生活；我们如何能够知道呢？倭铿像下面说他。人们底心，有一种超自然的、超经验的要求。这个，是我们所确信。我们到底难以否定这个事实。人们有像这样的要求，是这个世界当中，有绝对无限的实在底证据。我们底现实生活，是相对的，是有限的。没有从相对的、有限的经验界、自然界，产生绝对无限的倾向底道理。既然我们底心里潜藏底超自然的、超经验的要求，不是从现实生活所与；就不可不承认有他所由来底绝对无限的世界。我们底心，潜藏着像这样的绝对无限的要求；所以我们对于现代底文明，常时感觉不满足。现代底文明，是现实主义文明，是实证主义文明。自然科学，显著进步；各种物质的施设，渐次完备。假如人们只想现实生活底安定，我们对于现代底文明，就不可不感觉充分的满足。然而现代底文明，断没有拿充分的满足给我们。这就是人心潜藏超自然的、超经验的要求底缘故。倭铿，从像以上的见地，细密观察十九世纪后半底文明，对他加以痛击。

　　倭铿把现代文明底骨髓，分做自然主义，主智主义，以及其他的社会生活等纲目。第一举自然主义，把他像下面批评。自然主义和实证主义，差不多同一意义。尊重自然现象，期图依靠自然科学底力量，去完成现实生活。能够叫人类自然具备底欲望满足，不能够满足内面的精神的欲求。自然主义，总之是感觉主义。人们，不消说，也希望感觉的欲望满足。然而这个感觉的欲望底满足，不过是皮相的要求，不过是消极的要求。人们更有更内面的积极的要求。那个就是精神的欲求底满足。换句话说，就是对于绝对无限底憧憬。所以我们到底不能够讴歌自然主义文明。第二举主智主义，把他像下面批评。主智主义，也在和自然主义相同底精神上成立。自然主义，拿完成现实生活做目的，因而陷于拿科学做第一义，过于偏重知识。自然主义和主智主义，常时保持密切的结合。单叫知识进步，人们底真生活，到底不能够完成。加之，偏重知识，我们底内面的生命，反受压迫。这个是主智主义底一大弊害。主智主义，也不能够叫我们底要求满足。倭铿，第三非难现代文明所作出底社会生活。现代文明，想由实现拿实际的机械的劳动做本位底各种社会生活，去到达人生底目的。把团体的社会生活，看得比个人底生活着重。所谓最近代文明，就不外乎追求这个种类底社会生活。像这样的最近代文明，消灭人类底个性，去把他现实化、机械化。所谓分业底事实，最能够证明他。分业，把人类机械化。他底结果，人类底个性消灭。今日底世界当中，拿像这样把人类机械化底劳动组织做中心，种种的社会生活成立。实现像这样的社会生活，是现代文明底目的。然而我们对于像这样的现代文明所作出底社会生活，断不能够满足。反而不断的感觉一种不满。把像壁对于最近代文明底批评，简约说，就像下面。现代文明，是实证主义文明。实证主义文明，是自然主义、主智主义文明。自然科学底进步，日新月异，世间底功利的倾向，次第增高他底程度；人类底活动，机械化。我们生活在现实世界，实证主义文明，也不能够全然轻视他。然而人心，只用实证主义文明，不能够满足。所以我们对于现代文明，常时感觉不满和不安。实证主义文明，越进步；这个不满和不安，就越发增长。总之，对于实证主义文明底不满和不安，是人们底心潜藏绝对无限的要求底缘故。

人们心里头，要求绝对无限不止。像这样的要求，在人们，是最深刻的要求。因而人们不拘什么事，只把他表面的解释不满足。不到充分把他彻底的解释不停止。他说：内面化，自律化，直接化，统一化，无限化，是人们底精神的倾向。所谓内面化，和主观化、精神化、人格化一样意义，是把内的生命深化而且强化。然而这个内面化，不是相对的，是绝对的内面化。所谓自律化，是不等待他力，用自力施行底绝对的自律性。所以直接化，是排斥间接的媒介，直接接触事物。所谓无限化，是叫复杂多样的，有秩序，有统一；是和人格底统一性关联，不能够从人心排除底要素。所谓无限化，是不以一时的中途半途自安，永远的追求，到绝对性为止。无论是在内面化，在自律化，或者在直接化、统一化、无限化；我们常时有绝对的要求。

像这样的人心底绝对的倾向，表现在所有的方面。在学术上，在道德上，在艺术上，都能够看见他。先就学术底研究说，我们当追求真理，用绝对的态度对他，不中道而止，不究明到最后，不能够满足。就道德底实践说，也同样。我们所认为善，不充分把他履行不停止。半途把他中止，就感觉非常的不安和不满。又就艺术上底创作说，也用绝对的要求着手他。

元来学术、道德、艺术那个东西，有绝对性、无限性。学术底研究，发见真理，是他底目的。真理那个东西，不消说，有绝对的性质。假如可以说是真理的，他就必须无论在什么人，也是真理。又必须无论到什么时候，也是真理。假如只是个人的、主观的，他就不能够说是真理。真理、必须有普遍性、客观性。拿探究像这样的真理做目的底学术，分明有绝对性。又道德上所谓善，是什么样的东西呢？快乐主义者或者功利主义者，把追求快乐或者幸福，看作善。然而不能够把快乐或者幸福认为善。所谓善，像康德所说，是依从无上命令。依从无上命令，而为义务尽义务；这就是善。善那个东西，既然有永远性，超越现实。所以除外无限性、绝对性，不能够了解道德底精神。又艺术上所谓美，是什么样性质的东西呢？美，宿在现实的材料当中。这个，在绘画，在雕刻，或者在其他艺术，都明白。然而美那个东西，和他所宿底现实的材料，不同。美，包含超现实的永远性。艺术，和学术、道德相同，有绝对性、无限性，不消详论。真、善、美三种，在他底本质，都是绝对的，无限的。我们追求他底心，也自然必须包含绝对的、无限的。又从其他方面说，假如我们底心，不包含绝对的、无限的；对于拿绝对性、无限性做本质底真善美底憧憬，要求；就应该都不生起。不承认绝对无限的大生命就是精神生活底存在，学术、道德、艺术，就都丧失他底根柢。

（2）精神生活底体验

倭铿，由以上底事实，证明宇宙有绝对无限的大生命。更进一步，像下面论说。我们底心，发达到某程度；我们就能够直接体验这个精神生活。人生，由心底发达，分做两种阶段。就是自然生活底阶段，和精神生活底阶段。在最初底阶段，心底发达幼稚；人们底生活，被自然底法则所支配。自然底法则，就是因果底法则，闯进人们底心里，连内的生活也支配。把这个阶段，叫作自然生活底阶段。在这个阶段，唯一的目的，是对于环境，保存自己。

　　然而人们底生活，断不停止在像这样的自然生活底阶段。随从心底发达，只被自然底法则所支配，不能够满足。拿对于环境保存自己底肉体，做唯一目的底人们，想在像这样的渺小的自己之外，和一切的人一切的物，内的交感；而在他人，更在宇宙全体，发见真我，就是宇宙底大我。换句话说，就是我们底心里，感觉宇宙底大生命。对于自然生活底阶段，把这个阶段，叫作精神生活底阶段。在自然生活底阶段，学问、道德、艺术，都不过是保存肉体的自己底工具。然而到精神生活底阶段，这些东西，到达他自身独立存在。感觉一切精神的创造，就是真理底发见，道德底实践，艺术底创作，都是从宇宙底大生命涌出。实际古来底精神的伟人，都有像这样的经验。歌德也说：在艺术上底创作，我们只聚集薪柴去堆积，点燃他的，必须等待天上一闪底电火。就是古来底精神的伟人，对于他底事业，都自觉宇宙底大生命。感觉自己底事业，从宇宙底大生命产生；而自己不过是实行他底机械。

　　（3）精神生活和宗教

　　到精神生活底阶段，我们就能够在自己底心里，自觉宇宙底大生命。宇宙间有绝对无限的大生命，是人们无论如何也不得不确信他底原理，是确信。没有像这样的原理和确信，人们就不能够营为完全的生活。什么缘故呢？像在前面所说，所谓精神生活底绝对的实在，是一切的生活和现象底绝对的统一。一切，由这个最高实在统一。没有像这样的最高统一，一切的生活和现象，就全然支离灭裂。所谓绝对无限的大生命，在人们底心里活动底确信；那个就不外乎宗教，所以依倭铿底学说，所谓营为完全的生活，是说进入宗教。这种意味底宗教，实在是一切精神生活底根源。他把这种意味底宗教，叫他做普遍的宗教。对于这个普遍的宗教，他又举所谓特殊的宗教。人们底心里，确实有绝对无限的大生命流动。我们明白内感这个大生命。然而我们底生活，未必常时只受这个大生命底支配。回顾人生底实际，我们底精神活动，尤其是道德的方面底事实，能够证明他。人类社会，从道德的方面看，很不完全。所谓善，常时受顽强的抵抗。不单从外部，我们自己底灵魂里面，也潜藏着黑暗和罪恶。因而在这个世界，所谓罪恶，不绝迹。受神的大生命支配底人生，有像这样的罪恶，不可不说是大矛盾。解决这个矛盾的，是前面所举底特殊的宗教。普遍的宗教，到底不能够解决这个矛盾。在特殊的宗教，把人生有像这样的矛盾，看作我们底生命到达更高的阶段底过程。在现世所行底种种罪恶，因为有他，我们感觉精神的苦恼。想战胜那个苦恼，脱离黑暗面，向光明底方面。于是人们底生命，更增加深度。像这样，我们经过否定，而到达肯定；承认苦痛，而超越苦痛；次第发展自己底生命。像这样的生命发展底极致，于是和绝对无限的大生命，合为一体。神性和人性底一致，是宗教底真髓。体得这个真髓，于是人们才能够由对于神底爱，做一切的行为。

第二节　超人哲学

一　尼　采

尼采（Friedrich Nietzsche），是德国底诗人、哲学者。以一千八百四十四年，生在萨克森州（Saxony）底吕层（Lützen）。他底家庭，元来是波兰底贵族，累代以牧师为业。他小时候，学音乐和诗。一千八百六十二年，进波昂大学，研究言语学和神学。尼采所最尊敬的，是立特士尔（Ritschl）教授。立特士尔，因为教授间底倾轧，转到来比锡大学。尼采也追踪他，转学到来比锡。他力图通过希腊古典底研究，而接触南方古代文明，乃至希腊主义底基调。一千八百六十七年，服兵役，入野战炮兵联队。诚实服军务底余暇，依然继续研究言语学。退伍后，重行委身学术研究。然而他底思想，渐次带哲学的倾向。尤其耽嗜研究叔本华底哲学。又在这个时候，得和从小时候心醉底音乐天才瓦格涅结交。一千八百六十九年，由立特士尔底推荐，充任巴塞尔大学底古典言语学教授。一千八百七十年，普法战争起，富于爱国心底尼采，中止关于希腊文明底研究，搁置起草中底《悲剧底诞生》，志愿从军出征。中途得病而归，重行在巴塞尔大学供职。他底奇拔的见解和卓越的思想，令学界大为动摇，毁誉交起。虽然，因为他底研究方法和一般古典学者底研究方法，很为不同，受一般学者底非难，禁止学生听他底讲义。一千八百七十九年，辞大学教职，度自由的生活。这个期间，他不断的从事著述。到一千八百八十九年，陷于不可救底精神病。一千九百年，去世。

他底主要的著作，是《悲剧底诞生》（*Die Geburt der Tragödie*），《人类的，太人类的》（*Menschliches Allzumenschliches*），《查拉图斯特拉像这样说》（*Also Sprach Zorathustra*），《善恶底彼岸》（*Jenseits von Gut und Böse*），《道德底系谱》（*Zur Genealogie der Moral*）等。

（1）超　人

尼采哲学底主旨，是极力反抗十九世纪后半期，风靡人心底进化论、历史主义、自然主义、功利主义、社会主义、民主主义、实证主义、现实主义、主智主义等；高唱自我底价值，人格底威权，理想底光荣，心情底醇美。换句话说，就是宣传对于平凡主义底高贵主义，主张对于众愚主义底天才主义。做一句说，就是宣传超人底福音。

尼采是诗人，就是在思想，在表现法，都是主观的、情热的。因而他底著述，也不是论理的、体系的。却是直观的、艺术的、象征的。所以没有艺术底素养——敏锐的感情和强烈的意志底浑融——不容易理会他底真髓。尤其是他底格言，有极其显著的特色。

尼采底哲学，是意志底哲学，是战底哲学，就是强者底哲学，强就是善，弱就是恶，是他底道德。尼采，在所有的意味，是偶像破坏者。这是因为他底究竟目的，是价值底颠倒；详细说，就是因为拿否定向来底价值，而创造新价值，做目的；所以他底第一步，不可不用破坏旧偶像开始，缘故。然而他底哲学，总之，是人生哲学，是一个道德观，就是他不想阐明实在底秘义，却想阐明人性底真髓，揭橥最高底理想。换句话说，就是想提高人类底价值，是他底最高希望。然而依他，向来底道德，大率和这个本旨相反，却不过产生把人类底价值低下底结果。像这样，他否定向来底道德，想在向来底善恶底彼岸，建设为真人底道德，为超人底道德，就是英雄的强者道德。

依尼采，近代文明底基调，是基督教思想，不然就是主智主义的思想。他首先攻击十九世纪末底科学的、实证主义的、功利主义的倾向。实证主义，湮没主观底威权，俯伏在客观就是自然界之前。从实证主义底立脚地看，没有像自然那样伟大而且尊严的；像人类生活，对于自然力，不过是可怜的风前底灯火。把人类生活，看作像这样可怜可鄙底实证主义；在尼采，简直是完全把人类生活底本义破坏的。他在这种意味，对于拿自然科学做中心底近代文明，采取极端反动的态度。在尼采，不单是近代文明，欧洲文明全体，都是浅薄的实证主义的、主智主义的。叫像这样俗恶低级皮相的主智的文明，在欧洲繁殖底第一个人，是古代希腊底苏格拉底。苏格拉底以来，欧洲文明，完全陷在主智的浅薄的邪道。他所尊重底希腊主义，不外乎反苏格拉底思想。反主智主义的倾向，在尼采，到达他底顶点。他底哲学当中，已经暗示柏格森底艺术主义，詹姆士、席勒尔底实用主义。

其次，他反对基督教文明。基督教文明，和主智的文明一样，也把人类看作柔弱可怜的动物，看作不是互相扶助互相怜悯，就不能够堪忍多灾多难的现实生活。在尼采，假如说是人类生活，就必须是英雄的、勇壮伟大的。把人类生活底理想，看作微小、柔弱、卑怯的，是从头把生活底本义，破坏否定。他在善恶底彼岸，说地球上现今流行底道德，可以分做两个完全不同的范型。一种是君主道德，一种是奴隶道德。——一种是把道德底价值，拿离开被治者阶级底君主的种族做标准，所规定。一种是拿一切的下层阶级、服从阶级、奴隶阶级做标准，所规定。就是君主底阶级，为想保存君主底势力，要君主道德。奴隶底阶级，为想保存奴隶底势力，要奴隶道德。在君主道德，叫强者越发强，盛者越发盛，大者越发大；是善。在奴隶道德，怜愍弱者，扶助无力者，庇护小者；是善。因而前一种底善，是后一种底恶。后一种底善，是前一种底恶。两种底善恶，完全相反。究竟这个相反的道德底那一种，是真的呢？尼采，不消说，以为君主道德，是真的。以他看，奴隶道德，却是叫人类堕落的。而现代底道德，基督教底道德；就不外乎奴隶底道德，弱者底道德，妨碍生底扩大，妨碍本能底发挥，叫人类萎缩、退化底道德。

他又反抗当时底社会主义思想。在他，社会主义，单主张人类底绝对平等，完全蔑视人格价值底优劣。支配者、被支配者，指导者、被指导者，都把他混合起来，一样看待。像这样的社会主义，把多数者底渺小的可怜的生活，看作人类生活底理想。在根本精神，完全和实证主义、实利主义相同，人生底真义，完全被他们所湮没。不单对于社会主义思想，对于所有的政治思想，他都感觉深可厌恶。尤其是实际政治，就中像俾斯麦底社会政策等类，在尼采，是最讨厌最可恶的。总之，十九世纪末底实证主义的风潮，和从他产生底一切，在尼采，从最初抱极不快的感情。而对于像这样的倾向底极端反抗，产生他底哲学。

因此，尼采，对于消极的、否定的人生观，极端主张积极的、肯定的人生观。就是尼采底中心思想乃至理想，是积极的、肯定的生活。他所谓积极的、肯定的生活，不外乎人性底积极的充实和进步。把本来的人性，没有被文明所累底本能，积极的充实开发；是人类生活底本意。尼采，在人类还没有被种种的束缚和文化所拘囚，人类赤裸裸把他底本来的生活发达底最古代希腊，发见像这样的理想生活。生活力底有余的充实，像发狂一般的带奥奈萨斯（Dionvsos）神，是像这样的理想生活底最具体的代表者。

这样，那么，所谓本来的人性，是什么呢？他必须是还没有被所谓文明所累底生来的本能，就是生命力或者生活力。所以在尼采，感性、意志、直观,是人类底本性;而且都是本能的自由的生命底发现。像求浅薄的快乐和微小的知识,断不是人类底本性。所谓本性底充实,生命底充实,是极其真挚的、庄严的事实。从某种意味说,就是伴随深切的满足感,同时又伴随深切的苦痛感底事实。所以他所谓理想的人格,是生命力强烈的人,是本能强烈的人,是意志强烈的人,具有像凸出一般的强烈的生命力或者意志底人格,是人类生活底最高目的,是最有价值、最可贵的生活。

就是他说道德底最高目的,是强烈的意志力。尼采底强者道德,意思就是像这样的意味底道德。像这样的道德,不是像那个基督教思想,把人类看作柔弱可怜,说互相怜愍互相扶助是道德。是毅然独立独步的强者底道德。只有真独立独步的,才可以说是真人。像这样,尼采主张所谓强烈的意志,和所谓强者。然而他所谓意志,断不是盲目的意志。就是他所主张底意志,断不是盲目的、横暴的权力、却是拿"责任感"做中心底强大的道德意志。责任感,是意志底生命。无责任的意志,不是道德的,因而不能够说是意志。越是伟大的人物,那个人底责任感越深。反过来,越是弱小的人物,责任感越减少,因而意志力也弱小。

又尼采所谓意志,是具有强大的直观和实行力的,是拿创造和立法做生命的。所以所谓伟大的人物,是用像这样的意志力,创造新价值,把他赋与别人底人。把赋与者,叫作强者。把所与者,叫作弱者。所以真正的意志力,在创造新价值底地方。

其次,尼采底贵族主义道德,胚胎于价值差别底根本思想。所谓价值,意思是等差。高低、上下、优劣底差别,元来是从价值等级生起底差别。没有差别,价值就也没有。人格的价值,从最初有无数的差别。不平等,是人格价值底本质。因而一切的人,都不平等。和别人一样价值的,连一个人也没有。依尼采,人格优越的强者,常时支配、统率人格低劣的弱者,就是多数的民众。多数民众,由少数的强者就是天才引导,才能够生活。支配者和被支配者,统率者和被统率者底区别,常时明白。强者,常时是支配者、统率者。弱者。常时是被支配者、被统率者。创造新时代的，常时是少数的支配者，就是天才。而多数民众，常时具备被少数天才所指导底运命和本质。严格说，就是没有天才，就历史也没有。新历史，常时是天才所造。多数民众就是弱者底存在，历史上差不多无意义。他们不过是叫少数天才出现底手段。所谓超人底少数强者，是人生底目的。多数民众，不过是为产生这个超人底手段。

各种生物，努力征服他物，去增进自己底权力；是生活底法则。目的是创造更高的形式，就是超人。所谓超人，意思是超越人类底人。像人类比猿猴优良，超人比人类更优良。依进化论，人类从像阿米巴一样的微小的虫类，变做鱼类，变做两栖类，变做哺乳类，变做猿猴族，变做类人猿，而进化到人类，因而人类位在全动物底最高。现在没有人类以上底某物。这样，那么，在人类，动物底进化，已经走到了尽头么！未必能够断定这样，不可不看作人类也在进化底中途，在完成更优良的人类底过程。那个更优良的人类，就是超人。而这个，没有烦闷、苦痛、忧恼，不能够实现。因而战争比和平好，和平实在是死底征候。人在这个世界，不是为快乐，不是为幸福。伟大的人，超人，是人生底目的。

想做超人，必须强有力，必须意志比什么也坚固。爱——怜悯，像这样的东西，在超人，是大禁物。超人，必须十二分冷酷。价值底创造者，必须冷酷。必须像钻石，像雕刻家底凿子，一样坚固。

所有的事物，都永远轮回。人生，必须常时是超越他自己底某物，因而必须常时超越。超越底半面，是征服。征服，是战斗。就是人必须常时战斗。像这样，超人底道德，是战底道德。尼采，实在是战底哲学者。他讴歌战。战啊、战啊！光是战，能够把进步赍送到人类。光是战，能够开拓人生底新生面。光是战，能够把我们提高到超人。战就是善。

尼采采取天才主义、英雄主义底结果，感觉自己和民众之间，有不能够超越底大沟渠。对于多数的弱者，一般的民众，他实在感觉难堪的嫌恶和苦痛。因此，尼采倡导个人主义、孤立主义。人类，总之，是孤独的，断不可以倚赖别人。

虽然，他断不是绝对的个人主义者。他主张独立自尊，以为互相怜悯、互相扶助，是人类底耻辱。虽然，自由人和自由人底互相敬爱，在他，是无上的美德。光是对于没有真个性和生活底众愚，很感觉嫌恶。自由人和自由人互相敬爱底理想的交际，是尼采底理想的生活。

（2）权力意志

在认识论，尼采，和挽近底实用主义，作同样的主张。尼采，采取叔本华底根本思想，把意志看作存在底原理。然而他不单把意志看作生活意志，又看作权力意志。依尼采，认识不过是权力意志底显现。他在丰富的本能，就是善；所有的善，就是本能底观念上；树立知识、科学、哲学和真理。依他，精神就是理智，不过是生命和权力意志就是本能底机械。理智，是肉体所创造底"小理性"。肉体和他底本能，是"大理性"。肉体当中，就是本能当中，有比最贤明的智慧更大的理性。肉体，是一个复杂的大理性。他是战争，而且是和平。是畜群，而且是牧人。精神，不过是肉体底机械，不过是大理性底玩具。知识，只在维持增进生命底范围以内，有价值。要论理底证明的，不是真理。论理底背后，有生理的要求。光是和生理的要求叶合底知识，是真理。因而幻想和真理一样必要。舍弃错误和幻想，只注重真理，不拿他做生活底手段，为真理爱真理，完全是本末颠倒。所谓为真理而真理底思想，不外乎禁欲主义底一种形式。为人生以外底东西，否定人生；缘故。

尼采更进而告诉我们，没有所谓普遍的真理等类。从来所提出作为普遍真理的，都是误谬。思维，实在是不正确的知见，他只求类似，不顾差别，像这样，去写出实在底错误的容姿。没有永恒，没有实体，没有普遍的因果底连络。自然没有一定的目的，宇宙不掌管我们底幸福道德。又宇宙以外，没有能够帮助我们底神力。知识是权力底工具。我们把世界，在自己底思想里面，像叫自己底存在可能那样排列。我们把纷乱的多数经验，用自己所发见底形式和记号，排列做合理的容易处理的统系。在这个意味，想获得真理底意志，是想统御杂多的感觉底意志，是用范畴去把各种现象结合底意志。所以论理和理性底范畴，不过是把世界，依从功利底目的，像我们能够处理他那样排列他底手段。然而许多的哲学者，把这些范畴形式，误解做真理和实在底标准。他们，拿人类从维持生命底便宜上看事物底看法，做事物底尺度，实在和非实在底标帜。像这样，他们把世界区别做实在和现象。而我们所居住底现世界——变化、生成、多样、反对、矛盾、争斗底实世界，变成没有价值底世界。就是真实的世界，变成现象。而对于他所发明底虚构世界，变成永恒、不变、超感觉底世界。于是虚伪的世界，反而变成真实的世界。

第三节　经验主义底哲学——新实证的知识论

一　马　赫

马赫（Ernst Mach），是奥国底物理学者，哲学者。以一千八百三十八年，生在德国。一千八百六十七年，充任布拉格（Pragul）大学教授。一千八百九十五年，充任维也纳大学教授，讲授数学、物理学、哲学等类。一千九百零一年，退职。一千九百十六年，去世。

他底著作，大部分是关于自然科学底历史的，纯粹的哲学书，有《感觉分析论》（*Beiträge zur Analyse der Empfindungen*），《认识和误谬》（*Erkenntnis und Irrtun*）两种。

（1）感觉一元论

马赫，最初是物理学者，由研究自然科学底历史，进入哲学。他底中心兴味，是认识论。

马赫底根本思想，是从色、音、热、重量、时间、空间等类成立底世界就是现实在底究竟的基础，是感觉要素。而这个感觉要素，是叫自然和精神底反对调和底中性的基本。事物底秩序，是这个原始的要素中间底关系。就是依他，所有的实在，完全从感觉成立。感觉以外，没有物自体。

马赫底最初的著作，多半处理感觉底心理生理学。他从一千八百六十年到一千八百七十年，这十年中间，作这种实验。无疑，于他底哲学，不无影响。结果，他极其重视感觉。他随处看见感觉要素。知觉是什么？是一群感觉。表象呢？是另外一种感觉。概念呢？是感觉底结合。理性呢？是特殊的感觉。自我呢？是感觉底集合体。意志呢？是感觉底系列。像这样，他把感觉要素，看作直接经验底事实。

依马赫，没有思维底要素混入底纯粹的直接经验，是感觉。所谓实在，不外乎从互相有确定的关系底感觉成立。把感觉看作事物底记号，那是错误。事物，反而是比较安定的感觉群底记号。世界底真要素，是色，是音，是压觉，是空间和时间，不是事物。然而实际生活底必要上，我们在这些要素底不断的变化当中，寻求不变化的中心。结果，产生普通所谓事物和性质底区别，他更变成偶然的性质和本体底区别。普通看作对象底中心的，是触觉的和空间的各种性质底结合。这些性质，比色、音、香等类，更安定。像所谓第一次性质和第二次性质底区别，是任意的。这些性质，都不过是变化的感觉要素。然而从想捕获永续的某物底要求，引起有所谓物自体，而各种感觉，从他流出底谬想。假如从事物，把所有他底感觉的性质剥夺，究竟残留些什么呢？恒久的本体，是从实际上底必要生起底幻想，事物是人工的图式，是为便于使用杂多的感觉所设备底代用物。他不过单有经济的价值。实体的自我底观念，也和物自体底观念相等，不过是一种幻想。所谓自我，只是感觉底合成。这个合成感觉底比较安定的方面，变成记忆和经验。又记忆、感情、倾向底合成，叫作自我，是相对的不变的。就是所谓自我，不外乎和构成我们身体底特殊的感觉群，结合底记忆、感情、倾向等类。我们虽然把这个所谓自我底集团，看作永续的实在。然而他实在不是不变的，不过徐徐的变化。所谓自我底集团，的确没有突然全体变化底事情。然而在生活之间，不断的增加新要素。这样，那么，自我，也和外界事物相等，完全由实用的目的产生。这个所谓自我底存在，在避苦求乐底意志，极其重大。虽然，离开所谓经济的利益，从理智上看，就自我和外界，心和物质，没有截然的界限。自我能够膨胀到拥抱全世界。心和外界之间，没有绝对的对立。自我和世界之间底分界线，完全是恣意的。自我和物体，不过是同样的要素底不同的结合。心理的状态和物理的状态，根本的同一。因而心理生理学的探究，和物理学的探究之间，当然也没有实际的差异。两种底目的，都是在要素和要素之间，建立函数的关系。不问是外界是内界，都从感觉要素底结合成功。知觉、表象、概念、意志、情操，总而言之，意识生活底全体，是有限的要素底结合。感觉和表象底区别，只在我们把他们放在相异的领域底地方。幻影和知觉底区别，也是实际的区别。纵然是架空的梦，然而也事实是事实，只欠缺安定实用。像所谓世界是实在，还是不过是梦底问题，丝毫没有科学上底重要性。科学，只关联实际的价值。假如感觉和表象同一，就不难把知觉还原做一群互有关系底感觉要素。马赫，因此，把所谓知觉，从他底用语当中除去，用所谓感觉代替他。概念，他底起源，也是感觉和感觉中间底关系。感觉要素，潜伏在概念当中，恰巧像化学的元素，在物体当中；从具体的感觉，连续的移到概念。所以概念是潜在的静能的准直观。

（2）科学基于思维底经济说

概念对于科学者底关系，恰巧像音符对于奏琴者底关系，是暗示和他对应底行动底图式。所以由科学的概念底帮助所得外界底知识，不过只有实用上底价值。科学，从生活底必要上发生。所以和其他有机的生活底表现同样，必须依从一般的进化底法则。科学，不是像普通科学者所主张，是不变的真理底固定的体系；是应顺应底必要而变化底暂有的。由年深岁久的经验而成习惯底观念，新观念出现，就和他开始生存竞争。由事物和思想间底顺应，又由观念和观念间底交互的顺应，科学的生命，次第发达。前面底作用，制造观察。后面底作用，产生学说。考察科学底起源，就知道科学底事业，完全是生物学的。就是他底职能，是替在混乱的自然现象当中彷徨底我们，做向导。科学底构成过程，是机械的技术。科学底发达，有三阶段。第一，是经验的阶段。第二，是演绎的阶段。第三，是形式的阶段。第一个阶段，是和实在底直接的接触。到演绎的阶段，开始用心像替代事实观察，变成主观的、人为的。想象占重大的部分。从来底物理学，属于这个阶段。更进到形式的阶段，把所有客观性底观念，完全除去；力图把科学的结果，排列做除便宜和功利之外，没有其他目的底综合的组织。到达这个阶段的科学，不再自负能够知道实在底真相；而努力去减轻精神的劳苦，节约思维底努力。各种科学，在确实性底地方，没有甲乙，都有用同一方法，研究同一对象底同一目的。这些科学底唯一本原就是真实在，不外乎经验的事实。他们底共通目的，是实施理智作用底最大节约。而这种目的，就是科学底存在理由。虽然，所有的科学，不能够都获得同程度的成功。所以他们底经济的价值，自然生出等差。最能够实现思维经济底理想的，是数学。用简单的公式说明底物理学，接近他。物理学底有价值，不是因为他有很大的客观性，而是因为他底说明简单。科学的认识，他底图式，越变成一般的、抽象的，越发获得经济的利益。然而他底客观性，却越发减少。这个就是科学底短处。假如我们有无限底记忆力，能够把一切个别的情况记忆，就要丝毫不感觉科学底必要。然而我们底记忆力，有自然的限制底缘故；为补充他，需要抽象的科学底帮助。指示力学的、电气学的、热学的等类其他诸多的过程中间，有恒常的、分量的关系存在。他底目的，是在各种经验要素中间，建立函数的关系。那个以外底目的，例如探求现象底原因等类，是古代物活论的思想底痕迹。

像所谓原因结果，是我们特别把于实际很有关系底几种事情取出，不在自然那个东西当中。自然只有一回的存在，自然不反覆。所谓反覆，不过是我们底抽象。因此，未来底科学，必须舍弃原因结果底不正确的概念，用正确的数学的函数底概念代替他。又像所谓时间的继起，也毕竟是由交互的关系成功底一种体系。虽然同叫作时间，也有两种。物理学上底时间，是形式的抽象概念，不过只有经济的价值，和实际的时间底感觉差异。时间底感觉，和一切感觉要素同样，是实在的。也许有人以为假如舍弃原因底概念，有不能够说明现象底危险。马赫底回答是，所谓因果的说明，不过是事实或者实际的关系底记载。因此，博物学者底分类体系，和物理学者底说明的学说，没有本质的差异。后一种底优越，只在他底很单纯和经济。这个由于物理现象，有分量的性质，所以只有经济的、实用的价值。

二 阿梵那流斯

阿梵那流斯（Richard Avenarius），是德国底实证主义哲学者。以一千八百四十三年，生在巴黎。少年时代，肄业来比锡大学，卒业后，充任同大学底讲师。一千八百七十七年，充任沮利克大学哲学教授。一千八百九十六年，去世。

他底主要的著作，是《纯粹经验底批判》（*Kritik der reinen Erfahrung*），《人类底世界概念》（*Der Menschliche Weltbegriff*）等。

最小劳力底原理

阿梵那流斯，力说纯粹经验底原理，是经验的批判论底创始者。他也和马赫同样，说科学基于思维底经济，自我和世界底区别，不是绝对的。

阿梵那流斯，创立纯粹经验底哲学。意图除去思维所滥加底要素，重行建立纯粹经验。又从心理学上和生理学上，说明形而上学的幻想底起源。依他，认识底发展，依从最小劳力底原理（Prinzip des kleinsten Kraftmasses）。精神，于保存生命，有重大的价值。而且正是这个生物学的利益，他生出最小劳力底原理来。假如精神具有无穷的力量，像所谓势力底消费额大小底问题，就没有关系。然而事实，力量有限，精神就不可不努力节约使用他。像这样，他从生物学的观点，说明这个原理底地方；证明达尔文底进化论，对于他底影响。实际，他和马赫一样，不过把进化论所谓顺应底法则，适用在知识底发达。这个原理，支配海尔巴特底术语所谓统觉（Apperzeption）所包括，各种理论的作用底领域。像排除矛盾底论理的要求，不外从节约劳力底必要生起。矛盾要素消灭底时候，就能够把两种表象群，并成一种。又各种分类法，也很节约劳力。把事物分类底时候，有容易了解那些事物底各种关系，能够寻求许多问题底共通解决底利益。习惯底结果，于知识底发达，很重要；也是这个原理底一个例子。习惯的反动，最容易。所以产生由旧判断新底倾向。概念，也不过是节约劳力底工具。我们用概念，能够拿最少的劳力，理解许多的对象。这个原理，能够把特殊的法则和特殊的概念，压缩成一般的法则和普遍的概念，而实行节约劳力。

我们从经验当中，排除由主观附加在经验底无用的附加物，去把经验逐渐纯化。像这样的附加物，有三种。这个附加物底第一，是神话的，把现实经验就是事物，人格化。第二，是人情的，把我们底感情，装进对象。第三，是理智的，又形式的，把人们底思维所特有底各种形式（原因、本体等类），附加在经验。在现今底科学，第一同第二，差不多完全被排除。第三，还残留。这个残留物，把必要以上底要素，附加在经验的与料当中底结果，违反最小劳力底原理。因而纯粹经验批判底目的，是从经验排除这个最后的残滓。自然科学，假定物质的原子底存在。虽然，物质的原子，不能够看作纯粹经验底事实，又无论如何观察正运动底事物，也不能够知觉自然科学所谓力。像这样的知觉，只在筋肉的努力底感觉可能。从我们底努力，到筋肉运动底推移，不能够知觉。不但是力，科学所谓必然性，也必须排除。所谓必然性，意思是力底强制。然而经验底事实，告诉我们：没有像这样的暴力，只有这个事实去那个事实接着来底现象。所谓原因底概念，是必须从纯粹经验排除底人情的概念。本体底概念，也不成立。经验只给我们种种的感觉群当中，某种是比较的变化的，某种是比较的安定的。像所谓本体，无论在什么地方，也寻不着。但是性质变化，而事物不破坏底事情，是有的。因而把事物和性质分离，所谓纵然性质已经剥掉，单是一种基体也能以存留底谬见出现。以为离开主观的机能，另外有客观的实在。

马赫、阿梵那流斯之外，马克斯维耳（James Clerk Maxwell 1831—1879）（《科学论丛》第二卷），克利佛德（William Clifford 1845—1879）（《观看和思想》*Seeing and Thinking*，《精密科学底常识》*Common Sense of the Exact Sciences*），赫芝等，也陈述同样的学说。

又有叫作内在哲学（Immanenzphilosophie）底一派，和这些人底倾向类似。这一派，受柏克立、休谟底影响，也受康德底感化。他底代表者，是休仆（Schuppe），朗姆开（Rehmke），休伯特·索尔顿（Schubert-Soldern）等。他们当中，也有陷于独我论的。然而大多数，由把普遍的意识，认为知识成立所不可缺底条件，采取客观的观念论底立场。

第四节　新康德学派

新康德学派，是现代哲学底主潮。不独在康德底故乡德意志，而且绵亘全世界底哲学界。所以新康德学派底范围极广，可以分他做前期和后期，又可以分他做德国底新康德学派和德国以外底新康德学派。

虽然同叫作康德哲学底祖述者，其中有研究康德底思想，叫他发展的。有只穿凿康德著作底字句，以训诂释义为事的。广义的新康德学派当中，这些学者，都包含。然而通常说是新康德学派，多半指思想上底继承者。思想上底继承者当中，也有忠实研究康德底思想，叫他论理的发展，又把康德没有十分说明底地方，更加阐明的。有把别的思想，加在康德底哲学，唱导完全异趣底学说的。哲学史家，把后一种，叫作半康德学派。所以最狭义的新康德学派，就是通常所谓新康德学派，只指继承康德底思想，补正他，叫他论理的发展的。这个意味底新康德学派，可以把他分做前后两期。

前期新康德学派，像在前面所说，他底代表者，是朗格和李布曼。康德哲学，到十九世纪底后半，重行引起学界底注意。可以看作他底导火线的，是斐西耶底著作。在斐西耶底著作，引起学界注意底时候；有名的朗格底《唯物论史》出版。这个书，对于弥漫当时思想界底唯物论，下一大断案，明白指摘他底缺陷。因此，一般社会，觉悟唯物论对于人生以及宇宙底根本问题，不能够下彻底的解决；转眼到唯心论的思想，产生叫康德哲学复活底动机。其后，李布曼出，又大鼓吹康德哲学，高叫复归于康德。这一句，变成学界底标语。然而前期新康德学派，还没有彻底研究康德底哲学。

后期新康德学派，是彻底研究，忠实继承康德底哲学，而且叫他发展的。其中主要的学派，分做三大系统。第一，马尔堡学派。第二，西南学派。第三，柏林学派。就中，最著名的，是马尔堡学派和西南学派。属于马尔堡学派底柯亨，是开始批判订正康德底哲学，而且叫他发展，组织一大哲学体系底近世大哲学者。可以说是把前期新康德学派和后期新康德学派连结底桥梁。从严密的意味说，他是新康德学派底创设者。西南学派底文德尔班和黎卡特，也是著名的哲学者。

（甲）马尔堡学派

所谓马尔堡学派，是拿德国底马尔堡大学做中心而勃兴底一派。朗格主张康德底先验哲学观念论以来，马尔堡底讲坛，变成新康德学派底一个渊薮。继朗格之后，建筑马尔堡学派底基础的，是柯亨。先验的理想主义，由柯亨把他底论旨鲜明。柯亨底哲学，是发展康德底哲学，在他底上面组织底一大哲学体系。柯亨尽力研究纯正哲学。同属于马尔堡学派底拿托尔伯，把他推扩到心理学、教育学、社会学各方面。又许丹姆拉，倾向社会问题、法理问题。

一　柯　亨

柯亨（Hermann Cohen），是犹太系底德国哲学者，以一千八百四十二年，生在安哈忒州（Anhalt）底克斯威格（Koswig）。他底父亲，是那个地方犹太教团底牧师，所以在他在市立小学和德骚（Dessan）底高等学校就学之间，教授他希伯来语和中世纪底犹太哲学。他十五岁底时候，进北勒斯劳（Breslau）底犹太神学校。一千八百六十一年，进北勒斯劳底大学。一千八百六十四年，转学柏林大学。一千八百六十五年，在哈勒（Halle）大学，得博士学位。重行回到柏林，学解剖学。后来又重行回到哈勒，学生理学，兼学物理学、化学、高等数学。从那个时候，对于康德底哲学，非常感觉兴味。柯亨是犹太人，所以在柏林大学，求职两次，终于失败。一千八百七十三年，由朗格底汲引，充任马尔堡大学讲师，为一般所重。一千八百七十五年，升充助教。一千八百七十六年，继朗格之后，充任哲学教授。一千九百十二年，退职。一千九百十八年，死在柏林。

柯亨，对于朗格，不但学问上底意见相同，而且在道德的，社会的和宗教的情操，有最亲密的关系。

他底主要的著作，有《康德底经验论》（Kants Theorie der Erfahrung），《康德底伦理学建设》（Kants Begründung der Ethik），《柏拉图底理型说》（Platons Ideenlehre），《康德底美学建设》（Kants Begründung der Aesthetik），《无限小分底原理》（Prinzip der Infinitesimalmethode），《纯粹认识底论理学》（Logik der reinen Erkenntnis），《纯粹意志底伦理学》（Ethik der reinen Willens），《纯粹感情底美学》（Aesthetik der reinen Gefühls）等。

（1）先验主义

复活康德哲学底精神，而彻底先验的理想主义，是所有新康德学派共通底特征。马尔堡学派，最能够代表这种倾向。把观念看作万物底本源，由观念底发展，说明所有的实在。改订康德哲学，而且把他底精神论理的彻底，是这个学派底特色。像柯亨底哲学，是从头到尾，把康德哲学底精神，论理的发展的。就是柯亨底哲学，是把康德底先验主义，彻底发展的。先验主义底根本精神，是承认在经验之前底先验的活动，把一切的现象，看作这个活动所产生。了解先验底意义最正确，峻别实然底世界和应然底世界，把先验性看作价值底根柢，确立先验主义哲学的，是柯亨。柯亨以为康德所遗留，物自体底概念，是由思维底综合所产生。把康德底思想更彻底，不但把先验主义底根本思想，适用在认识问题，而且适用在道德、艺术、宗教等所有的文化。

柯亨底哲学，在把哲学看作理性底学问，是理性底哲学。在把理性底本质看作创造的，是创造底哲学。依柯亨，所谓哲学，是理性底学问。所谓理性，意思是具有先验性底创造的活动。像这样的理性活动，可以区别做思维、意志、感情三方面。这三方面，是先验的，又拿创造的、能动的活动做本质。因而理性可以区别做纯粹思维、纯粹意志、纯粹感情。理性活动，虽然可以区别做像这样的三方面，然而有贯通三方面底先验的、普遍的创造作用，他底全体，是整然的一大体系。所以可以把各方面底理性活动所产生，叫作文化（Kultur）。像全体的理性活动，是体系的又系统的一般；全体的文化，也是体系的又系统的。各方面底文化之间，自然有一贯底统一的精神。从这个地方，哲学也可以看作体系的文化底学问。理性活动和文化，既然是体系的。所以哲学，不消说，也当然是体系的。所谓体系的，是哲学底本质。对应理性活动底区别，哲学当然可以区别做三方面。虽然可以区别做三方面，然而在严密的意义，全体是一个体系。因而他底哲学体系，区别做三部门。就是纯粹认识底论理学，纯粹意志底伦理学，纯粹感情底美学。不消说，另外数宗教哲学，表示三种哲学底究竟的统一。

（2）纯粹认识底论理学

依柯亨底学说，一切认识，是纯粹思维所产生。康德所谓纯粹底意义，差不多和先验的相同。然而柯亨所谓纯粹，更包含先验的创造作用底意义。对于所谓纯粹，解释底差异，最能够表示康德底说法由柯亨改订底要点。康德底纯粹理性，是把感觉器官所与底质料就是知识内容，依先验的形式构成底主观。然而柯亨底纯粹思维，不止是营为像这样的活动底构成作用，而且是把知识内容也制造底创造作用。依柯亨，所谓纯粹思维，是先验的创造活动。特别注重所谓创造的，把他看作思维底本质。柯亨哲学底根本特色，就在这里。

依康德，纯粹理性就是认识主观，不过是依时间、空间同范畴等先验的形式，把知识内容统一的。知识内容，从纯粹理性之外产生。康德，假定和纯粹理性完全独立叫作物自体底实体，由这个实体底触发，我们底感觉器官，产生感觉。这个感觉，变成知识内容。所以依康德底解释，就感觉是从外部所与。物自体底假定，把康德底认识论弄暧昧，陷在矛盾撞着。柯亨，把纯粹思维，看作先验的创造活动。排斥所谓物自体底实体，把知识内容，也归到纯粹思维所产生。在这里，康德哲学所包含底矛盾，消失。先验主义的思想，非常彻底。柯亨，不许假定在思维以前底物自体。依康德，知识内容，是从外部所与。给予知识内容的，换句话说，就是感觉底源泉，是叫作物自体底实体。实体，存立在认识主观之外。假定实体在思维以前。柯亨把像这样的解释，认为误谬。一切的实在，是思维所产生，不能够说有思维以前底实在。柯亨，不但反对假定物自体底存在，无论什么实在，假定他在思维以前底学说，都排斥。把一切的实在，看作思维所产生；就所谓思维底材料，当然不存在。而所谓思维产生实在，不单构成实在底形式，连实在底内容，也由思维给与。纯粹思维，依他底先验的形式，制造实在和他底内容，是一切实在底本体。像离开思维，不能够思维实在一样；不能够思维离开实在底思维。思维和实在，完全同一。和巴门尼底斯所谓思维就是实在（有）底思想一致。

对于柯亨把一切的实在看作思维所产生，生起像下面底反对论。就是在思维产生实在底场合，所谓材料，是不是全然不必要呢？假如没有所谓思维底材料，那么，思维底活动，就也没有生起底道理。什么缘故呢？没有被思维的，不能够思维缘故。又我们底思维，实际上有做他底材料的。像感觉，明明属于思维底材料。没有像所谓感觉底实在做材料，思维就没有开始底道理。思维以前底实在，确实存在。柯亨十二分排斥这个说法，否定思维以前底实在。依柯亨，感觉是实在底符号，还不是真实在。譬如 *abc* 等文字，是制作言词底符号，还不是言词。感觉和实在底关系，也和这个同样。感觉不过是实在底符号，感觉被思维所论理化，然后才变成实在。所谓被思维所论理化，是适合思维底范畴，就是内包量底原则（*Prinzip der intensiven Gröpe*）。总之，依柯亨底说法，思维他自己，是生产的，是动的，没有思维以前底实在。对于思维，所谓所与，不是从外部所与，是思维从内部所要求。感觉，也不是从外部所与，是思维所要求。感觉，适合思维底范畴，才被意识。由思维作用，感觉变成实在。所谓意识，也不过是思维底一种范畴。所以在意识以前，也有思维底活动。感觉也不是和思维全然不同的，是思维自己所产生，是思维从内部所要求。因而感觉能够适合思维底范畴，而变成知觉（实在底知识）。柯亨，把没有附加思维作用以前底感觉，特别叫作意识以前（*Bewusstheit*），去和意识（*Bewussthein*）区别。像这样，感觉，不过是由思维底要求所产生，被思维作用所论理化，而变成实在底符号。所以在柯亨，全然没有意义。

这样，那么，思维，用如何的论理的顺序，产生实在呢？康德承认我们底认识主观，有像时间、空间同范畴等先验的形式，拿他做普遍的认识底根据。柯亨，更进一步，以为像这样的先验的形式，也是思维作用所造。依柯亨，纯粹思维底最根本的作用，是统一的综合（*Synthesis der Einheit*）。离开统一的综合，思维作用，也不能够思维。因而所谓统一，是纯粹思维底作用。有这个统一作用底地方，思维作用才成立。然而所谓统一底作用，光是所谓统一，不成立。他底必须条件，有所谓多样性（*Mehrheit*）。就是所谓统一，同时豫定所谓多样。没有多样，就没有统一。统一，在多样之上成立。因而多样，也和统一一样，是根本的作用。柯亨承认统一和多样，有极其密切的关系。一要求多，多要求一。所以思维是分离，而且是综合。一豫定多底存在，多变成一。多变成一，一又生多。就是数学的思维，先产生单位就是一（柯亨把单位看作无限小），一更产生多。其次，这个一和多结合，产生总体总全（*Allheit*）。这个一是数底范畴，多是时间底范畴，总体是空间底范畴。像这样，康德底先验的形式，到柯亨，不过是从思维本身必然的发展底范畴。思维不等待实在而成立，实在等待思维而成立。一是数底范畴。数底观念，由这个范畴产生。一是数学的思维底单位。他把这个单位，另外也叫作无限小的实在。多是时间底范畴。时间的知识，是这个范畴所造。总体是空间底范畴。空间的知识，是这个范畴所造。思维所产生底范畴，不止数底范畴，时间底范畴，空间底范畴。更有所谓运动、实体、因果、目的等种种范畴。因为有像这样的范畴，我们能够科学的思维许多的事物。所以所有科学的知识，也毕竟不过是纯粹思维所产生。依柯亨，一切的实在，是思维所产生。因而主观客观底区别，可以看作意识内容被思维所统一底程度不同。还没有被思维所照底意识内容，是纯粹主观的状态。意识内容，被内包量底原则所照，变成知觉。知觉更被时间同空间等范畴所统一，构成实在。实在又被组织，而构成科学，顺次化做客观的状态。像这样，客观的状态，无所底止的前进；从而客观性越发高。

（3）纯粹意志底伦理学

像这样，一切的认识，是纯粹思维所产生。然而思维，不过是理性活动底一方面。理性，更有纯粹意志底方面，和纯粹感情底方面。柯亨，像承认纯粹思维底存在，把他看作认识底根柢一般；承认纯粹意志底存在，把他看作道德底基础，柯亨底纯粹意志，该当康德底实践理性。康德底实践理性优先说，由柯亨，更深化。柯亨，在认识论上，不消说，是康德哲学底继承者。在道德论上，更显著的是康德精神底复兴者。柯亨底伦理学说，可以说是拿最深的解释，给康德底伦理学说的。

依柯亨，伦理学，是人底学问。他所谓人，不消说，意思不是自然界底一事象。不是单纯的个人，也不是个人集合底家族和社会，是全我的人。全我的人，是应然的人，不是实然的人。研究实然的人的，是人性学。伦理学，是研究应然的人的。柯亨先对于伦理学，下像以上的定义。伦理学，是人底学问，和人性学乃至心理学底对象，完全不同，是研究应然的人底学问，是把所谓人底概念最直接而且最精确处理底学问。

柯亨区分实然的人和应然的人，完全本于康德底思想。承认人类和单纯的自然事物不同，是康德所提倡理想主义底根本精神。人类也和其他自然事物一样，是一个存在（实然）。就是人类在一面，和其他生物无异。虽然，人类在这个生物的人类性底壶奥，有尊严无比的人格性（应然）辉耀。因为有这个底缘故，人类是万物底灵长。因为有这个底缘故，人类是普遍妥当的价值底主体。所谓人格性底发见，是康德底哲学，在人类底思想上，所遗留底不朽的功绩。柯亨，拿应然的人就是人格性做伦理学底对象，无疑，从康德底哲学流出。

柯亨底伦理学，是应然的人底学问。应然的人，意思是人格性。柯亨底伦理学说，明明属于人格主义。要想知道柯亨底伦理学说，必须研究他底根本思想，就是纯粹意志底概念。像在前面说过：纯粹意志，是实践理性。意思是在实际底方面，活动底理性。纯粹思维，是在认识底方面，活动底理性。都不过是理性活动底一方面。纯粹意志，也和纯粹思维一样，是先验的创造作用。像纯粹思维，产生一切的实在一样；纯粹意志，自己制造种种法则，自己产生种种行为。有像这样的纯粹意志底人，自己是唯一的立法者。柯亨把这个所谓立法的（Cesetzgebende），看作纯粹意志底根本特征。纯粹意志，是立法者，有自律性。因而这个纯粹意志，断不受别的支配。在通常的心理作用，意志常时被欲望或者外物所支配。例如我们心里起欲望，常时为叫那个欲望满足而努力。因而欲望，是意志活动底原因。纯粹意志，和像这样的心理上底个人意志，性质完全不同，断不被欲望和外物所动。有自律性，依从自己所定立底法则而活动。所以纯粹意志底法则，有普遍性。什么缘故呢？纯粹意志，是一切人类普遍共通的意志。所以从这个意志产生底法则，自然也有普遍性。假如他像在通常的心理作用底意志一样，被欲望和外物所支配，他就全然不带普遍性。欲望，因个人而千差万别。被像这样千差万别的欲望所决定底意志，不消说，不得是普遍的。拿外物做目的底场合，更不消说。

柯亨，把纯粹意志，看作道德底基础。从他底学说说，所谓道德，依从纯粹意志底法则。纯粹意志底法则，是纯粹意志自己所产生。纯粹意志，不但自己产生法则，又自己产生行为。所以纯粹意志，不是形式的，是具有内容底积极的动的作用。纯粹意志，由自己产生底法则，规律自己产生底行为。因为柯亨底道德律，完全有自律的性质。在这个地方，他明明继承康德底学说。道德律，是纯粹意志底法则。因而道德，和像所谓快乐、幸福、利益底追求，性质完全不同。纯粹意志底法则，就是道德律底缘故；纯粹意志，是道德意志。用所谓人格底概念，替代这个道德意志；就人格，拿人格自身做目的，去活动；是道德。和康德把人格做目的看待，不做手段看待底学说相同；他底伦理学底精神，也在这里。康德底人格主义，由柯亨更明白唱出。柯亨底伦理学说，属于人格主义，不但表现在像以上的根本思想，由他列举自责、诚实、谦让、勇气、贞操、正义等，拿人格概念做中心底许多美德，也明白。

（4）纯粹感情底美学

所谓纯粹感情，像在前面也说过，是理性活动底一方面。像纯粹思维，是认识底根柢；纯粹意志，是道德底基础，一般；他把纯粹感情，看作艺术所依据。像纯粹思维，纯粹意志，是先验的创造作用；纯粹思维，产生实在乃至认识底法则；纯粹意志，产生道德律和行为，一般；纯粹感情，也是依从先验的法则，产生、创造普遍的美的判断，乃至艺术底根本活动。

柯亨，当论纯粹感情，先说一般意识底成立。依他，意识底本源，是感情。向来底学说，多半把意识底本源，解释做知识的。就是意识成立底最初，是所谓知的感觉底现象。感觉发生，然后感情继之而发现。然而依柯亨，像这样的解释，完全颠倒事实。依他，最初发现底意识，是反应外来印象底倾向。从外部受什么刺戟底时候，没有反应这个刺戟底一种力量，所谓感觉，断不生起。反应外来刺戟底力量，是感情。就是依柯亨，意识底根本活动又本源活动，是感，是感情。所以感情是全意识底本源，是全意识底精髓。意识活动，是自发活动。所以运动就是从中心点渐次向外部底运动，就是意识活动底根本事实。所谓感，意思就是从内向外底运动。更简单说，就感情就是运动，又运动就是感情。因而运动，是内的感情底发现。所有的运动，由内的感情产生。最根本的运动，是律动。因而美和艺术底根本，是表现运动。而表现运动，不外乎内的感情底发现。所以美和艺术，可以说是感情底发现。是感情所产生。

所谓纯粹感情，是什么呢？柯亨，把纯粹感情，和像在前面所述底初发的感情区别。柯亨，把柏拉图所说爱情就是恋爱，看作纯粹感情底本体。柏拉图底爱情，是什么呢？简单说他，就是恋慕憧憬之情。依柏拉图，我们底灵魂，是从理型底世界来的，常时有恋慕理型底故乡之情。这个是有名的柏拉图底思慕说。我们求美、创造美底心，就不外乎爱情。柯亨，继承柏拉图底学说，把爱情看作纯粹感情底本体，看作艺术创作底根本动机。爱情有许多的阶梯，从亲子兄弟之爱，经过男女之爱，进到人类之爱就是人性爱。这些，都是爱情底发现。就中，把男女两性间底恋爱，看作最根本的发现。依他，就连所谓人类爱，也毕竟不过是两性间恋爱底醇化。两性底恋爱，采取自然底经路而发达，所谓人类爱，就在那里产生。人类爱，是对于人性底爱，是恋慕高贵的人性底爱。一切的艺术，由像这样的爱产生。他举古代希腊底艺术，做他底例子。古代希腊艺术底种种神，都从醇化底恋爱就是人类爱产生。除去这些神，所谓希腊艺术，就消失。不单是希腊艺术，无论什么艺术，都是由人类爱所造。没有求美的人性不止之情，我们就不能够创造艺术，也不能够鉴赏。爱，是艺术底中心，是艺术底根源。爱和尊敬，结合成美的感情底最高内容，超越伦理的爱，关联宗教的爱。

前面所说底初发的感情，和这个纯粹感情，有如何的关系呢？柯亨像下面说他。感情是意识底本源。纯粹感情，不外乎拿像这样的感情做基础而发达底特殊的感情。就是感力是一切感情底基础，所以所谓纯粹感情，不外乎拿像这样的感情生活做基础，本然的而且必然的发现底复杂的感情。感情，像在前面所述，拿表现运动做他底特质。表现运动，意思是从内向外底运动。拿感情做基础而发达底纯粹感情，不消说，同样有表现运动底倾向。这个就是纯粹感情所以是艺术创作底根据。

依柯亨，所谓艺术，总之，指人类爱底表现。由如何的方法，表现人类爱；于是产生艺术底种别。又由艺术家那个人有无天才，艺术品成就优劣底差别。最能够表现人类爱底精神的。单是天才。天才，能够产生表现人类爱底规律和法则。天才，是艺术上底立法者。艺术可以说是天才底事业。简单说，就是感情底精髓，是爱；爱底表现，是艺术；最优的爱底表现者，是天才。

（5）宗教哲学——综合统一纯粹论理学　纯粹伦理学　纯粹美学底哲学

柯亨，把宗教哲学，看作把其他三种哲学综合统一底最终究竟的哲学。这个地方，和康德底学说，大异其趣。康德，在道德哲学当中，论宗教。把宗教看作道德底附属。柯亨，不把宗教看作道德底附属，不但对于道德、学术、艺术，给予独立的地位；而且把他看作人性底最高阶段。但是宗教底独立性，不是和其他道德、学术、艺术对立底意味。宗教和道德、学术、艺术底任何一种，都有共通的根据，然而超越任何一种。所以宗教是道德、学术、艺术底究竟的统一。除掉宗教，不能够思维完全的道德，完全的学术，完全的艺术。

依柯亨，宗教底领域，在道德、学术、艺术底究竟的统一。就中，他把宗教底统一的性质阐明的，尤其是道德底方面，和实在底方面。他把宗教和道德底关系，像下面论述。道德，是永久无限进步的。所谓无限的进步，乃至永久的延续；他里面就包含绝对善底活动。像这样的道德底本质，就豫想神底存在。道德底宗教的根柢，在这里。他又就宗教和实在底问题，像下面论述。假如道德有永久性，就自然又人类生活，也必须是永久的。假如自然又人类生活，不是永久的实在；道德底永久性。就化做空虚的观念。他统括自然又人类生活，叫他做自然，证明自然底永久性。他举保存底原理，做自然有永久性底证据。现今底物理学，把势力不灭底原则，看作真理。势力底不灭，就是说明一切实在底不灭的。自然有永久性，人生底永远延续，也可以由这个推知。道德有永久性，实在有延续性，是神秘的宗教的事实。所谓神，不外乎指像这样的永久性底根据。道德底永久的进步，人生底永久的进步，假如不承认超越的神底存在，就不能够说他。像这样，他证明宗教是道德同实在底统一的根柢。

像这样，他把宗教看作把道德、学术、艺术综合统一的，就是综合统一纯粹认识哲学，纯粹伦理哲学，纯粹美学三种底最终究竟的哲学，是宗教哲学。有宗教哲学，全体哲学体系才完成。

二　拿托尔伯　许丹姆拉　喀西野

拿托尔伯（*Paul Natorp* 1854—1924），是柯亨底学友，在柯亨死后，是马尔堡学派底重镇。他底哲学，祖述大成柯亨底学说思想，他对于当时底唯物论，感觉不满；主张拿康德哲学做中心底方法论的观念论。反对心理主义，拥护论理主义。他说纯粹思维，主张思维是一切的数、实在、规律底根元。他底主要的著作，有《精密科学底论理的基础》（Die Logische Grundlage der Exakten Wissenschaften），《一般的心理学》（Allgemeine Psychologie）等。

许丹姆拉（Rudolf Stammler 1856—　），是德国底法学者，是新康德派法律哲学底树立者。他底理论，站在最严恪的论理主义上。他底主要的著作，有《从唯物史观所见底经济和法理》（Wirtschaft und Recht nach der Materialistischen Geschitsanffassung）等。

此外有喀西野等。喀西野（Ernst Cassierer 1874—　），是来布尼兹底研究家，是认识论史家，尤其以认识论著名。他底主要的著作，有《实体概念和机能概念》（Substanzbegriff und Funktionsbegriff）等。

（乙）西南学派

所谓西南学派，是拿德国西南部巴登（Baden）地方底斯特拉斯堡、夫赖堡等大学做中心而发展底学派，也叫作巴登学派。和马尔堡学派相并，是新康德学派底两大主要潮流。他底创立者，是文德尔班。他底大成者，是黎卡特。

由文德尔班创立底西南学派，哲学上底出发点，就是他底认识论的立脚地，十足是康德底先验论，断不走到这个先验的哲学以外。然而文德尔班，一方面私淑陆宰，一方面接受黑智尔底精神，是把这个学派底根本动机，表示得最明白的。文化历史底哲学，无疑，是他底中心倾向。勒新和赫得以来，着实发达；到席勒尔、黑智尔，发达到极点底文化思想，就是文化历史底哲学的考察；明确是德国哲学底精髓。这个德国哲学底精髓，重行由西南学派考察，由西南学派进步。这个学派底特征，可以说是在这个地方。西南学派底哲学，明确是文化历史底哲学。文化底哲学的建设，明确是这个学派底主要的事业。黎卡特，是最能够继承文德尔班底这个事业的。文德尔班底文化哲学，由黎卡特更精确，更由拉斯克发展到更精致的认识论的建设。

总之，在西南学派，哲学底究竟目的，是理论的世界观乃至人生观。而把所谓哲学是人生观，从所谓哲学究竟是文化学底立脚地解释。就是西南学派，对于自然科学乃至自然科学的文明，置重人生的文化乃至文化学底倾向，从最初就显著。文化学的倾向，可以说是西南学派底根本动机。就是这个学派，不单是文化学的，说所谓哲学，意思是文化学；文化学，就是哲学底本体。像这样，主张真文化学，不外乎真人生观。

一　文德尔班

文德尔班（*Wilhelm Windelbend*），是德国底哲学者、哲学史家。以一千八百四十八年，生在波次但（*Potsdam*）。少年时代，在维也纳、柏林、格丁根等大学，学哲学、史学、自然科学。受陆宰和斐西耶底感化。一千八百七十年，二十一岁底时候，提出"偶然性论"，卒业。一千八百七十三年，提出"关于认识底确实性"，充任来比锡大学讲师。一千八百七十六年，充任沮利克大学教授。一千八百七十七年，转到夫赖堡大学。一千八百八十二年，转到斯特拉斯堡大学，成为哲学部底重镇，被选为总长。就职时候底讲演，是有名的《历史和自然科学》。一千九百零三年，继他底先生斐西耶之后，充任海得尔堡大学教授，养成许多的高足弟子。当时和夫赖堡底教授黎卡特，互相呼应，树立西南学派。一千九百十五年，去世。他资性蕴藉，为众弟子所敬慕。

他底哲学，是价值底哲学，同时也可以称呼做文化底哲学，又可以称呼做论理主义底哲学，批判底哲学。

他底主要的著作，有《序论》（Präludien），《历史和自然科学》（Geschichte und Naturwissenschaft），《意志底自由》（Über Willensfreiheit），《求

真理底意志》（Willezur Wahrheit）等。然而文德尔班底本职，却是哲学史家。在哲学史方面，有哲学史、近世哲学史底名著。

（1）哲学底定义——普遍妥当的价值底学问　价值底概念

西南学派底特色，是由康德底先验的批判方法，反对古来底形而上学或者关于实在底哲学，倡导批判哲学又价值哲学。就是西南学派，立脚在康德底批判主义，不把哲学看作关于实在底学问，却看作关于"价值"底学问。说哲学底领域，不是所谓实然底实在问题，是教示应然底价值问题。所谓哲学，简单说，就是"普遍的价值底学问"。这个是文德尔班和黎卡特，在康德哲学当中，所发见底新解释。

文德尔班，从康德出发，超越康德，把哲学看作必然的普遍的价值底学问（*Die kritische Wissenschaft von den allgemeingiltigen Werten*）。在他，所谓哲学，简单说，就是价值底学问。详细说，就是关于普遍妥当的价值底批判学。就是拿普遍妥当的价值做对象，拿批判做方法底学问。他精细审查有普遍必然的真理价值底学问，有普遍必然的美价值底艺术，有普遍必然的善价值底道德；究竟有没有？文德尔班，以为价值是一种判断。大凡表现我们思想底一切命题，尽管文法上底形式相同，然而有根本不同底两种。一种是事实判断，一种是价值判断。前一种，表示两种表象内容底互相归属关系。后一种，表示评价意识和被表象底对象中间底关系。事实判断，是普通论理上底判断，就是科学的判断。价值判断，是"价值评价"，就是价值底品评。普通的判断，决定事物和事物底关系，例如说这个花是白的，是表示花和白色底关系。对于普通的判断底特殊的判断就是评价，却不是表示事物和事物底关系，是对于事物底评价，是我对于事物底态度，是表示判断底主观，和被判断底事物中间底关系。例如说这个花好看，是表示看花底我和花底关系，断不是表示花和花底关系。所以普通的判断，是科学上、智识上底判断。例如说犬是兽，丝毫不混杂主观的要素，不过只客观的表示犬那个东西底本质。评价，是感情同意志上底判断。这个花好看底判断，不是表示花那个东西底客观的本质，是他对于我底情意，有如何的价值。在感情同意志，是好看的东西，就是价值。所谓价值，就是在情意是好的。所以所谓价值，纯粹是主观的现象，不是离开主观底客观的存在。所谓美，所谓尊贵，断不是客观的本质，纯粹是主观的判断。所以又对于普通的判断，是事实就是实然（*Was ist*）底判断；价值判断，是所谓要像这样应当像这样底应然（*sollen*）。例如道德的命令，不是单是事实，是要求，是应然。美丑，他也是应然乃至要求。又所谓真假底判别，他也不是单是事实，是一种要求，是应然。

总之，事实判断和价值判断，实在根本不同。在纯理的判断，我们在两种要素中间，建立一种关系，不掺杂什么意见，像对于那些要素底价值。在价值判断，对于那种关系，肯定或者否定普遍的妥当性。这个价值判断，是拿确定的目的，做测定底标准的；是只对于承认那种目的底人，有意义的；是用合意和不合意、赞赏和非难、容许和拒绝底对偶，向我们呈现的。像这样的判断，就是哲学底对象。实在哲学底职能，不像自然科学，是规定事实底自然的必然；而是规定人人一律不可不认为真实底应然。不可以把这些评价作用，和各个的快乐苦痛底感情混同。他不是依照生理状态底牵引拒斥，是依照普遍的规范底判断。

又价值，有相对的、特殊的，和绝对的、普遍的。光是一切的人，在一切的时代和场处，能够共通的；可以说是普遍的价值，绝对的价值。光是这个种类的，可以说是普遍妥当的价值。

西南学派，把这个价值批判底标准，叫作"规范"（*Norm*）。这个规范，是遍通一切的人一切的时代底普遍的，所以叫作"普遍的规范"。这个普遍的规范，不是由经验从外部所与，他是生来的，就是先验的。假如他是由经验所与，他就不得是普遍的、必然的。所谓是普遍的，是绝对的；不外乎豫定是先验的，是非经验的。

（2）哲学底体系

　　像在前面所说，依文德尔班，所谓哲学，是普遍妥当的价值底学问。哲学底概念，古来屡次变迁，在古代底希腊，从天文学、数学、物理学等类起，到论理学、伦理学、政治学等类，都包括在哲学当中。哲学，是总称全体学术底名称。到后来，哲学当中所包含底各种学问，渐次离开哲学独立。十九世纪底中叶以后，科学异常的发达，次第蚕食哲学底领域。宇宙人生底一切现象，各各由科学研究。于是连哲学底存在，尚且疑惑。然而也有想用像下面的方法，去把哲学底领域弄明白底学者。主张科学，不过各各分业的把自然现象底一部分一部分研究。而哲学，拿宇宙人生底全现象，做他底对象；就是把科学底研究对象，综合研究的。虽然，文德尔班，对于像这样的解释，全然反对。文德尔班和黎卡特，主张哲学到底不是只研究实在底学问，他底领域，无论如何，也必须是研究价值。科学，研究事实，研究实在；是事实底学问，是实在底学问。哲学，研究应然，研究价值；不是事实底学问，是应然又价值底学问。和科学所研究底实在世界、事实世界相并，有价值世界，有意义世界。这个价值世界，也可以叫作文化世界。人生，是站在事实上面底价值生活，意义生活。这个价值生活，也可以叫作文化生活。只有像这样的人生底真领域，是哲学底领域。就是普遍的价值世界，是哲学底真领域。

　　文德尔班，以为哲学是普遍妥当的价值底学问。就是研究具有普遍妥当性底价值，是哲学底领域。人类意识，具有普遍思维、意志、感情三方面底普遍的价值意识。因而他底哲学体系，从认识哲学（论理学）、伦理哲学（伦理学）、艺术哲学（美学）、宗教哲学（宗教学）成立。认识哲学，拿认识上底普遍的价值，就是真的价值，做研究底对象。伦理哲学，拿道德上底普遍的价值，就是善的价值，做研究底对象。艺术哲学，拿艺术上底普遍的价值，就是美的价值，做研究底对象。宗教哲学，拿宗教上底普遍的价值，就是圣的价值，做研究底对象。圣的价值，不是和真的价值、善的价值、美的价值对立的，是真、善、美三大价值互相一致调和。

所以圣包括在真、善、美当中。圣和真、善、美，内容相同。真、善、美三大价值，是绝对价值底现实化。在这些价值，价值和现实相对。把这个相对的二元统一融合的，不外乎宗教。

（3）自然科学和历史　自然哲学和历史哲学（文化哲学）

文德尔班，把科学，大别做自然科学和历史两种。自然科学，处理一般的、普遍的现象。历史，处理特殊的事实。就是自然科学，处理抽象的、概念的对象。而历史拿具体的、个别的事实，做研究底对象。这个自然科学和历史底本质的差异，断不是自然科学和精神科学底相违。区分自然科学和精神科学，是古来底办法。然而在现今，很没有意义。两种之间，没有本质的区别。例如心理学，至今被算做精神科学底一种。然而在研究抽象的一般现象底地方，和其他自然科学，没有区别。精神现象，也是广义的自然现象。心理学处理底现象，和历史处理底事实，性质完全不同。

像这样，科学既然区别做一般的自然科学和特殊的历史两种，哲学就自然也不可不区别做自然哲学和历史哲学两种。所谓自然哲学，意思不是自然现象底哲学，是把一切精神的同自然的现象，从一般的静的方面论究底哲学。所谓历史哲学，是把具体的、特殊的、历史的事实，加以哲学的、全体的批判。连康德，也只说自然哲学，没有想到历史哲学。所以此后底理想主义，必须把康德哲学底这个缺点补起来，去叫历史哲学发达。从这个意味说，就所谓文化，就是历史。没有不具备历史底文化。所谓文化哲学，不外乎历史哲学。

（4）认识哲学

认识哲学，论究普遍妥当的认识价值。认识哲学底主题，是先验的、普遍的规范意识。文德尔班，以为先验的规范意识，是认识构成底根本原理。我们底认识，都由这个先验的规范意识成立。就是人类意识，具有先验的规范，是叫一切的认识可能底根本条件。什么缘故呢？没有先验的规范，具有普遍的妥当性底认识，就不可能。普遍的认识底不可能，意思就是认识那个东西底不可能。因为不是普遍底认识，严密说，就不能够说是真认识。所以一切的实在，是像这样的先验的规范所造，就是并非有实在，然后规范意识产生；是有规范意识，然后实在产生。像这样，一切的实在，本于规范意识，所以所谓真理，是规范意识所承认底价值，是应然。因而实在，也是价值，是应然。

（5）伦理哲学

伦理哲学，比究普遍妥当的道德的价值。文德尔班底伦理哲学，和他底认识哲学相同，不过是把康德底学说，加以新解释。认为像在认识方面一样，在道德方面，也有先验的规范。依他，道德也是本于规范意识底价值，因而像认识有普遍妥当性一样，道德也有普遍妥当性。而且在道德方面，普遍妥当性，最显著又最明了。缺乏绝对的普遍妥当性，就不能够说是真道德。就是普遍妥当的应然，是道德底本质。把像这样的应然除去，道德就不能够成立。像认识，是绝对的又普遍的一样；道德必须十足是绝对的又普遍的。

道德的规范当中，最根本的规范，是"义务"（*Pflicht*）意识。所谓应当服从道德的命令，绝对不可以违背他，是从这个义务意识生起的。所以这个义务意识，是道德底根本，康德也顶置重他。文德尔班底道德律，等于康德底无上命令。虽然，康德底道德律，是形式的原理；就是所谓"绝对不可不服从"底形式的，没有把所谓不可不服从什么底内容指定。文德尔班，拿实质的内容，给予这个形式的原理。说这个义务底内容，就是道德底最高目的，是社会的文化，不是个人底快乐和社会底幸福。所谓社会的文化，指学术、道德、艺术、宗教等类底发达。像这样的文化，在我们，是最高的价值。因此，道德底最高目的，不外乎像这样的文化底进步。就是文德尔班拿内容给予康德底道德律的，是什么呢？是由社会生活实现底价值。文德尔班，把像这样的价值，叫作文化体系。文化体系就是由社会生活实现底价值，这个就是善的价值。善的价值底本源，在绝对价值自身。普遍妥当的绝对价值，由社会生活逐渐实现的，是善。

（6）艺术哲学

艺术哲学，论究普遍妥当的艺术的价值。在艺术哲学底方面，西南学派，尤其是文德尔班，大体继承康德底精神。像认识和道德底方面，有先验的规范一样；艺术也有先验的规范。对于美底鉴赏和趣味底问题，似乎完全是个人的，然而彻底的考察他，就明确包含普遍的性质。例如康德也说过，所谓优美、宏壮、节奏、谐调，断不是乱杂不规律的，有贯通一切的时代，一切的场处底普遍妥当的价值。所以美的判断，是先验的、普遍的，断不是个人的、主观的。文德尔班，不消说，在和康德底思想相同底立脚地。他拿在具体的有限物上，显示超自然的无限，做美底领域。拿在个性上，显示普遍性，做艺术底特征。艺术的价值就是美的价值，也本于先验的规范意识，所以有普遍妥当性。

（7）宗教哲学

宗教哲学，论究宗教的价值。由宗教的价值就是圣的价值，在价值底体系上所占底地位，定宗教哲学，在哲学体系上底地位。他不把圣的价值，看作和其他价值就是真、善、美底价值对立的，而看作包括在真、善、美当中，统一这些价值的。因而宗教哲学，在哲学体系上，保持特殊的地位。认识哲学，伦理哲学，艺术哲学，是互相对立底哲学三大部门。由这三大部门，尽哲学体系底全部。宗教，不是离开认识、道德、艺术，完全独立，而占孤立的地位。却是贯通这三种，拿这三种做地盘，更有在他们以上底独自的领域。就是宗教是认识、道德、艺术底究竟的统一，超自然的统一；现实的不完全的认识、道德、艺术，在究竟的意味，被理想化，被统一化。所以宗教是一切底超自然的统一，又是一切底绝对的完成者。没有宗教，就都不免不完全。因而哲学底三方面，就是认识哲学，伦理哲学，艺术哲学；由宗教哲学，统一完成。没有宗教哲学，就不能够完成。

他把所谓超自然性，看作宗教底根本特征。所以宗教的生活，意思是超自然的生活。他把假定超自然的存在就是无限的绝对者，对于这个绝对者归依底感情，看作宗教底神髓。像这样的归依绝对底感情，是有限者自然而且先验的倾向。这样，那么，像这样的超自然的绝对者，是什么呢？他把一切普遍妥当的规范底维持者，解释做绝对者。认识底规范，道德底规范，艺术底规范，都不是偶然存在的，他是最灵妙而且俨然的大事实。不是偶然存在的，就必定不可以没有支配他的。像这样的绝对者底存在，是人类生活底根本确信。没有像这样的确信，价值生活不成立。在把宗教哲学放在最高地位底地方，文德尔班底哲学，和柯亨底哲学很相似。

二　黎卡特

黎卡特（*Heinrich Rickert*），是德国底著名的哲学者，以一千八百六十三年，生在但泽（*Danzig*）。少年时代，在柏林大学，学文学史、美术史以及一般历史。历史虽然是他所深好，然而次第被哲学的要求所引导，听包尔生底讲义，有所得。想专心沉潜于学问，离开喧嚣的柏林，一千八百八十五年，转到斯特拉斯堡大学，在这里，师事文德尔班。虽然，对于他底学说，还没有发见深厚的兴味。一千八百八十六年，到沮利克大学，受阿梵那流斯底刺戟很深，在这个地方，逐渐获得把康德底真意捕捉底确信。重行到斯特拉斯堡，所得于文德尔班不少，在这个前后，专门注意组织的方面，把关心集中在方法论上底问题。拿"定义论"做他底博士论文。在斯特拉斯堡，哲学之外，修学经济学、生理学，有所得。一千八百九十一年，提出"认识底对象"，被举为夫赖堡大学底额外讲师。经过额外教授，一千八百九十六年，继黎尔之后，充任哲学教授。一千九百十六年，继文德尔班之后，充任海得尔堡大学教授。一千九百三十二年，退职。

他底主要的著作，是《认识底对象》（Gegenstand der Erkenntnis），《认识论底两途》（Zwei Wege der Erkenntnistheorie），《自然科学的概念构成底界限》（Grenzen der Naturwissenschaftlichen Begriffsbildung），《文化科学和自然科学》（Kulturwissenschaft und Naturwissenschaft）。

超越的价值和规范意识

把文德尔班底思想，更彻底的主张的，是黎卡特。文德尔班，富于创见。黎卡特，富于思索。

黎卡特底哲学，大体和文德尔班底思想一致。继承康德底先验哲学，采取价值哲学。虽然，把文德尔班底规范意识更展开，消化采用斐希特底目的观的方法和历史哲学，去树立文化科学。他拿包括的、论理的、认识论的基础，附与价值论。依他，哲学和特殊科学不同，不是关于世界底部分的，关于他底全体。哲学是普遍学，哲学底使命，是规定世界底完了的统体，树立"拿理会价值做基础去把生底意义阐明"底世界观。

黎卡特，假定超越的价值（就是超越一切存在底绝对的价值）底世界。像这样的超越的价值，浮现在我们底心上，变成规范意识。规范意识，是我们当判断底时候，强制我们肯定或者否定底一种命令。就是判断，不是随意否定或者肯定，是我们服从一种强迫我们去作肯定或者否定底超个人的力量。认识、道德、艺术，都由这个规范意识成立。所以有普遍妥当性。我们底认识，是由我们底规范意识所构成，不是模写外界底实在就是外物底摹写。无论如何单纯的知觉，例如像所谓这里有花底知觉，也是判断做有才有。不是实在产生规范意识，是规范意识产生实在。所以规范意识，比实在更是根本的。依黎卡特，认识，不由知觉外界底实在成立。认识，由遵从内界底规范产生。所以认识底对象，不是实在，是应然。和外界底实在一致的，不是真理。真理，是承认内界底无上命令。因而认识作用，豫想能够遵从理想的规范底自律的意志。自律的意志，遵从理想的规范所下最根本的判断，是实在生成底根据。黎卡特，把他叫作所与性底范畴（*Kategorie der Gegebenheit*）。知觉，由这个所与性底范畴成立。所与性底范畴，是所有的范畴当中最基础的。所与性底范畴之外，他又举构成的范畴（*Konstitutive Kategorien*），同方法论的范畴（*Methodologische Kategorien*）。就是依他，认识经过三段底形式而构成，换句话说，就是知识由论理的要求而成立底经路，有三种阶段。第一所与性底范畴，是肯定个别的事实底形式。就是把直接经验，单个别的肯定底先验的规范。没有像这样的肯定，就无论是如何的经验，也不能够踏出知识的构成底第一步。先验的规范，构造实在，先不可以没有所谓"直接经验"底材料。这个所谓直接经验（*Erlebnis*），是还没有发达成实在底材料。黎卡特，把他叫作科学以前，又概念以前（*das Vorbegriffliche*）。毕竟他不过是实在以前底所与。就是在黎卡特，最根本的事实，例如说这个是红的，也已经是由所与性底范畴所构成。这样，那么，构成底材料，是什么呢？康德以为知识底材料，是从物自体来底感觉。然而黎卡特，舍弃物自体底观念；认为直接与料，可以说是体验或者纯粹经验。然而他不能够说是什么，假如说是什么，就已经是由什么范畴所构成。所谓所与性底范畴，像这样，是把直接与料个别的肯定底形式。第二构成的范畴，是实在底形式，就是时间、空间、因果三种形式。对于由所与性底范畴加工底直接经验，更由时、空、因果三种范畴加工，于是变成客观的实在。就是把在第一阶段由所与性底范畴所个别的肯定，更由这个范畴实在化底时候，产生像通常我们所看见底世界。黎卡特，把像这样的世界叫作客观的实在。自然科学者所谓事实，就是这个客观的实在。然而这个只构成科学的知识底材料，还不能够说是科学的知识。第三方法论的范畴，是拿实在做材料组织科学底形式。把客观的实在，更由方法论的范畴，法则化，科学化，于是变成科学的知识。就是科学的知识，是把客观的实在，更由方法论的范畴去整理所构成。黎卡特，把这个方法论的范畴，分做两种。一种是一般化底范畴，是整理一般性的。另一种是个别化底范畴，是整理个别性的。所谓一般化底范畴，是叫我们把事物底一般性把握底方式。由这种方式，我们到达自然科学的知识。所谓个别化底范畴，是叫我们把事物底个别性把握底方式。由像这样的方式底力量，我们到达历史学的知识。前一种，叫我们发现事物底共通点。后一种，叫我们研究事物底固有的特色。就是自然科学，由一般性底范畴产生。历史学，由个别性底范畴产生。自然科学底目的，是研究事物底一般性，订立他底法则。历史学底目的，是研究个性底本质，记述他底特征。自然科学底任务，是把一切现象还原做同质的。历史学底任务，是把杂多的事物底个性，照原样表现。自然科学和历史学底区别，不由对象底差异产生，由于看法底差异。

他在认识论之外，把先验的规范意识，适用到伦理学和美学。道德的和美的价值，由这个意识构成。这个也有普遍妥当性。就是他主张善和美底绝对主义，像甲以为善，乙以为恶的；甲以为美，乙以为丑的；不是真善，不是真美。什么缘故呢？他不是由先验的规范，给与普遍妥当性的缘故。

属于这一派的，还有克立斯强逊（*Broder Christiansen*），麦利斯（*Ceory Mehlis* 1875—　），拉斯克、科因（*Jonas Cohn* 1896—　），脱勒尔琪（*Ernst Troeltsch* 1865—1923）等。就中拉斯克，是最杰出的。他把波尔查诺、胡塞尔等底客观主义的要素，拿进文德尔班、黎卡特等底价值哲学。把客观主义，和哥白尼主义结合。

三　拉斯克

拉斯克（*Emil Lask*），是价值哲学底重镇。他是犹太人，以一千八百七十五年，生在奥国。十九岁底时候，肄业夫赖堡大学，在文德尔班和黎卡特底门下。一千九百十年，充任海得尔堡大学额外教授。一千九百十四年，欧洲大战勃发，投笔从军。一千九百十五年，阵亡。

他底主要的著作，有《斐希特底观念论和历史》（Fichtes Idealismus und die Geschichte），《哲学底论理学和范畴论》（Die Logik der Philosophie und die Kategorienlehre），《判断论》（Die Lehre vom urteil）等。

新二元论——形相质料关系论

文德尔班和黎卡特，没有充分精确考察超越的普遍的价值，乃至规范，和现实的经验上底众物、众事实、众现象，就是众多的实在底关系。只说明众多的实在，当然是由各各的先验的价值所构成，所实现。就是极力主张先验的价值乃至规范，是一切实在构成原理底所以然。然而拉斯克单刀直入。去把一切实在构成底理论，弄得更明确更精密。像他底柏拉图乃至亚理斯多德式的二要素论，又形相和质料底关系，就是的。西南学派，从文德尔班起，把一切存在，先分类做感性的存在和非感性的存在二元。感性的存在（又感性的实在），意思是被空间、时间所限制底存在。非感性的存在，意思是超感性的存在，就是超自然的存在。宽大说，就是意思是感性界和超感性界二元。借拉斯克底话说，就柏拉图底二世界说——感性的自然界和非感性的超自然界底二世界说——是最近底二元论底渊源。依拉斯克，一切实在，不外乎先验的价值就是形相，和感性的要素就是质料底综合。感性的要素，由非感性的妥当性就是价值，实在化。又普遍的妥当性，也由和感性的要素结合，才能够实现自己。形相和质料，互相分离，就不能够思维。就是形相和质料底关系，极其亲密。离开质料，没有形相。又离开形相，质料也没有。质料具备依赖形相底本质。又形相具备只由质料能够实现底本质。两种底关系，相即不离。拉斯克底这个形相质料关系论，和亚理斯多德底二元论类似。文德尔班和黎卡特，已经把一切感性的要素和感性的实在，照那样子假定，默认做科学以前又思维以前。拉斯克，也和非感性的普遍的价值对立，假定一切感性的要素就是质料。又和亚理斯多德相同，某阶段的形相，是阶段更高的形相底质料。又这个更高的形相，从比他更高的形相看，就是他底质料。有所谓形相底形相，又形相底形相，他又有形相，层层相重，没有涯际。而最下段的质料，是难以说明底物素（hulē）那个东西。事物底感性的特质，都根源于这个物素。

像这样，拉斯克底二元论，他底本质，和亚理斯多德底二元论类似。然而在重大的地方，和亚理斯多德不同，接近柏拉图。就是拉斯克把所谓形相底形相底形相，层层相重底世界层，分做两层。下层是妥当性和感性物结合底感性领域。上层是拿纯粹范畴那个东西（纯妥当性）做质料，层层相重底纯范畴世界，就是超感性的领域。像这样，拉斯克大胆进入绝对的超越世界，想把那个世界底构成也解释。

第五节　德奥学派

所谓德奥学派，也叫作奥大利学派，是拿胡塞尔做中心底德奥现象学派。属于这一派底学者，尤其是在他底初期，多半生在奥国，或者在那里活动；所以叫作奥大利学派。又最近他底思潮，流进德国，获得许多的继承者；所以又叫作德奥学派。他底先驱者，是波尔查诺。他底建设者，是布霖塔诺。所以也叫作布霖塔诺学派。

现代德国哲学界，最有势力底学派；在二十世纪初年，是新康德学派。在最近，是德奥学派。对于新康德学派，代表北德意志底新教派。德奥学派，多半代表南德意志和奥大利底旧教的色彩强烈的方面。

胡塞尔底现象学的哲学，本质上，和康德底先验哲学，有最亲密的关系。然而他底直接源流，还是在旧教派底波尔查诺底哲学，更直接在布霖塔诺底心理学，因而又和迈农等底对象论，有不离底关系。就是胡塞尔，继承波尔查诺底学说，集布霖塔诺同迈农底思想，大成他，唱导现象学。

对于波尔查诺，是纯论理的，客观的，超越的；布霖塔诺，是心理的，主观的，内在的。然而在期望绝对确实的认识，深究实在底本质又意义，拿永远的纯粹论理底世界做对象底地方；他们底路道一样。总之，这一派，是论理派，是新意义底唯理派。对于新康德学派，把康德底先验的方法（论理的方法）彻底，是所谓论理主义哲学底代表。德奥学派，不是直接拿康德哲学做基础所发生，从哲学的精神底系统说，却是受来布尼兹底影响，比新康德学派，更彻底采取论理主义底立场。

总之，现代德奥学派底代表的哲学者，是胡塞尔。而胡塞尔底哲学，受波尔查诺同布霖塔诺底影响。所以为把德奥学派底由来弄明白，先概说波尔查诺同布霖塔诺底思想。

一　波尔查诺

波尔查诺（*Bernhart Bolzano*），是奥国底哲学者、神学者、数学者。以一千七百八十一年，生在布拉格。一千七百九十六年，进布拉格大学，起初学哲学同数学，后来研究加特力神学。一千八百零五年，充任神父，又担任布拉格大学新设底宗教哲学讲座。其后，退隐，以著述为业。死在一千八百四十八年。

他底主要的著作，有《知识学》（Wissenschaftslehre）等。

客观的论理主义　文章自体　表象自体　真理自体

波尔查诺底知识论，站在三种根本概念底基础上，就是所谓文章自体（*Satz an sich*），表象自体（*Vorstellungen an sich*），真理自体（*Wahrheit an sich*）。依波尔查诺，所谓真理自体，是文章自体底一种。所谓文章自体，意思是表现某一种事物底命题那个东西。例如所谓神是常住，不消说。所谓方是圆，也是一种文章自体。所谓神是常住底命题，表现某一种事物。所谓方是圆底命题，也表现某一种事物。由那个命题所表现，换句话说，就是文章底意义，那就是文章自体。文章自体，和表现他的，就是构成文章底言语和文字不同。又离开思维他底主观的意识，独立存在。不消说，文章自体，常时由言语和文字表现，由人底意识思维。所以不能够说和言语文字，全然无关系。又不能够说和人底意识，全然无关系。然而表现他底言语和文字那个东西，和文章自体不同。被人底意识所思维底文章，和文章自体，未必同一不二。所谓神是常住底命题，离开表现他底言语和文字，有一种意义。又什么人不思维他，也有一种意义。意义那个东西，不是表现他底言语和文字，又不是谁底东西。像来布尼兹底话，一切的命题，未必只限于被思维的。被思维底命题，未必是命题底一切。文章是由人思维，由言语表现的。然而由人思维，由言语表现，不是文章自体底本质。波尔查诺，区别文章自体和判断。说判断不过是表现思维作用底精神的实在，还不是纯粹的命题自体。文章自体，是文章底意义自身。任何的实在，也不附随。所以文章自体，和判断、思维，都不同。然而他常时由判断和思维处理。

　　真理自体，是像什么样的东西呢？所谓真理，有种种的意义。波尔查诺，举五种意义。第一抽象的客观的，第二具体的客观的，第三主观的，第四集合的，第五偶然的。他所谓真理自体，指客观的真理。命题自体，是说表现某一种事物底文章。所谓真理自体，是说在这些命题当中，如实表现某一种事物底命题全部。就是真理自体，是说在命题自体当中，实际有又能够有的。真理自体，全然离开想起他底主观的意识。不是被我所意识的，也不是被别人所意识的。不在我底表象当中，也不在别人底思维当中。所以真理自体，无论什么人，在什么时候，在什么地方思维，常时同一。因人、因时、因处而变异底真理，不能够说是真理那个东西就是真理自体。真理自体，不但不被某人底个性所左右，也不被像神底超绝的实体所干涉。不是某物被神所承认底缘故，所以成为真理。是他是真理底缘故，所以被神所承认。文章自体，不通同是真理自体。真理自体，是文章自体底一种。所谓方是圆底命题，在主张某一种事物底地方，是文章自体。然而这个命题所包含底意义，是错误的事情，不能够说是真理。所谓方是圆底命题，是文章自体。虽然，不是真理自体。

像这样的真理自体，果然存在么？又像这样的真理自体底存在，我们能够知道么？波尔查诺底回答，像下面，说所谓真理自体，确实存在。又我们能够明了认识他。依波尔查诺，真理自体就是真理那个东西，确实有。什么缘故呢？所谓任何命题也不是真的底主张，已经是一种真的命题缘故。假如所谓世间没有真理是真的，就在下这个判断底刹那，已经主张真理底存在缘故。所谓没有真理底主张自身，是包含真理底命题。这个命题，不外乎所谓没有真理是真理底意义。假如真没有真理，就所谓没有真理，也应当不是真理。所谓没有真理底主张，在主张他底刹那，湮没立言底真意。所以真理至少也一种确实有。然而所谓真理至少也有一种，不是说真理不外一种，却是说更有无数。什么缘故呢？假如所谓真理只有一种，是真的；就是说所谓真理只有一种底命题之外，任何真理也没有；就是所谓"真理只有一种，另外没有"底新命题成立缘故。这个文章，明确和最初底命题（所谓真理只有一种底命题）不同。像这样，假如最初底命题，是真理；就第二个命题，也同样不可不是真理。因而所谓"真理只有一种"底真理之外，当然产生所谓"真理只有一种，另外没有真理"底第二个主张。这个明明是一种新真理。假如说这个第二个主张，不是真理；就是说第一个命题之外，没有第二个命题。所谓没有第二个命题，就是说第一个命题之外，有其他真理。否定第二个命题，在否定他底刹那，肯定他底存在，所以真理有两种。说真理只有两种，就是说这两种真理之外，没有真理。然而这个命题，明明是和前面底两个命题不同底新真理。因而真理更有三种，有 n 个底真理，就必定有 $n+1$ 个底真理。像这样，真理无限存在。

波尔查诺，进一步论真理底认识。真理，不但存在，而且能够认识。我们有所谓判断底精神作用。这个所谓判断底精神作用，是捕捉真理。和单一表象，本质上不同。我们能够由判断捕捉真理。我们下一种判断底时候，必须承认某种真理底存在。任何的真理也不承认的，就不能够下判断。世间有不承认真理底存在的，叫他做怀疑论者。怀疑论者，有怀疑所有的真理底存在的，有单怀疑某种一定的真理底存在的。所谓怀疑所有的真理，就是承认某种真理底存在。什么缘故呢？那里头，已经包含所谓所有的都可疑底一种判断缘故。假如完全不承认真理，那就应当连所谓疑惑也不能够。所谓疑惑，是问。所谓问，不外乎把这个断定是真的，还是反对底断定是真的，弄确实。就是所谓疑惑底心，包含着所谓那一种是假那一种是真底假定。所以所谓疑惑，暗地肯定真理底存在。完全不承认真理，就疑惑也不能够。波尔查诺，像这样，承认真理存在，反对古代怀疑论者恩拍多克利底真理否定论。恩拍多克利说：主张有真理的，依如何的根据呢？假如不依论证，就当然可以从同样的理由，说真理不存在，就是反对底主张，也成立。假如依论证，那么，依如何的论证呢？论证，有真的论证和假的论证。不消说，那个论证，不是假的论证。在假的论证上，像这样的主张，不成立缘故。这样，那么，那个论证，不可不说是真的论证。假如是真的论证，那个论证是真的，如何能够知道呢？我们不能够由论证知道他。什么缘故呢？其他论证，更要其他论证，像这样无限不停止底缘故。真理底存在，难以论证。因而达到所谓真理不存在——底结论，是恩拍多克利底怀疑论。然而依波尔查诺，一种论证是真的，是我们底确证，不要其他论证。真理，不依论证而成立。论证，在真理之上施行。我们确实能够捕捉一种真理。而明白一种真理，就能够认识许多的真理。

表象自体，是言语底意义。文章，从构成他底表象成立。所谓表象，是文章底要素。在所谓神是常住底命题，所谓神底言语，不过是构成命题底一种要素。然而这个言语，包含某种意义，不是命题底全体，然而是意指某事物底表象。所谓表象自体，是说像这样的言语底意义。所以所谓表象自体，不外乎构成文章底要素的。像文章有文章自体一样，表象也有表象自体。像文章自体和文章不同一样，表象自体和表象不同。通常所谓表象，只是主观的、精神的现象。指和所谓知觉或者思维底精神现象同类。

表象自体，和这些主观的表象，性质完全不同，是客观的表象。主观的表象，是在一定的时候，由一定的个人所表象底实在。和这个相反。客观的表象，和某个人底主观，全然没有关系。不管有没有表象他底主观，常时用某种意义存在。所以表象自体当中，有不被任何的主观所意识的。其次，表象自体，和对象也不同。所谓对象，是表象所指示底某物。例如所谓希腊哲学者底客观的表象，和苏格拉底、柏拉图等对象不同。表象自体当中，有完全没有对象的。例如所谓圆的方底表象自体，没有和他对应底对象。又表象自体和对象，不一致的也有。表象，有有几个对象的，或者有无限的对象的。例如所谓一和十之间底数目，有八种对象。又有两种以上底表象，有同一底对象的。所谓表象和对象不一致，是最能够说明表象和对象底差异的。波尔查诺，根据表象自体底说法，论直观同概念。依他，直观，是表象自体。意指不能够分做许多要素底单一表象。所谓这个红，这个青，是一种直观。像所谓这个红、这个青底表象，是单一而不能够把他分开的。概念和直观不同，他底对象不单一。直观只关系一种对象，概念对应许多的对象。依波尔查诺，概念和对象底关系，是论理学上底外延和内包底关系。依形式论理学，概念底内包和外延，常时在反对底方向增减。就是内包增大，外延就减少。外延增大，内包就减少。依波尔查诺，这是谬论。内包增大，并不一定伴随外延减少。而且还有内包增大，却伴随外延扩充底概念。

波尔查诺底哲学，站立在以上所述底根本思想上。他排斥风靡当时学界底康德学派，却根据来布尼兹底思想，拿新意义给认识。康德把认识底根柢，摆在主观底综合作用。波尔查诺，以为康德底认识论，还陷在心理主义。他峻别被思维底真理，和真理自体。被思维底真理，和真理自体不同。真理自体，他自身成立。人思维他，不思维他，都于他自身底成立，任何关系也没有。通常所谓论理学，多半把真理看作被思维的。拿论究他底形式做职分。然而论理学，应当纯粹就真理自体论究。论理学，由波尔查诺，给予新解释。康德，以为真理是主观底综合。波尔查诺，以为真理离开主观，完全是客观的。在这里，纯粹论理主义底立场呈现。这种思想，到胡塞尔，发展成德奥学派底根本精神。

二 布霖塔诺

布霖塔诺（*Franz Brentano*），是德国底哲学者，生在一千八百三十八年。他是加特力教（旧教）界底学者基利斯当·布霖塔诺（*Christian Brentano*）底儿子，起初研究神学，一千八百六十四年，入教籍。一千八百六十六年，充任符次堡大学哲学讲师。后来，升充教授。一千八百七十三年，脱离教籍，同时辞大学教职。一千八百七十四年，维也纳大学，聘充哲学教授。一千八百八十年，辞职，充任讲师。一千八百九十五年，辞职，隐居意大利底佛罗棱萨（*Florence*）。其间，仍然研钻不倦。世界大战勃发后，移居沮利克。一千九百十七年，八十岁，去世。

布霖塔诺，元来研究旧教神学，后来通过亚理斯多德和阿奎那，转到哲学。更在心理学上，开拓新生面。他对于现代底哲学，直接乃至间接，给与重要的刺戟和影响。许多有力的哲学者，出在他底门下，当中主要的，是胡塞尔、迈农、特瓦道斯基等。

他底主要的著作，有《经验的立场上底心理学》（Psychologie von Empirischen Standnunkt）等。

精神现象论 对象和作用

布霖塔诺，起初沉浸在亚理斯多德底学说，然而后来逐渐对他采取批评的态度。一面又受培根以及英国哲学底影响，次第发展独自底思想。他从心理学出发，到达和波尔查诺同样底结论。布霖塔诺底心理学，可以说是一种内省的心理学，和在当时底学界有势力底自然科学的心理学，截然异趣。布霖塔诺，对于自然科学的心理学，下极其锐利的批评。自然科学的心理学，把精神现象和物理现象，视同一律。像这样的解释，全然误谬。精神现象和物理现象，他们底性质，显著的不同。这样，那么，精神现象和物理现象，什么地方不同呢？普通举延长做物理底特征，举非延长做精神底特征，依这个去区别物理现象和精神现象。然而物理现象当中，也有没有延长的。精神现象当中，也有有延长的。所以不能够依像这样的标准，去从本质上区别物理现象和精神现象。物理现象和精神现象，本质上底区别，在现象自身当中，包含对象不包含。物理现象，是自然界底事件，从时间、空间、因果等范畴生起，他里头不包含对象。精神现象，是在精神底内部生起底一种作用，现象自身当中，包含对象。例如所谓看化底精神现象，包含所谓花底对象。不只是所谓看底精神作用，包含指示精神作用底对象。这个是精神现象底特征。不单是表象，连感情、欲求，也都漠然指示他底对象。所谓意识，在和像这样的对象底关系，才成立。没有不包含对象底精神现象。

布霖塔诺，根据像以上底思想，对于精神现象，作极其有兴味底新分类。普通的心理学，把精神现象，分做智、情、意三种。依布霖塔诺底思想，像这样的分类，很没有意义。精神现象底根本特征，是包含对象。因而分类精神现象，不可不思维这个所谓对象。把对象底观念，引到精神现象底分类，是布霖塔诺底创见。布霖塔诺，更像下面论述。精神现象，从对象和作用两方面成立。对象，是像所谓色彩和音响底意识内容（就是内在的对象）。作用，是像所谓表象、判断、感情、欲求底精神活动。向来底分类法，只看见这个作用底方面，就是单就作用底性质区别；把对象底方面，置之度外。所以精神现象正当的分类，是从精神活动和他所包含底对象，就是对象和作用底关系上，分类他。像这样，布霖塔诺，把精神现象，分做（一）表象，（二）判断，（三）情意，三种。所谓表象，是说像所谓看见、听闻、思维等类，浮现在我们底心上。布霖塔诺，把他看作精神作用当中最根本的。所谓判断，是把表象底某事物，认容或者拒否，就是肯定或者否定底作用。伴随表象而产生。和表象不同底地方，是包含价值关系。所谓情意，又叫他做爱憎，是说不放进表象和对象当中底所有的精神现象。例如所谓喜、怒、哀、乐、愉快、不愉快、愿望、企图、决意等类，都放进这里头。情意，也和判断相同，包含价值关系。情意和判断，同种类，和表象对立。所以最根本的区别，是所谓表象和判断。在智、情、意底分类法，表象和判断，不过是智底一部分。在精神现象底分类上，成为最主要的部分。

像在前面所说，布霖塔诺，从检核自然科学的心理学底基础概念出发，而他底结论，和波尔查诺底结论，大略相同。就是布霖塔诺，把波尔查诺所谓表象自体或者文章自体，看作内在的对象，就是意识内容。但是他们两个人之间，没有历史的关系。总之，布霖塔诺，是现代心理主义底代表者，完全把对象看作内在的，不看作独立的、客观的、超越的存在。而他在哲学上底功绩，是把对象和作用明白区别，由所谓"内在的对象"又"对象底内在性"底思想，去阐明精神作用底本质特色。

布霖塔诺学派底出发点，是心理主义。然而次第掩没心理主义的色彩，进到纯论理学的认识论的方面。这个发展底阶段，大体可以区划做从布霖塔诺到迈农学派，从迈农到特瓦道斯基，从特瓦道斯基到胡塞尔学派。

三　迈　农

迈农（*Alexius Meinong*），是奥国底哲学者、心理学者。以一千八百五十三年，生在勒谟堡（*Lemberg*）。起初研究史学，后来专修哲学，再后，他底兴味，在认识论、心理学、伦理学等类。一千八百八十二年，充任格拉齐（*Gratz*）大学额外教授。一千八百八十九年，升充正教授。一千九百二十年，去世。

他底主要的著作，有《假定论》（*Über Annahmen*），《对象论和心理学底论究》（Untersuchungen Gegenstandstheorie und Psychologie）等。

对象论

布霖塔诺，承认对象和作用底对立。然而不把对象看作独立存在，把他看作内在的。在这个地方，他底立脚地，还止于心理主义。这种思想，到迈农，更进一步。迈农，单把布霖塔诺底内在的对象就是意识内容，抽离精神作用，去创建所谓对象论（Gegenstandstheorie）底一种学问。像对于空间，有几何学一般；对于色彩，当然也可以有色彩底几何学。研究离开精神作用底对象，就是离开所谓看见和感受底精神作用，去研究所谓红或者青等色彩底性质和关系等类的，是对象论。数学，是对象论底一部。对象论，不是实在底学问，是意义底学问。不是事物底研究，是属性底研究。对象论底研究底目的，不是"客观"，是"客观的"。客观，是存在的。客观的，是成立的。直线和圆，不是存在的实在。研究所谓青或者红底色彩，不是研究红花或者青空。是研究红那个东西青那个东西底性质，又交互关系。所以对象论，不是实在底学问，是意义底学问。

四　特瓦道斯基

特瓦道斯基（Kasimir Twardowski），是波兰底哲学者。以一千八百六十六年，生在维也纳。一千八百九十四年，充任勒谟堡大学教授。

他底主要的著作，有《关于表象底内容同对象》（Zur Lehre vom Inhalt und Gegenstand der Vorstellungen）等。

表象论　作用内容对象底区别

波尔查诺，阐明所谓表象自体和命题自体。布霖塔诺，阐明意识底内容和作用底区别。这三种底区别，同交互底关系，究竟如何呢？特瓦道斯基，峻别表象底作用、内容、对象。布霖塔诺和迈农，还把内容和对象看作同一。特瓦道斯基，说对象和内容，断不同一。对象是超越的，内容是内在的。他举对于一种对象，有许多的内容；对于一种内容，有无限的对象；做能够区分内容和对象底理由。例如对于所谓$\sqrt{2}$底表象内容，有无限的对象。和这个相反，对于所谓等边三角形和等角三角形底两种内容，只有一种对象。作用、内容、对象底区别，不光是表象，在判断，也能够作和上面相同底三种区别。思维底对象，是和思维作用没有什么关系底超越的。然而思维底内容，是对象底符号，浮现在意识内，而且被肯定或者被否定的。特瓦道斯基，阐明作用、内容、对象底区别。更把这三种底关系阐明的，是胡塞尔。

五 胡塞尔

胡塞尔（*Edmund Husserl*），是德国底哲学者。以一千八百五十九年，生在波罗斯尼斯（*Prossnitz*）。起初专修数学。大学卒业后，闻布霖塔诺底盛名，从一千八百八十四年，到一千八百八十六年，在维也纳大学，听他讲学，受他底影响很深，确信哲学也能够依从严密的科学精神去处理。于是遴选哲学，做他底毕生事业。一千八百八十七年，充任哈勒大学讲师。后来，转到格丁根大学，充任额外教授。一千九百零六年，升充教授。创建现象学，统率所谓格丁根学派。一千九百十七年，转任夫赖堡大学教授。一千九百二十八年，退职。

他底影响极大，及到所谓现象学以外底广大的范围。现象学的研究，由他底门徒，在论理学、心理学、伦理学、宗教哲学、社会学、法理学、美学等领域，举丰瞻的业绩。

他底主要的著作，有《论理的研究》 （Logische Untersuchungen 2, *Bde*, 1900*f*；2. *Amfl.* 1913—21）等。

现象学

胡塞尔，先批评经验的心理主义，去阐明论理主义底立场。依他，经验主义底归结，总之，是怀疑论。穆勒，想把矛盾律，也从经验说明。然而矛盾律，是叫经验可能底条件。没有他，经验不成立。叫经验可能底根本法则，没有是由经验所造底道理。

胡塞尔底所谓现象学，是如何的学问呢？是先验的研究，就是从先验的见地研究体验就是直接经验底学问。所谓体验，是什么呢？是纯粹意识。所谓先验的研究，意思是什么呢？是离开所有经验的立场，去把他记述去说明。所以现象学，和其他学问，他们底性质不同。其他学问，由从某一种立场，眺望体验，成立。例如自然科学，在从自然科学的立场，眺望体验底时候，成立。数学，在从数学的立场，眺望体验底时候，成立。体验，是无限的流动。我们把这个流动，从某一种立场停止去看底时候，学问底世界，就成立。就是所有所谓学问，都是站在某一种立场，去把直接经验，从某一方面看的。然而这种意义底学问，有"本质学"（*Wesenswissenschaft*）和"事实学"（*Tatsachenwissenschaft*）之别。论理学和数学，是前一种。普通的经验科学，是后一种。而前一种是离开后一种而独立，后一种是依靠前一种而存在的。现象学，不是事实学，是本质学，精确说，就是意识底本质学。现象学底这个基础概念，明白是胡塞尔底独创的见解。在这个独创上，现象学才发生成立。本质同本质直观，可以说是现象学所因以成立底根本概念。所谓事实，是实在的实在底意思，包括自然界和精神界所有底各个现象。对于这个事实，本质，是叫各个事实做事实的。没有他，各个特殊的事实，就不能够成立做事实。就是意思是叫事实做事实底精蕴。各个的草，有所谓草底本质。各个的梅，有所谓梅底本质。有草能够做草、梅能够做梅底本质，各个的草、各个的梅底事实才成立。和事实都是时空的——他底意思，是实有的，相反；本质，都是非实有的，拿普遍性和必然性，做他底本性。普遍必然的、非实有的、观念的、先验的事物底精蕴，是所谓本质。假如能够做意识底对象，不限定是知觉的事实，连空想的、假想的事实，也不可以没有他底本质。像这样，和事实学对立，设定种种的本质学。纯粹数学、纯粹力学、纯粹论理学、纯粹心理学等类，都属于本质学。研究纯粹意识底现象学，不消说，是本质学底一种。然而是把种种的立场除尽，站在纯粹意识底立场，依一种本质直观，去看具体的意识现象全体的。把所有的立场除尽回到纯我又纯粹意识底立场，把学问那个东西反省，去把他底本质阐明的，是纯现象学。论究心的机能底本质，又心理学底本质的基础的，是现象学。本质直观底组织，是本质学。就是现象学，把种种的立场，排除净尽；去把体验底姿态，照他底原样记述。假如把这个也看作一种立场，他就是最本质的立场。所以现象学，是本质学，不是事实学。本质学，是事实学底基础。所以现象学，不像其他学问，是处理某特殊事实的；是研究学问那个东西底本质的，可以说是学问底学问。例如心理学，是研究精神现象底学问。然而现象学，研究这个精神现象底根柢，就是意识。这里所谓意识，不消说，不是心理学上底意识，是纯粹意识。从这个纯粹意识看，像精神现象，就不过是第二次的世界。精神现象，在把纯粹意识从某一种立场眺望底时候，成立。论理学和数学，也被算在本质底学问当中。然而现象学，和这些本质学也不同，是论究这些本质学底基础的。从这个地方说，现象学也可以看作本质学底本质学。因而现象学，是一切学问底基础，是学问底学问。从现象学底立场看，我们底体验，分做内容和作用两种。然而这两种，不消说，是一种体验底两方面。现象学，是从纯粹意识底立场，去把两种底相关的关系阐明的。

胡塞尔底现象学，从波尔查诺和布霖塔诺底思想，受重大的影响；是他自己所公言。波尔查诺底真理自体，布霖塔诺同迈农底对象，这些思想，是现象学底骨髓，把对象和作用底关系，离开心理学的见地，从先验的见地考察的，是所谓"现象学"（*Phänomenologie*）。所谓现象学，总之，是从作用、内容、对象底区别，还没有生以前底立场，就是纯现象学的立场，去考察这三种底关系的。换句话说，就是拿事物底纯粹论理的、超时空的本质做对象，去把他纯记述的研究的。他先从知识就是论理学底研究着手。

胡塞尔，以为只有普遍的认识和法则，是纯论理学就是哲学底对象。所以他底出发点，和普通的论理学以及认识论不同，完全舍弃心理学的见地，从把像所谓表言、作用、意义、对象底概念，内省的区别研究，做起。就是胡塞尔底现象学，拿所谓表言（Ausdruck）做出发点。所谓表言，是什么呢？是我们用言语和文字，去表现某种意义。表言和思维，有极其亲密的关系。所以研究表言，自然就能够明白思维底本质。胡塞尔，依像以上底理由，先分析表言。表言，从两种要素成立。一种是物质的要素，一种是精神的要素。所谓物质的要素，是言语和文字等物质的形式。所谓精神的要素，是说拿意义赋于表现那个东西底作用。所谓赋于意义，是叫言语和文字底记号，表现某种意义。就是他先就表言，区别物质的方面和精神的方面就是作用。所谓作用，是所谓意义底体验（intentionales Erlebnis）。比布霖塔诺底作用，更外是具体的。就是把布霖塔诺底内容和作用合一的，并且是这两种还没有分以前底所与的统一。胡塞尔，把作用区别做材料和性质。所谓性质，恰巧和布霖塔诺底作用相当。单是音声底言语，由附加像这样的精神的方面就是作用，变成有意义底表言。作用，更可以区别做赋于意义底作用（bedeu-tungs-verleihende Akt），和充实意义底作用（bedeutungs-erfüllende Akt）。前一种，单是拿各各的意义，赋于表言底形式（音声等物质的形式），叫那个表言，各各有意义底作用。后一种，是叫各各的表言，和各各的对象，发生关系底作用。就是实现对象的关系底作用。例如这里有所谓书底言语，不把他看作单是记号，而且赋于某种意义；是赋于意义底作用。对于这个表言，明确想起对象；是充实意义底作用。就是所谓充实意义底作用，是明确直观的想起表言底对象。表言常时是关于某物底表言，必定有他底对象。不消说，表言底物质的形式，和赋于意义以及充实意义底作用，是有亲密的关系底统一体。不过我们研究底便利上，把他分开来看。

充实意义底作用，叫表言生起对象的关系。所谓对象，是什么东西呢？对象，有个别的、特殊的，和普遍的、一般的。纯粹论理学所处理的，不消说，是有普遍的、一般的性质底对象。普遍的对象，有些什么东西呢？胡塞尔以为论理学底根本原则，几何学底原理，1234 等数，所谓红或者青底概念等类，都具有普遍性。胡塞尔，在像所谓此物、彼物底个别的对象之外，承认有各个个物共通底普遍的对象。而把这个对象，看作超越的。在这个地方，他底学说，和特瓦道斯基一致。就是所谓对象，是完全超越表言和作用的。胡塞尔，把像这样的普遍的对象，叫作种底观念的统一（*Die ideale Einheit der Species*），就是本质（*wesen*）。像这样的对象，不是由抽象作用和概括作用人为的所作，是从最初拿他自身底统一给我们的。例如红色，无论在什么处所，都是红色。谁思维他又不思维，在什么时候什么处所思维，常时是同一的观念。超越时、处、人，他自体存在。胡塞尔，把对象底本质，像以上解释做先验的、绝对的。总之，胡塞尔底对象，和波尔查诺底真理自体相当。

胡塞尔，把表言、作用、意义、对象等类底意义，同交互关系，弄明白之后，进到知识底现象学的说明。依他，所谓作用（就是所谓意义底体验），就是我们底意识。所谓意识，和作用一样意义。所谓自己，不过是像这样的作用底无限的连续底统一点。我们底智力作用，也不过是这个具体的统一作用底一种。

胡塞尔，从现象学上，拿像下面底解释，给认识问题。所谓认识，是充实意义。是把意义底基础就是直观，和赋与意义底作用，结合。就是表言和直观底统一，是认识。所谓表言和直观底统一，是在对象上，直下领会表言底意义。例如这里有所谓三角形底文字。这个文字，是表言底记号。拿某种意义，赋与这个记号的，是表言底作用。想起三角形底对象，去和那个意义结合的，是认识。不单拿意义给表言底记号，而且想起对象的，是前面所述充实意义底作用。所以充实意义底作用，越完全，认识也越完全。胡塞尔，把表言和直观底统一，分做两种。一种是静的统一，是说单纯的认识，是表言和直观立即统一。一种是动的统一，是说复杂的认识，是表言底意义，渐次在直观上充实。所谓静的统一，像把事物命名、描写或者分类。所谓动的统一，像种种关系底知识。依胡塞尔，所谓真理，是表言和直观最完全统一底状态。

胡塞尔底门徒，最著名的。是谢勒，尼高来·哈特曼，海德格等。现在胡塞尔底现象学，在德国，是最显著的哲学运动，影响到德国哲学底各方面。

六　谢　勒

谢勒（*Max Scheler*），是德国底哲学者。以一千八百七十四年，生在闵行（*München*）。少年时代，卒业同地底高等学校后，在闵行、柏林两大学，修学哲学同自然科学。最后，在耶拿大学，就倭铿、李布曼，学哲学，兼学经济以及地理。一千九百零二年、零七年、十年，历任耶拿、闵行、柏林底哲学讲师。从一千九百十七年到十八年，衔外交部底特别使命，在日内瓦（*Geneva*）和海牙（*Hague*），作政治活动。一千九百十九年，充任新设底哥隆（*Köln*）大学哲学、社会学教授。一千九百二十八年，转任法兰克福大学。同年去世。

他底主要的著作，有《伦理学底形式主义和实质的价值伦理学》（Der Formalismus in der Ethik und die materiale Wertethik）等。

实质的价值伦理学

谢勒，起初是倭铿底弟子，后来受胡塞尔底影响，成为现象学派底主要的代表者之一。他底业绩，绵亘伦理学、心理学、社会学、宗教学等类。他又倡导可以说是新形而上学底哲学的人类学。而叫他见重于现代哲学界的，是他底伦理学书。

谢勒，拿现象学的研究做基础，反对康德底形式伦理说，建立先验的、实质的伦理说，就是实质的价值伦理学。康德主张说是先验的、普遍的善，就不是经验的、物的、感性的，当然是形式的。所有像所谓物的价值和感性的感情（快感不快感），都是经验的；所以难以成为伦理学上底先验的、普遍的善和目的。引进经验的内容，他就是后验的（Aposteriori），因而不能够是先验的（A priori）。所以先验的、普遍的最高善，只能够看作形式的。然而谢勒，力图从胡塞尔式的现象学底立脚地，阐明不必是形式的，虽然是实质的，也一点不妨碍是先验的、普遍的。康德自己已经反应自家底形式说，把所谓人格价值底实质的内容，建立做道德底最高目的，乃至绝对目的。谢勒，修正康德底伦理说，力说所谓人格价值底实质的内容，断然不和先验矛盾。就是谢勒，把所谓先验底先验性，从胡塞尔式的现象学底立脚地说明，而解释做不是穷极事实的，不外乎本质那个东西。是本质那个东西，所以先验，不是经验的、后验的，又不是事实的、偶然的。像这样的本质，或者是形式的，或者是实质的，都行。所以先验和实质，断然不矛盾。现在所谓敬或者爱底人格价值，虽然是内容的、实质的，一点不妨碍是先验的、普遍妥当的。是本质底人格价值，就不外乎先验那个东西。所以又依谢勒，感情那个东西，在从本质底方面看他底场合，也断然不是后验的，可以看作先验的绝对价值。所以情绪主义和先验，未必矛盾。

谢勒，像这样，修正康德底形式说，把实质的人格价值，看作道德底最高价值又最高目的。想从这个最高价值，引出一切伦理的价值。

七　尼高来·哈特曼

尼高来，哈特曼（Nicolai Hartmann）是德国底哲学者。以一千八百八十二年，生在里加（Riga）。少年时代，在马尔堡大学，就柯亨和拿托尔伯，学哲学。一千九百零九年，充任同大学讲师。一千九百二十年，继拿托尔伯之后，充任教授。一千九百二十六年，充任哥隆大学教授。一千九百三十一年，转任柏林大学教授。

他底主要的著作，有《认识形而上学底特征》（Grundzüge einer Meta-physik der Erkenntnis），《德国观念论底哲学》，《伦理学》等。

认识论的形而上学

尼高来·哈特曼，认识论上底见解，受胡塞尔底影响。伦理学上底见解，受谢勒底感化。他原来养育在新康德学派底摇篮内，就是从柯亨和拿托尔伯底门下出发。起初是属于马尔堡学派底有力的学者。然而当欧洲大战底时候，在前卫堑壕底经验，叫他舍弃旧思辨的亡魂，支持实在论的立场。次第脱离马尔堡学派，树立独目底见解。他底哲学，是批判主义和现象学底一种综合。

哈特曼，近时倡导认识底形而上学，就是认识形而上学。反对像马尔堡学派，把认识看作产生或者创造。而说认识，是捕捉。就是捕捉在认识之先，离开认识独立存在底某物。像这样，他承认所谓物自体底存在。然而像这样的思想底根柢，有更深的形而上学的思想。哈特曼，是所谓新形而上学派底铮铮的名角，对于新康德学派没有形而上学底认识论，从头倡导立脚在形而上学的根柢底认识论。说像形而上学豫想认识论一般，认识论又倒过来豫想形而上学。这样，那么，他所谓形而上学，是什么呢？依他，认识问题，根本是形而上学的问题。所谓认识，根本是捕捉者和被捕捉者，主观和客观底关系。

对于康德以后观念论底发达，现代实在论——主张实在的超越体底实在论——包含观念论底新实在论发生。在新康德学派底纯粹观念论之先，已经有种种形式底实在论，像冯特、倭铿等底实在论就是。更密接立脚在康德哲学，批判论的、认识论的，叫康德哲学底实在论的一面发达的，是现代底新批判的实在论。在一方面，遗留实在化（*Realisierung*）底屈尔拍（*Oswald Külpe* 1862—1915）和他底学派，代表这个立脚地。在另一方面，哈特曼代表他。

哈特曼，从现代实在论的立脚地出发，说认识当中，明确证明超越的实在（自然科学所假定底超越的实在）底存在。主张不假定像这样的超越的实在，就所有的说明，不免陷于矛盾和混乱。就是主张主观意识，没有不能够恩惟超越的、客观的对象底理由。不假定客观的对象，就事物底本质，认识底性质，都完全不能够思维。就是认识不是单纯由主观所造，必然不可不看作从客观所与。依哈特曼，康德以后底哲学，或者倾向观念论，或者主张实在论，各偏于一方面底立脚地，不注意综合观念论和实在论底全的真理，哲学所以徒然分裂做各种学派，没有成就真正的发达。他先假定客观的超越体，做自然科学所处理各个客观现象底本质。把像这样的超越体，叫作超客观体。巴登学派，承认普遍的范畴，就是普遍妥当性，是一种观念的、论理的超越体。依哈特曼，是当然也适用于实在的超客观体底论法。既然承认论理的超越体，就同时当然也不可不承认客观的超越体底存在。况于他是认识当中（直观的）必然包含底真实在呢？而对于这个超客观体，又必然不可不建立超主观体（主观底本体）。就是着眼又一方面主观方面（意识方面），就在这里，超越各个经验的主观，所谓主观一般又意识一般底超主观体存在，也明白。意识一般，是包含所有经验的意识底共通普遍的主观。像这样的意识一般，是在最严密的意义底存在，也丝毫不能够争执。像这样，在一方面，承认所谓超客观体底存在。在另一方面，承认所谓超主观体底存在。又在这两种超越体之间，承认论理的超越体。

把超客观体和超主观体，看作全然无关系，是从来底实在论和观念论底偏颇的观察。这两种超越体，断然不是互无关系的，更由更高的存在（形而上学的存在）统一。就是超客观体和超主观体，一同存在；所以这两种必然的、本来的，由绝对的存在统一。这个超越体，是最高又绝对的，是统一超客观体和超主观体底最高的超越体。所以最高绝对的超越体，他里面包含主观的和客观的两种存在。而依哈特曼，他里面底主观方面，是比较合理的，是可思议的。然而客观方面，是很神秘的，是非合理的，是不可思议的，我们到底不能够充分明了他底本体。

像这样，依哈特曼，客观的存在和主观的思维底认识的关系，断不是偶然的从外部所与底关系，是从最初在两种之间底必然的关系。就是超客观体和超主观体，不外从最初结合统一底全体。更精确说，思维所因以成立底先验的范畴，不单是主观的思维范畴，同时不可不看作客观的存在范畴。就是先验的范畴，是认识范畴又思维范畴，同时不可不说是存在范畴。就是超主观体所具备底先验的妥当性，原来不外乎超客观的实在本具底存在范畴。超主观的思维，必然的、先验的思惟认识和他互相一致底超客观的存在。但是不单像这样的先验的又普遍妥当的认识，行于超主观体和超客观体之间。不消说，那个后验的又经验的认识作用，也行于其间。而在一般认识对象（超客观体）底根柢，哈特曼和巴登学派同样，假定实在的存在底质料。像这样，实在论和观念论，由哈特曼调和。又建立两种还没有分离底统一的原理。超经验的一元论，又一元论的形而上学，是他底认识论底归结。他关于这个一元的实体就是超越的实在，还没有说明许多，只主张他很是非合理的，就是包含完全不可思议底要素很多。又不像斯宾挪莎底本体，是单一孤立的，是复杂的真实体。

哈特曼，在伦理学，是实质的价值伦理学底一个代表者。

八　海德格

海德格（*Martin Heidegger*），是德国底哲学者，生在一千八百八十九年。起初研究神学，后来转到哲学，师事新康德学派底黎卡特，最后入胡塞尔门下。一千九百二十三年，充任马尔堡大学教授。一千九百二十八年，在夫赖堡大学，做胡塞尔底后任。

现在，海德格，在德国，是最被注目底学者。他蔑视和同事底哲学者们论议，高兴在郊原，和农夫们，就生命、死、神谈话。

他完全蔑视传统的所用哲学的术语，创造他自家底术语，又用一般所用术语底场合，也拿他自家底意义赋予他们。

他底主要的著作，有《存在和时间》（Sein und Zeit），《康德和形而上学》（Kant und das Problem der Metaphysik）等。

存在学

海德格，起初站在黎卡特底立场，后来被胡塞尔底现象学所动，在亚理斯多德底存在学的研究，狄尔泰底生命哲学等影响之下；唱说生命底现象学。

海德格，从胡塞尔出发，去完成他底哲学。胡塞尔底现象学，最初具有哲学入门乃至哲学研究法底性质。然而胡塞尔自己，力图在他底基础上，建设现象学的哲学。在现在，还有不少学者，把现象学看作哲学底一般的研究法。例如尼高来·啥特曼，就是他底例证。到海德格，现象学底意义，更再变化。他把现象看作和存在或者有（Sein）同一，把学解释做现象学的乃至本质学的研究底意思，把现象学的存在论解释做现象学。胡塞尔，把纯粹意识底本质的观察，建立做现象学。就是胡塞尔底现象学，拿意识底问题做他底心髓，也就是拿意识做研究底对象。海德格，和他不同，研究存在底问题。对于他底记述的现象学，唱说解释的现象学。依海德格，哲学，就他底对象说，是存在者底存在之学。就他底方法说，是现象学。所谓哲学，是从生存底解释学出发底普遍的现象学的存在学。哲学，都不外乎存在学。就是哲学，是拿存在者底存在做问题的。

所谓存在，是什么呢？存在底意义，是什么呢？为回答这个问题，海德格，就存在者又现实的存在者，现象学的、本质学的研究。就是从现象学的、本质学的见地上，研究他底存在样式，想从那里引出存在底意义。在这个地方，他先利用狄尔泰式的解释学。所谓解释学的方法，是人类原来是理智的，就是用理智解释说明事物底现实的存在者。而所谓理智的解说事物，是人类底一种存在样式。所以人类就依这个特殊的存在样式，去解释人类底存在样式；就是人类底自己解说——自己解释自己底存在样式

——这个不外乎所谓解释学的方法。就是海德格，从本质学的见地上，考察所谓人类底现实存在底存在样式，想从那里阐明存在一般底意义。所谓人类底现实存在，是优于一切其他现实存在底存在者。研究他底存在样式，就能够把一切其他现实存在底存在样式，也弄明白。

这样，那么，现实存在（人类）底存在样式，是什么样呢？先第一可以解释做人类底存在样式，是世界内存在，就是在世界内（in derwelt sein）。所谓在世界内，是和世界交涉底意思，意思是实际的又理智的和周围底世界交涉。和世界在种种的意义交涉，是人类底一种存在样式。现实存在，依所谓关心（besorgen）底样式，就是依所谓注意或者爱着底样式，和世界交涉。不消说，这个场合底所谓世界，是实际（实践的）所遭遇，是像用具一般，近在手边底用在者（Zuhanden）；不是从最初现实存在底物在者（Norhanden）。我们在世界，发见事物。这些事物，都有用具底意义。就是依所谓有用底性质发见。

海德格，更力图更根本的又全的说明人类底存在样式。对于事物底解释、说明、理解等类，不消说，也是人类底重要的存在样式。然而从人类底全体的生活底方面观察，就到底不能够用理智完全解释底深刻的心气、不安、动摇、情操、性情，是人类底根本的存在样式。海德格，把这些总括起来，叫作关心（Sorge）。解释做关心，就是人类的现实存在底最根本的又最中心的存在样式。就是生命底本质，是关心。人类，是深重的罪孽之子，是直朝死前进底烦恼之子。人类在现世底存在样式，十足是忧虑，是烦恼。烦忧的性情，是人类存在底最中心的存在样式。

海德格，凝然谛视像以上所列举底交涉关心等生活（就是存在样式），力图从那里适确把握存在者底存在，就是存在底意义。就是主张和普通所谓时间不同底特殊的现象学的时间性，是叫人类底存在是存在底根本义。换句话说，就是解释做在本质的意义底历史性又时间性，是人类存在底根本义。海德格，想阐明人类底存在样式，所以拿本质的时间做地平而成立。在阐明海德格底这个解释之前，我们不可不先把柏格森底时间性底问题，又尤其是胡塞尔底现象学的时间底解释，放在念头。海德格自己，也反复论断在人类存在底存在样式，所看见底时间；所以和普通所谓时间（连结无数的现在"今"底通俗的时间），完全异类。柏格森底时间又历史，也是生命和意识底精髓，就是生长又创造的延续那个东西；和普通所谓时间，完全不同。胡塞尔，把普通的时间（用钟表计算底时间），叫作宇宙的时间。把意识体验那个东西固有底时间，特别叫作现象学的时间。依胡塞尔，意识体验，是在现象学的时间上成立的。意识底最根本的存在形式，不外乎这个现象学的时间。意识的存在底根本义，不外乎叫这个现象学的时间就是意识是意识底时间性。海德格，可以看作把胡塞尔底这个暗示，更深更彻底的发达的。人类底存在样式，就是关心；从理智上说，就是计划，是企图。直朝死前进，是人类底生活。计划又前进，都是未来的，是将来的。未来又将来，是时间性底根本的本质。不消说，未来，豫定过去和现在。过去现在和未来底统———现在和过去由未来统一，是叫人类底存在是存在底根本义。但是这个场合底所谓时间，不是普通所谓物理的时间。普通底物理的时间，却是从这个人类存在所赖以成立底根元的意义底时间抽象，所造。原形的时间性，只在人类底这个存在样式。就是存在，不是在普通所谓时间当中成立的，他自己产生时间；就是时来（Zeitgung），是这个原形的时间底特质。拿未来做目标，新产生时间，是这个原形时底特质。人类存在底全的样式，就是关心；就不外乎在像这样的意义底时间性上成立的。这个意义底时间性，是叫人类存在是存在的。除去这个时间性，所谓存在，就不能够思维。存在底意义，就是时间。

第六节 精神科学派

精神科学底建设者、生命哲学底有力的代表者狄尔泰，专门主张所谓精神科学底独自性和重要性，所以他底学派，被称为精神科学派。属于所谓精神科学派底学者当中，尤其著名的，有许普朗格，寇勒（*Max Frisch-eisen Köhler* 1878—1923 哈勒大学教授），李特（*Theodor Litt* 1880—　来比锡大学教授）等。

一　狄尔泰

　　狄尔泰（*Wilhelm Dilthey*），是德国底哲学者。以一千八百三十三年，生在来因（*Rhein*）河边底俾布立喜（*Biebrich*）。他底父亲，是牧师。他起初为继承父亲底职业，进格丁根大学，学神学。后来渐次对于哲学和历史，感觉兴味。不久，转到柏林大学，在那里，得学位。他在格丁根大学，受陆宰同李忒底影响。在柏林大学，受特棱得楞堡同兰克（*Ranke*）底影响。一千八百六十四年，充任柏林大学讲师。不久，充任巴塞尔大学哲学教授，一千八百六十六年，转到基尔（*Kiel*）大学。在这个地方，出版他底杰作《诗莱尔马哈传》，开诗莱尔马哈研究底新机轴，一旦声名洋溢。一千八百七十一年，转到北勒斯劳大学。一千八百八十二年，继陆宰之后，充任柏林大学教授。一千八百八十七年，和宰拉等，一同帮助斯泰因（*Ludwig Stein*）等，发刊《哲学史丛志》。常时发表优秀的研究论文，而且尽力种种的文化事业。一千九百十一年，避寒旅行，途中，在鲁尔（*Ruhr*）河边底波层（*Bozen*）得病，溘然长逝。享年七十九岁。

　　他底主要的著作，前面所举底《诗莱尔马哈传》之外，有《精神科学概论》（Einleitung in die Geisteswissenschaften），《黑智尔底修养时代》（Jugendsgechichte Hegels），《体验和诗歌》（Das Erlebnis und die Dichtung）等。

　　（1）体验主义底哲学

　　狄尔泰，从体验主义的立场，论科学。拿特别的地位，给与精神科学。

在哲学上，用所谓体验（Erlebnis）底文字的不少。回顾以前所述底各种学说，体验底文字，随处可以发见他。然而近时叫作体验主义的，指精神科学派底哲学。

体验主义，是从现实主义出发底理想主义，换句话说，就是即现实底理想主义。体验主义哲学所依以建立底思想上底根据，是所谓体验底具体的事实。拿体验做根据，论究形而上学，论究认识，论究艺术，论究道德的，是体验主义哲学。所以要想理解体验主义哲学，必须先考察所谓体验是什么。依狄尔泰，所谓体验，是生命自身底内面的直接经验。而所谓生命，是意志、情感、表象底存在体（Wollend fuhlend vorstellende Wesen）。狄尔泰所谓生命，是表现在我们底意识当中底最根源的事实，不是指各个人底肉体的生命。各个人底肉体的生命，只有极外面的性质，不过是生物学底对象。狄尔泰，在像这样的生物学的生命之外，承认根本的、究极的生命底存在。我们底意识当中，有丝毫不能够疑惑底确实的根源的事实存在。这个内面的直接的确实性，就是生命。所谓体验，不外乎这个生命底自己活动，就是生命底反省。所以体验和生命，有最密切的关系。

狄尔泰，以为生命是意志、情感、表象底存在体。生命，是全人的活动，不是智的性质，也不是情的性质。因而体验主义，首先反对主智主义。主智主义哲学，偏重人类底知识，想把所有的问题，用知识解决。这个是大误谬。世界万物，不能够只用知识解决。开启真理之门底钥匙，是全人的活动。真理底发见，基于生命底自省。知识底根源，在生命自体。从忘记生命底偏智的倾向，产生的，不是真正的真理，只是抽象的理论。想由像这样的抽象的理论，知道具体的宇宙的，是主智主义。宇宙，断不是从抽象的理论成立的，想由抽象的理论，知道宇宙，很不合理。要想知道宇宙，必须避开抽象的理论，由生命自己底活动。狄尔泰，像以上，极力排斥主智主义，高唱站在生命上底全人主义。

依狄尔泰，所有的精神生活，都本于体验而成立。真理，艺术，道德；他底本源，都在所谓体验底事实。体验底生活，遮蔽人类底精神生活。人类底文化活动，必定和体验有关系。文化底创造，文化底理解，在他底背后活动的，是体验。

狄尔泰，从体验主义的立场，把认识像下面解释。认识，是生命自己底活动所产生，而且是生命自己底一部。统一的生命底活动，停滞底时候，于是认识底世界展开。依狄尔泰，生命自己底活动，是统一的。生命，是统一的活动。然而这个生命底活动，动辄有退而反省自己自身底事情。生命，中止统一的活动，而起自己自身底反省就是自觉作用；和运转不绝的车子，为叫运转圆滑而上油相同；活动底进行上，感觉必要缘故。生命为叫活动力更旺盛而休息。于是所谓认识成立。所以知识，毕竟不过是生命底方便。这个是狄尔泰底认识论底根本思想。狄尔泰，排斥康德底认识论。康德，把主观底先验的形式，看作认识构成底原理。以为认识，由主观底先验的形式，把从外界来底感觉的刺戟统一，而成立。狄尔泰，以为像这样的先验的形式，是什么的生命也没有底不毛的概念。说拿像这样的不毛的概念做根据，构成普遍妥当的认识，绝对不可能。依狄尔泰底学说说，就康德认为先验的形式底十二范畴，也断不是先验的存在。例如因果性，不过是生命自身底直接表现。康德，以为因果性，是悟性底先验的形式。然而依狄尔泰，因果性，断不是只关系悟性或者智力底作用，是从生命自身发生底事实。并非智力就是思维底产物，有像这样的概念。狄尔泰，排斥先验主义底认识论，同时又反对经验主义底认识论。像陆克和休谟底经验论者，从和像康德底先验论者不同底见地，论认识。虽然，他们也说：认识单是智力作用。从这个地方说，就经验论者底学说，也和先验论者底学说相同。智力作用，不过是生命底活动底一部分。把从生命底活动全体成立底认识，看作他底一部分抽象的智力作用，是从来底认识论底一大缺陷。像这样所做成底认识主观底血管，现实底红血潮不通，单是思维活动就是理性底稀薄的液汁流动。狄尔泰底认识论底特征，在不把认识看作智力作用。狄尔泰，以为生命是意志、情感、表象底存在体。这个生命底连续的进行，停滞底时候，认识底世界出现。因而认识，在全人的态度上成立。

依狄尔泰，所谓体验，是生命自身底自省。那么，体验主义，就不过是一种主观主义。假如是主观主义，就不是有客观的妥当性底真理。果真这样，体验主义，就不可不否定科学的知识。对于这个，狄尔泰下如何的解决呢？依狄尔泰，体验主义底所谓生命，不但和各个人底肉体的生命不同，而且和精神界底事实也不同。是我们底意识当中底确实性。像这样的生命，超越我们底主观，不是主观所产生。因而这个生命底活动就是体验，各个人有多少的差异，同时又有互相一致底共通的要素。共通的要素，是对于个性底一般性。狄尔泰，用这个一般性，说明知识底客观性。这个是狄尔泰底构造说。

狄尔泰，从体验主义的立场，否定形而上学。从来底所谓形而上学，是想只用知识，认识真实在的，在希腊底古代，亚理斯多德，试用智力研究真实在以后；许多的形而上学者，都想用智力论理的说明世界底本体。这种想法，包含非常大的误谬。什么缘故呢？在想把世界底实在，论理的理解底思想；以下底三项，被处理做自明的根本要件；缘故。就是第一，世界底实在，由论理的关系成立。第二，人类具有能够把这个实在底组织，理解底论理的性质。第三，世界底论理的组织，和人类所具有底论理的性质；换句话说，就是实在底形式，和思维底形式；一致。不消说，像这样的根本要件，不能够认为自明的真理。因而在像这样的根本要件上成立底形而上学，也自然倒坏。否定形而上学的，狄尔泰之前，有康德。康德，把认识底范围，只限于现象界。明言拿实体做研究对象底形而上学，不可能。继承康德哲学底许多哲学者，都祖述这个学说。狄尔泰，也像康德一样，否定形而上学。然而他底论据，全然不同。狄尔泰否定形而上学底理由，是他本于偏智的论理主义缘故。康德底批判主义，从狄尔泰看，也同样是本于偏智的论理主义的。换句话说，就是不过是想只用知识捕捉真理底企图。所以破坏形而上学底康德哲学，也依同样的理由，被狄尔泰所排斥。狄尔泰，批评康德底学说，说康德是只拿知识做根据，去否定形而上学的。假如只偏于知识底形而上学被否定，就康德底学说，也依同样的理由，不得不终于不成功。

（2）精神科学论

从体验主义的立场说，就科学也是全人的活动所产生。在这个地方，狄尔泰底科学观，和从来底各种学说，全然不同。从来，科学底性质，被认为理论的、智的。尤其是自然科学，伽利略以来，被看作从我们底经验的事实，只抽象客观的要素而成立的。狄尔泰，不把科学看作理论的、智的，以为科学也是全人的活动所产生。依他，科学，有理论的方面，和作用的方面。关于理论的方面，不消说明。所谓作用的方面，是积极的前进而探究真理底创造的活动。换句话说，就是探究真理底过程。科学的知识，经过这个过程，才成立。把科学看作理论的、智的，是忘记这个过程，只注目他底成果；缘故。把过程和成果合并起来看，就科学是全人的活动所产生，断不是理论的、智的。不但是自然科学，在历史以及其他文化科学，也同样。例如为研究过去底文化，搜索古文书，发掘埋没在地中底遗物，要种种实行的努力。不能够把这些努力，看作理智的活动。文化科学，也像自然科学一样，明明是全人的活动所产生。

狄尔泰，把科学底性质，像以上解释；更进而论精神科学。这个所谓精神科学底名称，从来也屡次使用。然而狄尔泰底所谓精神科学，和从来底精神科学，意义大为不同。从来底精神科学，意指像说明的心理学。说明的心理学，是研究人类底精神底科学。这个场合所谓精神，是和自然对立底精神。而他底研究精神，完全用和其他自然科学相同底方法。就是用分析的方法。狄尔泰底所谓精神科学，也是研究精神底学问。然而他底精神，是贯历史而流底生命。不是和自然对立底抽象的、架空的精神，是也可以叫作时代精神，或者哲学的精神底具体的精神。从体验的立场，捕捉像这样的具体的精神的，是狄尔泰底所谓精神科学。狄尔泰自己，说这个所谓精神科学底名称，不是适切和他底内容一致的。然而另外没有表现他底文字，所以虽然不十分适切，也用这个名称。

狄尔泰，举心理学做精神科学底基础。然而他底所谓心理学，和从来底心理学不同。他把从来底心理学，叫作说明的心理学，把精神科学底基础新心理学，叫作记载的、分析的心理学。关于说明的心理学和记载的心理学底不同，依狄尔泰，说明的心理学，把精神现象，分析做一定的要素；想用这个要素，去构成一切的精神现象。恰巧和自然科学，假定分子或者原子，说物体底成立；相等。然而记载的心理学，把精神生活，看作全一的实在；把这个实在，最正确的记载、分析。就是不用要素去说明像这样的精神现象，把全一的精神生活就是体验的事实，照原样记载、分析。这里所谓记载、分析底意义，和在自然科学所用不同。在自然科学，记载、分析的，是自然的事实。不过是把自然的事实，由精神的事实底类推，去解释。体验的事实底记载、分析，包含比自然的事实底记载、分析更深的意义。说明的心理学，和记载、分析的心理学底区别；在把精神生活用要素说明，或者作为全一的体验去记载、分析。依狄尔泰，说明的心理学，包含非常大的误谬。说明的心理学，把精神现象，用各个要素底结合说明。像这样的要素，不过是一种假定。恰巧和在自然科学，当说明自然现象，假定各个要素相同。说明的心理学，可以说是用自然科学的研究方法，论精神现象的。我们底精神，和自然现象，完全不同。他自身是全一的生命，不是固定的各个要素底结合。例如映现在我们底意识当中底表象，通常许多的心理学者，把他看作单独的要素。然而表象断不是单独存在的，和情意有不能够分离底关系。把不是像这样的单独的要素的，看作单独的要素；用这个要素底结合，去说明精神现象底构成。说明的心理学底误谬，在那里。依包含像这样的误谬底心理学，到底不能够阐明我们底精神生活。我们底精神生活，是全一的体验，不是从固定的各个要素成立的。假定各个要素，是抽象的看法。正确了解精神生活的，光是把他看作全一的体验去记述底新心理学。像这样的新心理学，是记载、分析的心理学。狄尔泰，依像以上底论据，举记载、分析的心理学，做精神科学底基础。

依记载、分析的心理学，内面的考察精神生活；就我们底精神生活，有像下面底特征。第一，是所谓统一。自然界，由同质的原子底积集成立。和他相反，精神界，从最初步的阶段，到最高级的形式，都形成统一。统一，是生命底特征。可以说是统一就是生命，生命就是统一。第二，是所谓顺应。所谓顺应，意思是和外界底交互作用。我们底精神生活，从外界底原因，受种种的影响。叫他做顺应。第三，是全体和部分，保持一种特有底密切的关系。全体和部分，在自然界，也一致。然而自然界底一致，被因果底法则所支配。精神界底一致，由于生命他自己底特有性。换句话说，就是由精神生活自身底构造，自然保持全体和部分底统一。狄尔泰，就精神生活底特征，像以上说明。更论精神生活底本质。精神生活就是生命，拿统一、顺应以及全体和部分底一致，做他底特征。他自己发展不止。而他底发展底原因，在像以上底特征。所以生命底发展，由于生命底本质。我们底生命，有冲动的、发动的倾向，不断的求什么东西不止。抱无论如何满足，也不知道疲倦底空虚感。为满足这个空虚，生命对向所谓生活价值底对象。这个生活价值，由感情表现。所以我们动辄把感情生活，看作生活价值底根柢。那是错误。定立生活价值的，是生命他自己。生命他自己，依从自己底本质，把有价值的，订立做目的，去实现他。感情，不过只表现对于对象底态度。生活价值，就是生命实现底目的，是由生命他自己底内面的经验就是体验所与。在这个意味，生活价值，是主观的，是内在的。

狄尔泰以为我们底精神生活，本于他自己底本质，继续永久不断的统一的发展。他又把这个统一的发展，从纵底方面和横底方面看。而以为纵底统一，是历史。横底统一，是社会。所以依狄尔泰，生命，是历史的、社会的实在。生命是历史的、社会的实在，所以人类生活底根本的形式，不可不是历史的、社会的。像单独孤立的个人，不能够看作生活底本体。

　　阐明特殊的知识，如何从这个唯一的历史的、社会的实在，就是精神生活，分化、发展，是精神科学底要点。精神科学底主要部分，是文化体系学，和社会组织学。

　　依狄尔泰，精神生活，是历史的、社会的实在。因而人类要想达到生存底目的，必须多数人聚集而互相协力。人类，不是单独孤立的。个性之外，有共通性就是一般性。一个人底单独活动，被极其狭窄的范围所限，不能够充分实现人生底目的。多数的个人结合，协力而活动；这个目的，才能够达到。个人底结合，有历史的结合，和社会的结合；就是纵的结合，和横的结合。像这样，个人能够结合。由于人类底共通性。人类有共通性，所以能够向同一的目的，协力活动。假如人性没有像这样的共通的方面，多数个人，向同一的目的，协力创造价值，就是所谓文化活动，就不可望。在人类互相协力而活动底地方，产生所谓延续的目的。甲底目的，变成乙底目的。父祖底目的，变成子孙底目的。在这个离开一个人或者一时代底延续的目的，结合个人底精神活动，去构成一种目的关联底场合，叫他做文化体系。所谓文化体系学，是把这个文化体系底根本的构造，阐明底一般的理论。狄尔泰，举诗莱尔马哈底宗教论，做他底例子。文化体系，是由唯一的精神生活就是全人的活动所创造。所以文化体系，不能够单用知识，论理的捕捉他。必须从体验的事实就是包含智、情、意底全人的态度上说。在这个地方，把诗莱尔马哈底宗教论，看作最近于成功。又在由人类互相协力而活动所生底目的，变成延续的原因，去把各个人底意志，统一做全体底场合，叫他做社会底外的组织。阐明这个社会底外的组织的，是社会组织学。狄尔泰，举国家做社会底外的组织当中最主要的。国家，是拘束个人底意志，保持外面的统一底永续的组织。狄尔泰以为国家学，是社会组织学底中心。文化体系学，和社会组织学，有密切的关系。文化体系、社会组织，都是人性底必然的所产，都从生命底根本的事实发生，单是实现底形式不同。文化体系，由自由人底协同活动出现。社会组织，由一种统一意志，用权力强制个人产生。然而两种互相关联。文化体系学，社会组织学，都不能够理论的、智的阐明。只能够从体验主义的立场论他。总之，精神科学，是拿记载、分析的心理学做基础，从体验主义的立场，阐明人类底精神生活的。

二 许普朗格

许普朗格（Fduard Spranger），是德国底哲学者、教育学者。以一千八百八十二年，生在柏林底近郊。少年时代，在柏林大学，师事狄尔泰。一千九百零九年，充任柏林大学哲学讲师。一千九百十一年，转到来比锡大学，充任教育学助教。一千九百十二年，升充教授。一千九百二十年，继黎尔之后，充任柏林大学教授，担任哲学同教育学。

他底主要的著作，有《生活形式》（Lebensformen），《青年期底心理学》（Psychologie des Jugendalters）等。

许普朗格，是狄尔泰底弟子，继承他底精神科学的哲学。然而他又从修学时代，热心研究新人文主义底思想家洪保德（Karl Wilhelm von Humboldt 1767—1835）。又他，康德哲学，不消说，对于西南学派底价值哲学，胡塞尔一派底现象学等类，造诣也深。把他们底思想，巧妙采进自家底学说。又在教育学方面，也可以认明包尔生底影响。所以许普朗格，无疑，是狄尔泰底继承者。然而用以上底各种思想，弥补狄尔泰底缺陷，叫他底学说显著的发展。

（1）构造底心理学

许普朗格，继承狄尔泰底思想，排斥从来底说明的心理学，就是要素底心理学；唱导狄尔泰底所谓记载、分析的心理学，就是构造底心理学。他排斥从来在英国传统的发展底经验的心理学。英国底经验的心理学，举精神现象底要素。想用这个要素底结合，去说明一切的精神现象，是要素底心理学。用像这样的要素底心理学，不能够理解我们底心理的活动。我们底精神，是唯一不可分的浑一体。不是从像经验的心理学者所假定底要素成立的。把各个心理的活动，看作由要素底结合产生，是错误。各个心理的活动，由精神全体底特质规定。所以要想正确理解我们底精神现象，不可不把精神生活全体底构造弄明白。换句话说，就是不可不如实捕捉精神生活全体底内部的经验。许普朗格，把像这样的心理学，对于要素底心理学，叫作构造底心理学。和狄尔泰底思想，差不多相同。

（2）生活底形式

许普朗格，力说所谓生活形式。所谓生活形式，是构成我们现实生活底部分的样式。许普朗格，把他分做理论的，社会的，审美的，宗教的，经济的，政治的，六种类型。我们底生活，是全一的。什么缘故，这个全一的生活，现出像这样种种部分的样式呢？日光，他自身什么颜色也没有。然而经过三棱镜，在光带上，现出种种的颜色。唯一的现实生活，由活动中心底变迁，展开种种部分的样式。我们底现实生活，是种种杂多的活动混合而织出底经验。那里，只有浑一的、体验的事实。恰巧像种种的颜色，混合成没有颜色底日光。然而这个浑一的现实生活，常时产生所谓中心。某一种活动，变做中心，而浮现在表面底时候；其他的活动，就站在侧面同下面。于是全体的生活，变做科学的，变做艺术的，变做政治的。例如在站在街头卖花底少女，拿他做生活之资底经济的活动为主。花底美丽和关于花底知识，变做从属的活动。和这个相反，在对于在山野开放底一枝花，推想神底恩宠；宗教的活动为主。其他的活动，变做从属的活动，隐在侧面同下面。像这样，于是所谓生活形式产生。我们底现实生活，恰巧像骰子一般。光是他底一面，浮现在表面；其他隐在侧面同下面。

在现代底德国哲学界，曾经完全被排斥底形而上学，重行复兴。认识论的形而上学，由尼高来·哈特曼代表。然而在世纪末，已经由冯特和福尔克尔特（Johannes Volkelt 1838—1930，是德国底哲学者，从黑智尔出发，受叔本华、哈特曼（E. V.）尤其是康德底影响，反对实证主义，说批判的形而上学底可能）等，安置基础。另外从自然科学底立场，或者从生命哲学底立场，提出新形而上学底学者，也不少。就中杜里舒底新生机论，从自然科学尤其是生物学底分野出现，提示根据自然科学底形而上学的倾向。连自己排斥形而上学底新康德学派，现在尚且为形而上学底展开努力。又现在底现象学派，也有形而上学的特征。

杜里舒底新生机论

杜里舒（Hans Dricsch 1867—　），是德国底生物学者，后来是哲学者。起初专修动物学，于研究海猬底发生，洞察机械观难以维持，假定不能够用物理化学作用说明底生命作用，叫他做极素（Entelechie）。从此次第转向哲学。他根据自然科学的观察，引三个证据，说明生命是自律的，只可以看作目的观的。像调整作用、回复作用、再生作用以及遗传等过程，用纯粹机械观底理论，到底不能够说明。第一，他由调和的等能的组织（Hormonisch-äquipotentielle System）说明。依杜里舒底实验，有许多胚胎底器官或者卵体，无论割掉他那一部分的细胞，除剩余的部分太小之外，多半照常发育，长成一个完全的器官或者幼体，不过他底体积比较小。这个现象，杜里舒叫他做调和的等能的组织。所谓等能，是因为各细胞，多半有同一的形态发生力，所以割掉一部分，其他部分，还可以代行他底职务。所谓调和，是因为各细胞，在同一时期，互相协力，恢复一部分的损伤。这个生物特有底个性的因果律，断不能够机械的说明。这个因果律底原因，是本来的自然要素，就是极素。第二，他由复合等能的组织（Komplex-äquipotentiellen System）说明。动物底再生以及其他回复作用，都是复合等能的组织，横在根底。在复合等能的组织，各单一元素，各自都能够构成全体。例如随便那一个卵，都能够长成一个复合的有机体。而卵底起源，是从一种单一细胞所谓基础细胞（Anlage）而来。基础细胞，经过无数次的分割，才成为卵。试问那一种机械，能够连续的分割，然而常时同等呢？第三，他由行为底分析说明。无论分析那一种行为，我们发见有两种特征，在支配各种行为上，有重大的关系。一种是反应底历史的基础。历史上底感化，在个人行为上，有重大的影响。一切的行为，多半可以说是由过去所蓄积底事件来解决。就是一切的行为，都有一种反应底历史的基础。一种是个性底支配。人类底行为上，有外界底刺戟，内界就生出反应来。不过刺戟底总和，不等于反应底总和。刺戟和反应底关系，是个性的。人类底行为，是把平日所感受底事件，依当时底情形重新配合之后，方才表示出来。虽然经同一的历史，处同一的境遇，受同一的刺戟，而各人底行为不同底事实，也是我们所屡闻习见。这个原因，就在个性底支配。所以受刺戟底总和，不等于反应底总和。刺戟和反应之间，并没有一定的因果律，常时看受刺戟起反应底个人而不同。所以不能够机械的说明。规定反应的，断不是机械，是一种生机。

　　上面三个证明，所以排斥机械主义。排斥机械主义，就所以确定生机主义。所谓生机主义，是说形态底变动，并不起于物理化学底元素，必定有从内部发动底原因。把这个动因，叫作极素。这个极素，是一个客观的自然因子是非空间的非势力的"强力的杂多性"。有机体，由有像这样的原动力，能够顺应生活条件底变化，而变化他底机能，去顺应新条件。

　　总之，杜里舒所贡献，是提示和势力不同底生活力原则，而且承认他有目的观的性质，科学的论证生物里面有不是机械底作用存在。他从生物学底分野，次第论到论理学、伦理学、形而上学、宗教底分野。最后到达底结论，是所谓神或者绝对者，是宇宙底极素。他在一千九百二十八年刊行底《人和宇宙》，发表拿生机论做基础宇宙论。

第三章　法意哲学

现代法兰西哲学底最有力的代表者，是鲍特鲁和柏格森。都是继承拉魏孙、雷诺维也底系统的。拉魏孙、雷诺维也，推重艺术、道德，高唱自由。鲍特鲁和柏格森，根据这个根本精神，取入科学批评底倾向；否定自然法则底必然性，主张实在底根柢，有一种精神的自由创造底力量活动。这两个人以外，知名的，有鄂列·拉普律奴（Ollé-Laprune），布伦得尔（Maurice Blondel），勒乐艾（Le Roy），韦尔葩（Wilbois）等。在大体，都和鲍特鲁，柏格森，有同样的倾向。

在现代意大利，比欧罗巴其他底第一流哲学者，毫无逊色底独创的哲学者克洛企，斩第来等辈出；现出他底黄金时代。克洛企，斩第来，是现代意大利底有力的理想主义哲学者。此外，属于新理想主义底哲学者，有鲁哲洛（Guido De Ruggiero）和卡利泥（Armando Carlini）等。

第一节　现代法国底科学的理想主义哲学

一　鲍特鲁

鲍特鲁（Emile Boutroux），是最近法国新精神主义哲学底代表者。以一千八百四十五年，生在拉赛尼（La Seyne）。一千八百六十五年，肄业高等师范。一千八百六十八年，得哲学学位。在德国底海得尔堡大学，就宰拉，学希腊哲学两年。从一千八百八十八年以后，在巴黎大学，充任哲学史教授。一千九百二十一年，去世。

鲍特鲁，用十二分慎重的态度，艰难缔造他底学说。在这个地方，和拉雪利叶相同。而和飞跃的、艺术家的居约正反对。

他底主要的著作，是《自然法则底偶然性》（*De la Contigence des Lois de la Nature*）等。

（1）自然法则底偶然性

依鲍特鲁，实在，是不断的变化、成长、更新、创造。换句话说，就是实在底本质，不是必然的；是偶然的，是自发的。科学，不过捕捉他底现象。捕捉他底本质，要道德、宗教、艺术。

拉魏孙和塞克累坦底艺术的、道德的宇宙观，是鲍特鲁哲学底基调。依他，事物底最高原理，是道德的、艺术的法则。而这个法则，是支配拿神做目标，向上精进底自发的活动的。现实在，是非连续、偶然的、性质的杂多（Qualitative MultiPlicity）。所以自然法则，不是绝对的，也不是永远的，不过是一时的。他不过是生物暂时停止前进，以已经实现底形式自安，所作成底习惯。所以到善美占完全的胜利，这个人为的形式就消灭。而这个必然的法则，让位给意志底自发的努力。我们用理智底空虚不动的形式，不能够知道事物底壶奥。用想象底具体的作用，和意志底自发的活动，才能够捕捉他。企图把事物盛在恒常的、抽象的公式当中，他底最实在的要素——性质的杂多——就逃出我们底把握。所以科学，与其说是把我们和实在底本性之间底距离，弄小；宁可以说是更外弄大。这样，那么，我们怎样又什么缘故构造科学呢？依鲍特鲁，科学底努力，不过是企图叫事物适合思维底同一法，和叫事物服从我们底意志。就是科学底目的，在用我们底意志、精神作用，征服自然。

我们在论理学那个东西当中，已经发见这个顺应作用底开始。论理学底概念、判断、推论，包含原理以外底一种东西，就是一里面包含底多显在和潜在底关系。所以他们，严格说，不是先验的，也不是从经验来的。我们底心里，有论理学底法则，然而事物未必和他一致。因此，我们底心，力图叫论理学顺应事物，而想出叫实在容易理解捕捉底许多程序和记号来。所以论理学底法则，无疑，有必然性、客观的妥当性。但是他底缺点，就是他不能够规定具体的事物底本性，也在那里。又三段论式，是精神底产物，没有供给他自己客观的妥当性底保证。虽然，所谓我们底推论成功底事实，是人们底埋智和事物底本性之间有某种关系底证据。事物底壶奥，虽然没有人们底理智那个东西，却具有某种和他类似的性质。因此，推理作用，能够适用于自然。事物，倾向秩序、分类、种底关系和法则等类。然而恰巧像我们自己，理智之外，更有种种自发的活动；自然，也拿自发的活动做原理。理智，是这个活动底规则。

　　跟随从抽象的科学，逐渐进到更具体的科学；事实底规定，逐渐多；我们逐渐离开论理的正确，越发远。连最接近论理的正确底数学的法则，也像来布尼兹所思维，不能够从纯论理的关系演绎。论理学，先假定从许多要素成功底全体，就是一个概念；去分析他底内容。反过来，数学底本资，是综合。数学，创造部分和部分之间底关系，去构成全体，引进思维不能够捕捉底新要素。虽然，数学的法则，不是直接从精神底本性引出的；因而不是先验的，然而也不能够断言他是从经验来底形式。数学底豫想，不能够证明他底必然性，不过是假设。就是数学，是为想理解实在；思维，故意的顺应事物底形式。就是叫我们能够排除性质的杂多底法则，而供给外的现象底更简单而且更便宜的说明的。

　　力学的法则，是实在底法则。这个法则，最类似数学的关系。然而力学已经引进所谓力底要素。这个所谓力，是不能够还原到纯数学的关系底新要素。什么缘故呢？他包含物理的因果底概念缘故。这个因果律，范畴，都不过是人为的形式。假如我们想认识事物，就必须捕捉照自然原样底统一。直线的等速运动，静止状态底延续，连续，恒常性等类；不是经验底事实，是思想底产物。虽然，力学的法则，不是任意的拟设，是要用记号表示自然底事物，必须归到事物底性质。因此，力学的法则，成为科学底指导原理。

物的现象，不能够把他都归到抽象的力学。运动，在力学，都是可逆（可反转）的。然而在具体的现象，断不是可逆的。像摩擦那一个例子就是。从理论上说，摆底运动，当然永久没有停止底时候。但是实际上，因为空气底摩擦，不久就停止。像这样，势力堕落底原理，和可逆运动底法则，站在正反对。一切物理学的法则，都不过是抽象作用底结果，不是具体的事实底反映。物理的法则，也是进化底产物，是偶然的、一时的。

从物理学到化学，偶然性底度数更大。什么缘故呢？化学认许许多性质不同的元素缘故。化学上底原子说，也不指示事物底形而上学的性质，把原子看作分类底单位，确实有益处。但是我们务必谨防把比喻和实在混同。

企图用数学和物理学底术语，表示有机体底特性，意识过程底特质，和社会生活底形式等类，必定失败。什么缘故呢？物理学，把性质的要素，度外视之。然而这个性质的要素，在这些现象，是显著的要素；自发的作用，胜过机械的作用缘故。

像这样，不能够把实在底全部，还原到数学的要素，更不能够还原到论理的原理。跟随从纯粹理性底高岭，下降到活具体的实在；企图把实在底一切，用思维底论理的必然规律，包括在理智的图式当中底越发不能够；牢不可破。法则底必然性，只在论理的原理，严格的有效。踏出他底范围一步，就是自由和偶然底世界。

（2）神秘的一大创造

像在前面所说，鲍特鲁，高唱精神底活动性同自由性，主张支配世界的，不仅仅是严酷的机械的必然性，还有偶然，有创造自由；而精细研究偶然底概念。就是鲍特鲁，把精神现象底中心特征，看作自由或者自由活动。所谓自由，是对于必然底意义。物质，是必然的现象。势力底机械的、必然的运动，是物质底变化。像这样的量的变化之外，没有物质现象。所以自然或者宇宙底表面，是机械的，是必然的。然而假如进一步去观察自然底里面，就知道那里有和必然性全然不同的自由活动。就人类精神看，自由活动，是道德的、艺术的活动底中心精髓。这个所谓自由创造底作用，是一贯全自然界底神秘的活动。就是事物底表面，是机械的、必然的。然而他底里面，正营为微妙的创造作用。但是表面底必然性，和里面底创造性，断不冲突。从里面看，必然性，是创造所赖以营为底必须的方式。从表面看，创造作用，不外乎支配必然的经过底根本法则。像所谓外观（从外部看）和内观（从内部看），是鲍特鲁哲学底中心思想。他用所谓自然法则底偶然性，去说明内观就是一贯自然底自由的创造活动。这样，那么，所谓自然法则底偶然性，是什么呢？所谓自然法则，不消说，是支配自然底一切法则。就中机械的、必然的因果关系，是他底中心。然而自然界，有不能够用像这样的自然法则解释底新事实。像这样的新事实，是在必然的经过以外新创造的，证明自然界底里面必定正营为神秘的一大创造。原因结果底关系，也断不是必然的，包含偶然性。什么缘故呢？例如所谓热变成运动底场合，热和运动，已经多少不同。运动，是热以外底一种东西。和原因完全相同的结果，不能够说是结果。结果当中，必定包含原因所没有底什么新东西。这个新东西，从原因看，就不外乎一种偶然性。

先把一切现象底进化发达，从根源考究；假设"有"从"可能"发达，就"可能"是原因，而"有"是结果。然而"有"，含有"可能"以外底新要素。所以在这个进化底第一阶段，已经包含一种偶然性。其次，又从这个"有"，产生"物质"。这个时候底"物质"，也不光是"有"，含有"有"以外底新要素。更"生命"，从"物质"进化。这个时候底

"生命"，也不光是"物质"，含有"物质"以外底新要素。又"精神"，从"生命"发达。在这个时候，也"精神"含有"生命"以外底新要素。又从"精神"（从多数的心的生活），成功"社会"。"社会"，断不光是多数个人底总和，而是在多数个人底总和之上，增加某一种新东西的。"社会"是"社会"，具有各个人所没有具有底一种新要素。

像这样探索自然进化底阶段看，就明白跟随攀登进化底阶段，增加前阶段所没有底新要素。这个，从原因结果底关系看，就完全是偶然的。像这样的偶然性底存在，把自然看作单是物质，就无论如何，也不能够了解。像这样的偶然性底存在，不是表示大自然底根柢，正营为一种类于道德的又艺术的创造底精神活动吗？像这样的创造活动，一贯全大自然。事物底表面，是机械的，是必然的。然而他底里面，不断的营为微妙的创造作用。发现在人类意识底道德的又艺术的创造活动，不是这个一大创造活动底一部分吗？

鲍特鲁，把像这样一贯宇宙全体底一大创造活动，叫作神。把相信这个神，叫作宗教。宗教，是本能和悟性底精神的统一。

二　柏格森

柏格森（Henri Louis Bergson），是犹太系底法国哲学者。以一千八百五十九年，生在巴黎。从一千八百六十八年，到一千八百七十八年，在孔道塞学校（Lycée Condorcet），受教育。那个时候，他最喜欢数学，对于物理学，也有兴味。十八岁底时候，解释数学上底悬赏问题，得奖金。从这个时候，私淑斯宾塞。同年，进高等师范学校文科，就拉雪利叶，研究哲学。三年后，卒业，得哲学讲师底资格。其后十七年间，在种种的学校，当教师。一千八百八十九年，提出《意识底直接与料》论文，得博士学位。一千八百九十七年，充任母校高等师范学校教授。一千九百年，充任法兰西学院教授。第二年，充任学士院会员。自从詹姆士底《多元的宇宙》，介绍他底学说，声名立时四溢。欧洲大战时，在耶路撒冷，努力教化犹太人。一千九百十九年，代表法国哲学界，出席在剑桥举行底国际哲学会议讲演。

他底明晰的头脑，他底灵妙的词藻，他底广泛多角的天才，他底大胆新奇的思想，拿很深的影响，给与现代哲学。

他底主要的著作，《意识底直接与料》（*Essai sur les données immédiates de la Conscience*）（英译《时间和自由意志》*Time and Free Will by Pogson*）之外，有《物质和记忆》（*Matiére et mémoire*），《笑》（*Le Rire*），《创造的进化》（*L'Evolution Créatrice*），《精神力》（*L'Energie spirituelle*），《绵延和同时性》（*Durée et Simultanéité*）等。最近在一千九百三十二年，印行《道德和宗教底两根源》（*Les deux sources de la Morale et de la Religion*）。

（1）法国哲学底诗的神秘的精神

柏格森底哲学，是直观底哲学，是纯粹绵延底哲学，是创造底哲学，是生命底哲学，是新浪漫主义底哲学。他反对德国哲学底主智主义，努力发扬法国哲学底诗的、神秘的精神。依他，宇宙底本体，是唯一无二的生命。这个生命底特质，是流动的发展，就是创造的进化。而从最单纯的植物生活，到最复杂的人类意识，都不过是这个生命底开展。就是万有是生命冲动底流动的进化。而流动的进化，不外乎神秘的、创造的进化。万有，是神秘的一大创造的进化。哲学底对象，是纯粹绵延（*Durée pure*）就是真时间，是生命，是自由。他底动力，是直观乃至情意。用理智从而用分析的方法，不过只能够理会实在底表面或者一面。理智底世界，科学底世界，不是真实在，不过是死实在，就是被空间化被排列底实在。真实在就是纯粹绵延，只能够由止扬理智底情意，就是超理性的、睿智的所谓理智的直观或者综合的方法，如实把握。因而唯独直观底世界，是真实在。同时哲学，当然不可不是形而上学。

（2）纯粹绵延

柏格森，把我们底意识，叫作纯粹绵延，或者内面的绵延（Durée interence）。所谓纯粹绵延，意思是连续的进行。我们底意识，从外面科学的分析他，从所谓知觉、记忆等类种种的要素成立。然而内面的反省他，不过是一种状态底连续。一种状态，和别种状态之间，没有间断，连续的进行；换句话说，就是不断的连续，是意识底真相。詹姆士，把他叫作意识之流。柏格森，叫他做纯粹绵延。

柏格森，当说纯粹绵延，先比较精神现象和物质现象。拿精神现象和物质现象底比较做出发点，和冯特完全相同。他以为物质现象底本质，是静止的、孤立的。物质，从像原子或者元素底不变不动而且不可分的本体成立。物质，也有所谓变化同运动。然而他底变化同运动，只是被别的事物所诱导，机械的改变位置。物质那个东西，拿静止做本质。又物质，常时集合而存在。然而他不过单是集合。物质和物质之间，什么融合统一，都没有。例如堆积在海岸底砂粒，他只是许多的砂粒，聚集在一处。不是砂粒和砂粒，合成一体。物质那个东西，拿孤立做本质。然而精神现象，和他完全不同。精神现象，是连续的作用。许多的要素聚集，他就互相融合渗透，而成不可分离底一体。例如精神现象底要素，就是观念、感情、欲求等类，没有一种孤立而存在。不但各样的观念，就是观念和观念，互相融合渗透；观念又和感情、欲求，合成一体。通常所谓观念，所谓感情，所谓欲求，那不过是抽象的区别。精神现象，是浑然的一全体。和从像原子或者元素底单独孤立的本体成立底物质，大不相同。联想心理学者，用观念底联合，说明复杂的精神现象底成立。柏格森底学说，和他反对。精神现象，构成浑然的一全体，连续的进行不止。观念，不过是这个精神现象底多样性所发现。和物质现象，拿静止做本质相反；精神现象，拿活动做本质。物质，被别的事物所诱导，不得已而运动。他底运动，完全是消极的。和他相反，精神，自发的活动。就是作积极的活动。精神那个东西，是活动，是过程是变化。所以精神不消假定像物质底根本的实体。恰巧像流水，构成浑然的一全体，而反复不断的连续。所以在精神现象，所谓从一种状态，移到别种状态；不是突然一种新状态，继前面底状态而起；不外乎同一状态底延长。就是我们底意识，常时从彼移到此，常时继续变化。普通把这个变化，当做从一种意识状态，移到别种意识状态。就是状态自身，是一定的，是静止的；我们去此就彼，从某种状态，顺次移到下面底状态。换句话说，就是把精神现象，看作像项圈底珠子，是各是各的珠子底排列。像珠子和珠子之间，什么关系也没有；连续底意识状态之间，也没有什么关系。这个是大误谬。这个一刹那也变化不止、流动不止底意识，不像各是各的珠子断续而连成底项圈，而像光带底色调，缓缓的推移；一种颜色和他种颜色之间，互相渗透，互相亲和，成为浑然的一体。又像旋律，是从谐音到谐音底不可分之流；意识，也是不可分之流。

关于纯粹绵延底解说，是柏格森哲学底根本思想。所谓纯粹绵延，意思是时间的成长。就意识现象说明，就他底特征，是刹那刹那时间的成长不止。物质，是一种机械，没有记忆。精神就是意识，是一种力量，他底本质，是自由，是记忆，就是创造力。这个力量，把过去堆积在过去上。恰巧像雪球，在不断的回转底各刹那，不断的增大。一刹那以前底意识状态，编进现在刹那底意识状态当中，做记忆。而这个现在刹那底意识状态，更编进下一刹那底意识状态当中，他们底中间没有间断；一刹那比一刹那增大、进步、扩大，一下子也不静止在同一状态的，是意识。像河水一样，流动不止；一刹那比一刹那增大成长不止的，是所谓纯粹绵延。就是河水在流动之间，合并雨水，合并支流，刹那刹那增大。我们底意识，也像河流一样，河流，是不可分底全体。我们底意识之流，也是不可分底全体。在我们当中群起底心的状态，不是间断的排列。是互相渗透、互相亲和，所谓互相拥抱、互相延续底无限之流。是不可分底连续，就是绵延。柏格森把这个纯粹绵延，单叫作时间，也叫作成长。就是他所谓时间，不消说，和空间对立。然而和普通所谓时间，很为不同。普通所谓时间，是数学的，是被空间化过的。所谓空间，是什么呢？是等质的。无论是甲时间，乙时间，丙时间，性质都相等。午前十时，午后一时，同不过是时间底空间的别名。他们底中间，没有内容底差别。数学的种种换置换算，一点不便当也没有。所谓真时间，不是像这样空间化过的，是不能够分割底一种流。不能够空间的分割做午前十时，十一时，或者十二时。纵然分割，也甲时间和乙时间，性质全然不相等。就是和空间是平面的、等质的、数量的相反，时间是不等质的成长。他不是物质的存在，是心理的存在，是意识的存在。物理学所谓时间，不是真时间，不是实在的绵延，不是不断创造底过程。不过是由数学底比论所想出底等质的图式。他把流动的意识底生命，固化成互相外底等质的刹那，固化成反复的状态底必然的机制。我们由心理的分析，能够知道这个等质的绵延底下，有从互相透彻融通底不等质的刹那成功底绵延。数量的杂多底下，有性质的杂多。皮相的、符号的自我底下，有从互相贯彻渗透而成有机的关系底继起的要素成功底自我。

（3）创造的进化

柏格森更倡导创造的进化。像在前面所说，依柏格森，我们底意识，是纯粹绵延。全体像流水一样连续的进行。然而柏格森不把这个连续看作单是连续，而看作包含成长、发展底连续。物质现象，从孤立的原子或者元素底集合成立；所以在经过时间当中，起种种变化。然而那个变化，只是缺乏内的连续底种种现象继续现起，不包含所谓成长或者发展底意义。和他相反，意识就是精神现象，是纯粹绵延，是不断的进行。某一种状态，移到别种状态；也不是一种状态底下面，别种状态继起。是一种状态，变化成别种状态。而每次变化，累积新经验，把他底内容，深化、丰富。和物质把他底容积增大膨胀，全然不同。在正当的意义底成长、发达，只是精神现象所特有。像这样，意识成长、发达；换句话说，就是我们底精神生活，累积经验，次第复杂化。柏格森叫他做创造的进化。所以创造的进化，是精神生活底本体。柏格森把这个创造的进化，比配艺术的创造。艺术的创造，是一种半无意识的、本能的、直观或者直觉的创造。像这样的创造底结果，连天才自身也不能够豫想。只半无意识的、本能的从事制作，而他底结果，成功优越的艺术品。天才底艺术的创造，不外乎直观的创造。不是天才底能手，能够把那个艺术品底种种的部分和要素，仔细分析集合，去仿造和那个艺术品相似底赝品。虽然，像这样的赝品，不免缺乏艺术品底生命，就是艺术品底精神或者品格。像这样的艺术品底真精神，不外乎只由天才底直观所创造。创造的进化，也和这个相同，是极其神秘的一种综合作用。

生命，是一种原始的冲动。这个生底冲动，隐在意识底背后，鼓舞激励他，把他赶上无限的进化底道程。所谓创造的进化，是不能够豫测终局的目的等类底运动。催促那种运动底原动力，是生底冲动。这个冲动力，是充满宇宙底真精神的实在。

（4）直观主义

柏格森，以为我们底意识，是纯粹绵延，是创造的进化，是一种神秘的综合作用。在这里，柏格森底直观主义产生。他以为意识就是我们底精神生活，是创造的进化。创造的进化，是类似艺术的创造底神秘的综合活动。不能够把他分析的解剖，而且机械的构成。因而精神现象（生命现象），只能够由直观把握他，不能够由普通的知识理解。柏格森，以为直观，是普通的知识和本能结合，成就特殊的发达底知识作用。我们都有科学的知识。这个科学的知识，是从常识发达的。被日常生活底必要所驱，常识，渐次发达成科学的知识。然而人类底精神当中，这个科学的知识之外，还有包含若干理智的要素底种种意识作用。例如本能就是，又如感情也是。其他和他类似底意识作用，很多。这个本能和感情，是精神生活底本源，是意识作用底根柢。像科学的知识，断不是人类精神底中枢。直观，像在前面也说过，是本能和普通的知识底结合，然而本能的色彩浓厚。普通的知识，只能够理解物质现象。精神现象，由本能的直观，才能够体验、理会他底本质。就是知识作用，不是根本的，是从实际的要求派生底第二次的作用。不外乎意识对于生活状态底顺应。他像实用主义者所说，是生活意志底工具。就是实在，是创造的进化，是纯粹绵延，是连续流动底过程。然而概念，是叫这个连续流动的实在底一面固定的；是拿自己底利害做中心，从某种特殊的立场，叫他固定的。概念，是为实用上底目的所造底抽象的、固定的符号。所以把他用在实用上底目的，有效果。概念的思维，在死的、固定的世界，就是我们人为的从宇宙底连续的流动割断底体系，很能够适用。就是在没有个人、没有里面，光是死的外形底地方，科学和论理学，有实践的和论理的价值。虽然，把他用在运动、生成、生活底世界，他就把实在情形毁损、改窜。知识被无限的杂多变化所阻，把不断的流动看作迷妄，只构造死的骨骼，拿他替代真实在。科学底理想，是静的世界。他把流动的时间，翻译做空间的关系。他把一切都机械化。用科学和论理学，不能够透入实在底里面。科学能够理解的，止是创造底结果死的结晶物，止是没有时间和生成底固定的糟粕。假如想把握实在底创造的本质，不可不依直观底方法，就是不可不把为顺应实际生活底必要所造底人为的形式脱掉，窜进实在就是纯粹绵延之流，和那个流一同流，如实把握他底全的意义。理智，不过是行动底手段。而所谓直观，是全然舍弃自己底立脚地，一扫利害得失底关系，和对象同化。就是对于事物底理智的同感或者理智的听诊。在那个场合，不把实在功利的加工，不叫实在变化做等质的形式，直接接触实在底内的生命。

（5）生命哲学

柏格森，发展纯粹绵延底思想，建设生命主义底哲学。像在前面所说，依他，宇宙底本体，是唯一无二的生命。而我们底意识和其他生物底活力，都不过是这个生命底开展。我们底意识和一切生物之间，潜藏共通的力量，就是不断的连续流动不止底生命力。这个生命力，变做我们底意识，变做一切生物底活力。所以人类底精神，和其他动植物底活力；都不外乎唯一无二的生命底发现。生命底本质，是进化发展。我们底意识，是创造的进化；由于生命是创造的进化。万有底进化，是拿进化发展做本质底生命底阶段的发现。万有进化底根柢，潜藏唯一无二的生命冲动，就是生命力。试看一切生物，被一贯的规律和秩序所支配，就明白。唯一无二的生命，采取种种的形式而出现。这个形式底分别，是发展底阶段不同底缘故。人类底意识，和其他动植物底活力；同是唯一无二的生命力底发现，然而发展底阶段不同。复杂的人类意识，是生命现象当中最进化的、最发展的，位在发展底最高阶段。半无意识的动物生活，在他下面。更无意识的植物生活，最低。柏格森，更用生命主义底哲学，调和物质和精神。依他，所谓物质，也是根本的生命底一种状态。就是生底冲动，拿不断的活动又不断的突进做本质。虽然，这个生命力，被种种的障碍，妨害向上的努力底时候，也多。生命不能够只继续所谓紧张，就是向上的努力。紧张底反对，是迟缓。生命，中止向上的努力，而堕在向下的迟缓状态，就是向下的静止状态底时候；不外乎物质现象。就是生命，向上，成为活泼的意识。向下，采取不活泼的物质底形式。

像这样，在柏格森，形而上学的生命，是产出一切物质现象，又一切生物现象，更一切意识现象底根本动力。而宇宙现象，都是这个生命力底发展进化。就是物心两现象，由所谓形而上学的生命力底最高一元的原理，综合。

现代底法国哲学界，柏格森以外，像上面所举底鄂列拉普律奴、布伦得尔、勒乐艾、韦尔蕴等，都是可以注目底思想家。

布伦得尔，也属于唯心论底系统。而像柏格森一样，注目生命底全体，主张科学底无力。然而在他很采用宗教的见地底地方，和柏格森不同。又鄂列拉普律奴、勒乐艾、韦尔蕗等，也或者继承鲍特鲁底系统，或者继承柏格森；拿偶然论的乃至直观论的倾向做基调。他们当中，例如最重要的柏格森哲学者勒乐艾，显著的，掺加宗教的要素。

第二节　意大利底新黑智尔学派

一　克洛企

克洛企（Benedetto Croce），不但是现代意大利底最有力的哲学者，恐怕是通意大利哲学史底最大的哲学者。以一千八百六十六年，生在亚基拉（Aquila）。少年时代，在那不勒斯（Naples）底罗马大学，受教育。起初，专修文学同史学，后来转到哲学。树立所谓精神哲学底体系。一千九百二十年，充任教育部长，其后，充任元老院议员。欧战后，他底思想，支配意大利哲学界。

他底所谓精神哲学（Filosofia della spirito），从第一《美学》，第二《论理学》，第三《实践哲学》，第四《历史学底理论和历史》，四部主要的著作；成立。

克洛企，是新黑智尔派底理想主义者，同时是意大利传统底代表者。他底业绩，不止在哲学底领域，绵亘历史、文学评论、经济学、法律学、政治学底各方面。他从韦科、黑智尔出发，而建设独特的哲学说。他反抗十九世纪后半底自然科学的思潮，同实证主义的思想；用艺术的直观性，把精神生活底积极的能动性，高扬到极度。

意大利，在近世文明底初年，曾经作过伟大的贡献。文艺方面，出现但丁、佩脱拉克、达芬奇（Leonardo da Vinci 1452 – 1519）等。哲学方面，出现白鲁诺、康帕内拉等。然而其后，意大利，在所有的方面，没有能够继承前代底伟业，叫他发展底人材出现。在哲学底方面，白鲁诺、康帕内拉以后，不过仅仅有韦科一个人。韦科（Giovanni Battista Vico 1668—
1744），是近世意大利底大哲学者。由创始历史哲学，民族心理学（他把
他叫作新科学 Scienza Nuova）；占思想史上特异的地位。他底天才，到十
九世纪，才被世界所知。现在，被认为近世大思想家之一。他关于哲学底
方法，驳斥来布尼兹底几何学的方法，确立言语学的、历史学的方法。对
于启蒙时代底没历史的思潮，高唱历史底重要。他想发见把所有的国民底
历史的发展一贯底普遍的生活法则。所以后世，他底历史哲学，被称呼做
民族心理学的。历史底反复，就是螺旋的社会进化底思想；拿多大的影
响，给予后世。

克洛企，被当时重视历史和文化底德国思想所化，说哲学就是历史。
他假定精神的实在，又把实在看作合理化的历史过程。这些地方，接近黑
智尔。然而不把历史和自然，看作先验的原理底辩证的开展。

像黑智尔，以为世界底究极实在，是世界精神一样；克洛企，也把精
神看作世界底根本。那个地方，恐怕比黑智尔更彻底。依克洛企看，哲
学，和从来底形而上学以及自然哲学，全然不同。哲学，是精神底学问，
不是自然底学问。论究物质底学问，是科学。论究精神底学问，是哲学。
就是所谓哲学，是实在底学问。然而单是精神是实在，自然不过是精神的
辩证底一面，就是精神的实在底生命的开展。所以所谓哲学，不外乎精神
底学问。在像这样，只承认精神是实在，不承认自然是实在底地方；和黑
智尔底哲学不同。他以为精神是唯一的实在，是实在底一切，万有，都不
外乎精神那个东西底内容。他把精神看作无限而绝对的，然而不把他看作
完成的无限。这个精神，是像黑智尔所说：他自身不断的开展，像柏格森
所说：不断的创造底活动；就是常时把自己实现、把自己开展底活动。实
在，是有益而且合理的。实在，虽然无限的进展，然而不是进化。真进
化，是不断的解答，而又常时像是问题。就是融合到达底目的，和不能够
到达底目的；调和有限的进化，和无限的进化；综合永续的恒常，和永续

的变化。

翻过来看我们底世界，那里面充满反对和矛盾。但是反对、矛盾，虽然是不可动底事实；然而他们不是和统一相反的。真正的统一，既然却是反对、矛盾底统一。反对、矛盾，就不可不是产生统一底要素。说不克服假底真，不克服恶底善，不克服丑底美，如何空虚，而缺乏真实味；恐怕任何人也不难承认罢！黑智尔说辩证法，想把所有的事件，都理解做从反对、矛盾到综合、统一底过程。实在不可不说是卓越的洞察。然而黑智尔底辩证法，就真假、善恶、美丑等类底对立说，不能够解明真善、真美等类底对立。什么缘故呢？对于真和假，互相矛盾，以由第三项统一为必要；真和善真和美底对立，不是矛盾底对立，是调和缘故。像这样，克洛企把说明像这样的对立底辩证法，叫作区别底辩证法，和所谓矛盾底辩证法区别。

克洛企，和黑智尔同样，说示精神底辩证法的开展。就是精神的实在，依这个矛盾底辩证法，和区别底辩证法而开展。然而他把精神底形式，分做理论的活动，和实践的活动两种。更分做艺术的活动，论理的活动，经济的活动，伦理的活动；四个阶段。把他看作人类活动底四种根本形态。用矛盾底辩证法，和区别底辩证法；说示他们底开展过程。就是无限的精神底活动形式，可以先大别做知和行，就是认识和行为两种。知是理论的活动，行是实践的活动。而知是行底条件，换句话说，就是行不拿知做条件，不能够成立；然而知是不必拿行做条件而成立底活动形式。再换句话说，就是离开意志而独立底知识，能够思维。反对，离开知识底意志，到底不能够思维。盲目的意志，不是真意志。真意志，有两只眼睛。在这个意味，他把知叫作第一阶段底活动，把行叫作第二阶段底活动。我们用理论的活动，理解精神就是实在。用实践的活动，把他变形，把他精化。这两种活动，更各有两种形式，就是理论的活动，更有直观的、个性的知识底形式，和论理的、一般性的知识底形式。从直观的活动，产生形像，成立独立自主的美学。从理智的活动，构成概念，拿地位给论理学。前一种，叫他做艺术的活动。后一种，叫他做论理的活动。就是依想象底直观的认识活动，表象个别的。和他相应的，是艺术，是美学底对象。依智性底论理的认识活动，意识的综合个别的和一般的。和他相应的，是哲学和历史。在这两种活动当中，直观，完全是独立的、自足的、自动的；没有概念的知识，也能够存在。然而概念拿直观做先行条件。离开实际的历史过程，没有思维。实践的活动，更有经济的、功利的意志底形式，和伦理的、道德的意志底形式。前一种，叫他做经济的活动。后一种，叫他做伦理的活动。经济是实生活底美学，伦理是他底论理，都是意志行为。然而前一种活动，意欲或者完成和个人现在底境遇相应的，有个别的目的。后一种活动，适应个人底事情，同时准据超个人的；有一般的目的。各各是经济学和伦理学底研究对象。没有伦理，经济也成立。然而没有效用，就没有伦理。克洛企把他叫作实践哲学。这个哲学，拿发见真我、确认真我做主旨。像这样，精神通过四个阶段而发达。美、真、效用、善，这四种价值，在互相依倚底关系，然而不复归于一元。在圆周的完成组织当中，共存在一切实在当中。对立，不在四种价值中间；只各价值内，有美丑、真假、用不用、善恶底对立。所以例如恶除外善，然而道德的恶，未必除外经济的效用。

二 靳第来

靳第来，和克洛企相并，是意大利新黑智尔派底代表者。在以为实在是精神，以为他辩证法的开展，以为他底开展就是历史等等；有很大的共通点。在黑智尔，有全体者，他做动力，叫宇宙进化。然而克洛企同靳第来，不承认像这样的全体者，因而辩证法的开展底动力，在这里，是不可说明的论理的力。

靳第来，把哲学和哲学史，看作同一。他和黑智尔不同底地方，是不像黑智尔，建立自己底哲学说，拿他做终局；十足严密彻底哲学就是哲学史底精神。

　　靳第来，把辩证法加以修正。以为主观同客观，他们自己，是抽象的。光是他们底综合，有现实性。这个就是具备现实和生成底观念。

第四章　英美哲学

在近世西洋哲学史，作最明了的对照的，是德国哲学和英国哲学。所谓德国哲学，以理想主义为主；英国哲学以现实主义为主；是一般一致底见解。然而德国派，也有费儿巴黑，有海凯尔。英国派，也有格林，有卜拉德赉。又就令哈密尔敦、斯宾塞，拿经验论做基础；然而他里面包含一种理想主义，他里面连康德的要素也潜藏。但是就大体底倾向说，英国哲学，却是经验论的、现实主义的。不消说，美国也可以加在这里面。

美国从来底各种学说，差不多都是输入外国底学说思想。进入二十世纪，在实用主义底名称之下，产生最有特征而且拿不少的影响给与世界哲学思想界底哲学思想。美国底哲学思想，在他底初期，不消说，是当时底清教徒所抱喀尔文主义（Calvinism）底宗教思想。其后可以说是最初移入亚美利加殖民地底真正的哲学思想的，是柏克立底观念论的、唯心论的思想。他底最初的弟子，是约翰孙（Samuel Johnson 1696—1772）。他是神秘家，是隐者，然而也是旅行家，是公法学者，而且有卓越的殖民的理想。到亲炙柏克立，信奉他底观念论的、唯心论的思想。他底著述，有《哲学要论》，不外乎绍述柏克立底学说。此外可举的，是爱德华滋（Jonathan Edwards 1703—1758）底神秘的思想。他底立场，和柏克立底神秘的、观念论的思想相通，他是诗人，是神秘家，是感情底哲学者。其二是理神论的思想。这个，不消说，是从英国底理神论来底影响。从独立宣言时代当时，到以后，这个理神论底思潮，绵亘亚美利加全土。在这个理神论的思想运动，占有力的位置的；是佛兰克林（Benjamin Franklin 1706—1790），哲斐孙（Thomas Jefferson 1743—1826）。其三，伴随理神论底普及，同时从法国输入科学的、自然论的、唯物论的思想。关于这个思想的移植，佛兰克林和哲裴孙，有不少的关系。其四美国底实在论的思想，是拿普麟斯吞（Princeton）大学做中心而推扩底很大的思想流。然而他是汲取苏格兰底哲学，就是黎德所谓常识哲学的。结局，不能够出黎德底学说。在现代，继詹姆士底彻底的经验论之后，倡导新实在论。新实在论，不是苏格兰底实在论那个东西，然而明白受他底影响。但是同时也考察陆克、休谟底思想，去把从来底经验主义的立场改造所新唱。其五有所谓超经验的思想，是拿爱默生（Ralph Waldo Emerson 1803—1882）底学说做中心底哲学思想。可以叫作新英格兰超越论（The New England Transcendentalism）。这个学说，不像以上所述底各种学说思想，是直接输入外国底思想。可以说是把传来底各种学说合并起来，而新在亚美利加建设底哲学思想。爱默生底超越论，是一种形而上学的唯心论。以为宇宙底根本实在，是神的精神。神宿在万物当中，由我们底超经验的精神作用，能够在万物当中直观领会那个精神的实在。这个思想，是一种直观的、体验的、诗的哲学思想，是十九世纪中叶美国最重要的哲学思想。其六是受达尔文底思想所开发底进化论的思想。进化论底影响，在现代，在心理学，产生瓦特孙（Watson）一派底行动主义心理学说。在哲学，产生杜威等底实用主义或者工具主义。其七，美国底观念论的乃至唯心论的倾向，起先有介绍柏克立底思想运动，过后有新英格兰超经验论。然而直接受德国观念论底影响的，差不多没有。直接从事关于德国观念论哲学底研究的，是十九世纪后半期，在西部底圣路易大学树立底圣路易学派（St. Louis School）。参与这个思想的开拓运动底有力的，是布洛克迈尔（Brockmeyer）、赫黎斯（Harris）、斯奈得（Snider）三个人。通过这个思想运动，产生像何易孙、罗益世底唯心论者，又产生像皮耳士底实用主义者。

实用主义，是汲取英国经验论的，美国以外，英国有像席勒尔底人本主义，学说底大体精神，和美国底实用主义一样路道。

又英国现代哲学思想底重要的一种思潮，是由穆尔和亚历山大代表底实在论的学风。这个实在论的学风，和美国底新实在论，一脉相通，是贯通现代英美哲学界底一大思潮。在现实的倾向，和实用主义，属于同一部类。实际，新实在论，可以说是从实用主义产生的。在美国，詹姆士底思想当中所包含底实在的论旨，由柏雷、霍尔特、孟德鸠，开拓做独立的哲学思想。在英国，穆尔所发表底所谓观念论论驳（Refutation of Idealism），可以说是开拓这个思想底有力的一个动因。

然而现代底英美哲学，不是都只有现实的倾向。在英国，属于新黑智尔派底新理想主义，占优势。他底最有力的代表者，是卜拉德赉。在美国，这一派，不像在英国那样占优势。然而有相当的遵奉者。他底最有力的代表者，是罗益世。

第一节　现代英国底理想主义哲学

一　卜拉德赉

卜拉德赉（Francis Herbert Bradley），是英国底哲学者，生在一千八百四十六年。他住在牛津，然而因为体羸多病底缘故，不就大学底教职，挂名麦吞学院（Merton College）底研究员。他底一生，差不多一大半度隐遁的学者生活。他有时间底余裕，因而组织的发展他底见解，对于驳论，明确抗辩他底立场。一千九百二十四年，去世。

卜拉德赉，在学生时代，受他底先生格林底感化。在书本当中，受康德、黑智尔底影响最多。他是斯宾挪莎式的性格底人，然而对于人类心理和社会现象，没有像斯宾挪莎那样立脚在现实底敏锐的观察。他是思索反省底人，不是经验底人。

他底著作，有《伦理的研究》（*Ethical Studies*），《论理学原理》（*The Principles of Logic*），《现象和实在》（*Appearance and Reality*）等。就中最后的，是他底主著。

（1）绝对——多样底统一

卜拉德赉，反对经验主义、功利主义，采取客观的、批判的观念论底立场。他底学说，从十九世纪底末叶到二十世纪底初年，拿很大的影响，给予英国底理想主义哲学思想。哥尔利治和喀莱尔，假如可以看作英国旧理想主义底代表。卜拉德赉，就可以看作新理想主义底代表。他虽然普通被叫作新黑智尔派，然而未必蹈袭黑智尔底学说，他底著述，大部分表现他独特的见解。

卜拉德赉底中心问题，是实在，是绝对。然而他底实在或者绝对，是多样底统一，是没有矛盾拥抱一切底调和的全体。而由经验所与底世界，和由科学所概念的构成底世界；不外乎真实在底错误的现象。

绝对就是唯一的本体，果真存在吗？卜德拉赉，承认绝对底存在。我们在理论上，在实践上，都常时要求绝对。这们就是绝对存在底证迹。这样，那么，我们追求不止底所谓绝对，是什么样的东西呢？我们常时想除去一切的差别，归着调和的全体。例如在道德上，我们想把自己实现做完全的人格。又在认识上，不把现在和我们底感官接触底事物，收容做各个的存在。而想把握做有统一、有脉络的全体底一部。所以所谓绝对，不可不是统一体，就是不可不是把杂多的经验的事物调和的包括底全体。我们底本性，是绝对底显现。因而我们底本性，也保有调和统一。我们底本性，是保有调和统一底全体；所以能够感觉内界同外界底矛盾撞着。

（2）直接经验——没有主观客观对立底灵的直观

多样底统一，一切差别底调和，像这样的实在，我们如何能够领会呢？卜拉德赉，举经验做他底回答。实在，只能够由经验认知他，经验之外，没有能够认知实在的。然而那个所谓经验，是什么呢？他底所谓经验，是直接经验。所谓直接经验，是主观和客观还没有分离底一种直观。通常，思维（判断），豫想主观和客观底对立。然而有这个对立，就不能够认知绝对。那里面有种种杂多的现象的区别缘故。然而在直接经验，没有主观客观底对立。因而一切现象的区别消灭，一切的杂多统一做一。

卜拉德赉，以为思维不能够认知绝对。这就是肯定绝对，超越认识底界限。他力说：自然科学的知识，只规定现象和现象底关系，不是表明实在底真相的。例如物理学上底知识，能够说明有限的物理的现象。虽然，用他们去表明实在底真相，必定陷于矛盾。物理学上底知识，是相对的概念。关于绝对的实在，什么也不能够告诉我们。这些概念，不过是有效观念，只有实用的价值，没有理论的价值。究竟的实在，没有自家撞着就是自相矛盾。第一次性质、第二次性质、实体、性质、空间、时间、运动、变化、因果、活动、势力等科学的概念，都包含矛盾，所以都不是实在，是现象。例如就事物底性质论。事物底性质，是什么呢？不是事物底本体。事物底本体，是把各种性质结合底链环；和那些性质当中底任何一种也不相同。又就所谓关系和性质考察看，性质离开关系，不存在。但是关系那个东西，倒过来，除在性质的要素中间存在以外，不能够思维。从一方面说，性质似乎是关系底结果。什么缘故呢？性质的差异，离开区别作用，不能够存在缘故。然而在另一方面，把关系分析看，结局，似乎不过是性质底形式。像这样的矛盾，越追究就越多，总之，特殊科学底根本概念，不外乎包含矛盾撞着底迷妄。虽然，这些迷妄，也多少有实在性。什么缘故呢？像没有全然真的真理一样，也没有全然假的误谬缘故。现象界底真理，都是有限的真理。有限的真理，和绝对的真理不同，到某程度，包含不真实。同时误谬，也不是绝对的误谬，到某程度，误谬当中，包含真实。把现象适当的变化修正，就能够把他们也加在绝对的体系当中。

卜拉德赉，详细论证科学的知识，不能够到达绝对。而以为光是纯粹经验，能够没入绝对当中。直接经验，是没有主观客观对立底灵的直观。是一切精神作用底要素，就是感觉、情绪、思维、意志等类；融合成一大感情底状态。这个直接经验，想超越理智底界限，去和绝对就是普遍的生命融合。有这个底缘故，能够认知绝对底存在，和绝对合一。所谓实在，毕竟也不外乎这个经验。实在也可以说是直接经验。总之，实在，是把一切的现象调和的融合底单一经验。叫他做绝对。绝对，不是神。人格的神，是有限。绝对，是无限的浑一，是非人格的，把丑、污、伪、恶和一切的善、美一同拥抱，去构成他底完全。绝对是完全底缘故，他自身没有历史，然而拥抱无数的历史。就是依卜拉德赉，能够说进步退步的，光是就有限物。绝对，包含无数历史的过程，然而他自身没有历史，完全的真实在，没有变化。所谓灵（自我），肉体，各个人格，是抽象的部分观，不外乎现象，绝对是单一无差别的经验。直接经验，虽然是不被关系所分裂拥抱差别底全体，然而他是未完，不能够叫我们满足。但是我们在美的、认识的、道德的、经验当中，发见经过辩论的思维底中阶的阶段，而攀登较高的直接经验底过程。从较高的阶段看，较低的阶段，是现象。从较低的阶段看，较高的阶段，是实在。像这样，拥抱一切美丑、善恶，征服一切矛盾、冲突，叫丑恶变质底全体，是绝对实在。

卜拉德赉底学说，归着直观主义。然而和柏格森底直观主义，大为不同。柏格森底直观，是动的。卜拉德赉底直观，是静的。柏格森底直观，是赫拉颉利图斯底流转。卜拉德赉底直观，是埃理亚学派底不变不动唯一不可分的有。

二 薄山克

薄山克（Bernard Bosanquet），是英国底哲学者，生在一千八百四十八年。少年时代，在牛津大学底哈洛（Harrow）学院同贝力奥尔（Baliol）

学院，就学。受希腊学者赵厄特（Benjamin Jowett）和格林底影响，确立他底绝对论。离开牛津之后，在伦敦，研究学问底余暇，尽力社会事业，参加伦理运动。一千九百零三年，充任圣安德鲁兹（St. Andrews）大学底道德哲学教授。一千九百零八年，辞职。一千九百二十三年，去世。

他有许多的著述，当中最能够把他底思想根本的表现的，是《个体和价值底原理》（*The Principle of Individual and Value*），同《个体底价值和命运》（*The Value and Destiny of the Individual*）两种。

统一的全体　夬的经验

薄山克和卜拉德赉同样，在现代英国哲学界，是绝对的唯心论底代表者。从绝对的唯心论底立场，解明人生经验底各方面。

薄山克，当论哲学，所常用底原则的标语，是所谓个体（Individuality），个的全体（Individual whole），具体的普遍（Concrete universal）。他底哲学底特征，是把个体看作组织的全体。然而所谓真个体，意思是自己存在、自己独立、完全等类。就是薄山克绝对反对把实在分裂做部分，说真个体是全体。而全体的个体，是一种包括的、绝对的而且前后照应底经验。就是说世界是一个个体，一切的分别，都起在这个个体以内。只有分别，没有分裂。假使不是有这个全体的个体，一切的分别，就都无从生起。但是这个个体，并不是抽象的，是具体的。所谓具体的，就是当前的经验。

总之，他主张所谓统一的全体底思想。以为一切的事物，都向这个全的统一集中。恰巧和柏拉图以为一切的事物，归一统括在最高善底理型，而构成全世界同样。像这样，一切经验底进动，是宇宙那个东西实在那个东西底活动，而且同时他是人类所作底论理的活动，是思维的存在。在他，宇宙乃至实在底进展，和论理的思维，没有区别。像格林把思维底关系形式，就那样看作宇宙实在底形式一样；他底论理，是说实在那个东西进展底形态的。论理学，就是形而上学；在那个地方，无疑，是黑智尔学派。所以论理学，是知识底形态学；然而同时说示世界经验向他底完成努力底阶段。换句话说，就是把宇宙经验为图谋他底统一完成而进动努力底过程，用理智的形式表示的，是论理学。倒过来说，就是论理的努力从事经验底统一完成，就是宇宙那个东西向自己完成底努力。这个终极的经验，就是个体，是具体的普遍底全一的实在那个东西。

他像不把实在和思维乃至论理区别一样，也不把实在和经验区别。所以所谓经验，不止意思是心理的、人类的经验，而且是宇宙经验或者世界经验就是绝对经验底意思。

薄山克，提供复合论（Multiplicism），替代来布尼兹、瓦德、麦克塔加等所主张底多元论。依他底复合论，有种种阶级底经验，而各阶级底经验，有特殊的范围和区域，他底最高的，是绝对经验。所以绝对实在，是由各经验底变状（伴随各场合底变化而变状）和再配列（为包含在绝对经验而再配列），包括在经验底完全的全体里面，所组织底绝对形状。

依他，科学本来底性质上，处理抽象的、部分的。哲学，处理具体的、全的。在这里，他说一般性（generality）和普遍性（universality）底区别。普遍性，是没有矛盾，足能够说示经验，把他底真相阐明底原理。然而一般性，终竟不能够脱离矛盾。一般性，只是舍弃异而看见同。普遍性，却是在异当中看见同。就是普遍性，是把异同统一做具体的。像这样，统一杂多性，说大小都是一种世界，就是大宇宙可以解释做由小宇宙所组织。这种见解，实在是具体的普遍底典型。这里有把健全的哲学解释底钥匙。例如桃树梅树都共通底性质，就是共通说明许多主语底一个谓语，不是表示普遍性的。拿许多的性质做谓语底个的主语，是普遍性。就是一种桃树，就那样表现桃树全体，乃至表现树木全体。这就是具体的普遍。这个具体的普遍，在拿种种个物做成员底全宇宙，到达最高度，包含一切的同一性和差别性，而构成全的统一。

美的经验，能够叫人们直观宛然统一的全体底世界，就是就这个世界统一化、美化底世界。科学上和哲学上底真的世界，和艺术上底美的世界，本质上同一。

此外，英国现代底理想主义者，有约阿喜谟（Joachim），普林格尔·帕替孙（Pringle-Pattison），何尔典（Holdane），泰罗（Taylor），索雷（Sorley），麦克塔加（Mctagart）等。

二　罗益世

罗益世（Josiah Royce），是美国底哲学者。以一千八百五十五年，生在加利福尼亚（California）州底草谷（Crass Valley）。一千八百七十五年，卒业加利福尼亚大学，其后，游学德国，在陆宰底门下听讲，又受黑智尔、谢林、叔本华等底影响。一千八百八十二年，充任哈佛大学哲学讲师。一千八百九十二年，升充教授。一千九百十六年，去世。

他底著作，有《近代哲学底精神》（*Spirit of Modern Philosophy*），《宇宙和个人》（*The World and the Individual*），《忠诚底哲学》（*Philosophy of Royalty*），《基督教问题》（*The Problem of Christianity*）等。就中《宇宙和个人》，可以说是他底代表作。

（1）宇宙底根本实在——意志

罗益世底哲学，显著的接近德国浪漫主义底自我哲学。他反对主智说，把意志看作宇宙底根本实在。他从绝对的自我出发，而那个绝对我，就是神，就是意志。

把价值哲学，和英国新黑智尔派底思想结合，拿更强固的思辨的基础给他的，是罗益世。他把黎卡特底"应然"，从超越界扯下来，转成格林底绝对意识里面包含（内在）底观念的秩序，同时加添从黎卡特底个性的实在和历史底概念获得底活动的生命。叫他能够逃脱黑智尔底泛论理主义。就是观念变成意志底意义，由人格的经验底温暖，拿生气给他。在罗益世底哲学当中，主意主义和新黑智尔主义，偶然论和历史主义，价值哲学和实用主义等种种思潮；融合成一个和谐的全体。罗益世，和实用主义者同样，以为我们底观念，不是由纯粹心像成功的；根本上，是目的，就是行动底计划。是达到特种目的底工具。我们说有所谓如何能够把某种问题解决底观念，意思就是说有解决问题底计划。我们底观念，都是像这样的性质的。例如房屋底观念，不是房屋底形象，是所谓用某种方法住居底计划。因而观念底价值，必须依对于目的底关系判断。例如剑底观念，包含关于使用他底方法底知识。又朋友观念和仇敌观念底区别，由于我们对于他们所采取底态度不同。不是像普通的心理学底看法，理智和意志中间，有截然的区别。经验指示我们，没有知识不包含欲知底意志。又意识的执意，常时包含他自己底直接知识。理智和意志，是同一作用底两侧面。我们认识底时候，就是我们活动底时候。就是理论的生活，同时是实践的生活。观察外界事物底时候，我们对于那个事物，必定起反应，评定他底价值，决定对于他底态度。像这样，罗益世，在把实在用行动底用语，就是叫实在和行动发生关系，定义做满足欲求的，和实用主义相同。他把自己底哲学，叫作绝对的实用主义。和他们不同的，在把神的意志底目的和满足，看作比人的意志底目的和满足高底地方。他把不完全的、偶然的真理，隶属拿普遍意识做基础底永远的、绝对的真理。这种肯定客观的意志底存在，是和文德尔班、黎卡特、闵斯德堡（Münsterberg）等底思想，极其相近底地方。

依罗益世，我们底常识世界，不能够用所谓观念底用语说明他底事实，一种也没有。所以这个世界，完全是用和观念相同的材料作成的，就是完全是观念所生。然而我们有被经验所迫底某种观念组织，就是我们经验底时候，必定有某种观念组织；我们必须用他做行为底指导。我们叫他做物质界。有和我们底经验相当底某物在那边，然而他是我们精神以外底观念组织，而不是在各人底精神以外。假如我所看见底世界，都能够知道，他就必定本来在精神界。世界，依据所谓普遍精神底标准而存在；就是只由普遍精神底观念组织成立。我能够理解精神，因为我自己是一种精神缘故。丝毫没有精神的属性底存在，在我，全然暧昧不明。就是依罗益世，我们所经验底物质界，包含在大精神当中，也是观念。屡屡把物质界底原因看作不可知者，然而绝对的不可知，不能够存在。凡能够知道的，都是一种观念，就是某种精神底内容。假如是由精神所能够知道的，他就本来已经是观念的，是精神的。这样，那么，实世界，必定是一种精神，或者是精神之群。

但是在某种意味，我们断不能够到达自己底观念以上。什么缘故呢？所有其他的精神，和自己底精神，本质上是一个缘故。全世界，本质上是一个世界，所以本质上是一个自我底世界，所谓他是你。意指对象底自我，和掌有对象底自我同一。就是构成外的世界底自我，本质上和觉知他底自我同一。而这个较深的自我，是统一的知道一切真理底自我。这个实在是有机的、自觉的包含一切自我和一切真理底唯一的自我。就是较大的自我，不外乎较深的自我。因而世界只有一个我。这个是罗哥士，是问题解释者，是知一切者。这个自我，超越我们底意识，而又包容我们，是比我们明确得多的自觉的。

像在前面所说，我们底认识活动，断不是纯粹的理智生活，他底根柢，必定有意志活动。有意志活动，就非有目的作用不可。换句话说，就是一种观念，必定拿意志做根柢；那个意志底中心，有目的。这个目的，就是那个观念底意义。罗益士把所谓观念有目的底见解，叫作观念底内的意义。然而观念，在像这样的内的意义之外，骤然看见，好像有外的意义，就是指示某种对象物。例如船底观念，在他底内的意义之外，有现实浮在海上底船，就是外的现实者。然而精密思想看，他毕竟不过是内的意义底表现。外的意义，毕竟不过是内的意义底一种内包。因此，真正的实在，是内的意义，就是意志。而这个意志，结局，不是个人底意志，是全体者底意志（毕竟是一种世界精神）。那个，毕竟是神。

像这样的绝对者，酷似黑智尔底绝对的观念（世界精神）。然而那个，在罗益世，仍然是人类底经验，那个是包含一切可能的经验底绝对组织底经验。

实在，毕竟是经验，经验又是生活，生活又是意志。什么缘故呢？在罗益世，生活是目的底绝对的合一缘故。

像这样看底时候，一切都是拿意志做本体底观念。生活——经验——也是像这样的观念。

（2）忠诚底哲学

罗益世，在他底忠诚底哲学里面，巧妙的提出他底伦理学说。在这里，拿对于忠诚底忠诚就是忠于叫最大量的忠诚可能底原因，做基本道德原理。就是他底伦理学，把他底中心，摆在忠诚底原理，就是献身于比个人伟大的原因。从这个推出观念论的世界观。做我底原因的，必须是构造一种组织，建设忠诚底生活，去叫普遍的忠诚可能的。所以所谓忠诚，包含相信普遍的原因、最高善、最高精神的价值底意思。假如这个原理有什么意义，就必须有保持一切价值底精神的统一。就是这个忠诚底原理，不单是生活底指导，又把永恒的精神生活统一者就是真和善底保持者，显示我们。像这样，道德的论证神底存在。这个地方，等于康德底实践理性批判所述。

何易孙底大我

罗益世，是加利福尼亚大学教授何易孙（Howison 1834—1919）底门徒。何易孙，也是自我哲学者。他从各个众多的自我出发。以为这些众多自我集合，于是有唯心的众多存在底集团。一切现象，都是这个唯心的众多自我底事情。所谓物的现象，也不过是这些众多自我底经验。

这些众多自我，各各是一个道德的单位，他底集团，在物理世界以上，是一个道德世界。各人就是各个众多自我，在这个道德世界，应当依从超越各个底全体的理想就是神底理想，而生活。

所谓神，结局，是由众多有限的自我底结合所构成，是众多自我底统一者，是大我。虽然，那个大我，不是像众多自我无差别的溶化在他里面那样的绝对我，他全然不过是众多自我底集合体乃至共同体。因此，他底观念论，却是多元的（而且是人格的）观念论。在这个地方，和斐希特等底一元的、绝对的观念论不同。

何易孙所主张底有神论，影响到罗益世底哲学。然而罗益世和他相反，主张一元论。一千八百九十五年，他在加利福尼亚大学，和罗益世以及其他诸人，会同演说。对丁罗益世底绝对观和一元的理想主义，拥护多元的理想主义。他说：拥抱一切底绝对者，不单抹杀人类的自我，并且丧失他自己底自我。因为自我本质上是道德意识，意指和其他自我对立缘故。光是由承认他以外底众多人格，神能够是道德的存在。神，不是创造者，是理想。神，不由威权或者力量支配我们，由理性或者决定的因果力支配。神，不把各个人类并吞在他自己里面，也不强制他们；由像人类底自由意志，自己把神仰慕做理想底道德的引诱力；在人类底上面活动。自然界，是人类心意底产物。神，不是邪恶底责任者，只可以把他崇拜做完全性底体现者。神，在众多人格底永远的世界当中，是至高的范例。

此外，美国有许多的学者，直接研究康德，康德学者，陆宰，又德国、英国、法国底思想家；或者经由美国底哲学教师，而受他们底影响。像赫黎斯，瓦特孙，雷第（G. T. Ladd），奥梦德（A. T. Ormond），波恩（B. P. Bowne），克赖吞（J. E. Creighton），希本（J. G. Hibben），阿尔俾（E. Albee），喀尔金斯（M. W. Calkins），温赉（R. M. Wenley），伽地纳（H. Gardiner），斯特龙（C. B. Strong），塔夫慈（J. H. Tufts），罗杰士（A. R. Rogers），贝克威勒（C. M. Bakewell），勒夫佐意，雷顿（J. A. Leighton），霍金（W. E. Hocking）等都是。这些学者当中，像克赖吞，贝克威勒，勒夫佐意，阿尔俾，对于实用主义和新实在论底批判，努力辩护观念论。

第二节　实用主义

一　实用主义概观

实用主义（Pragmatism），是挽近在英美思想界底一角发祥底哲学思想。挽近哲学底新倾向，其中最重大的一面，是对于绝对主义、主智主义底人本主义、主情意主义倾向。而那个人本主义、主情意主义倾向，色彩最鲜明的，就是实用主义哲学。詹姆士底著作当中，说这个用语底语源，从希腊语 Pragma 就是行动来。从这个地方说，就这个用语，可以翻译做行动主义、实行主义等类。然而在现在，也包含实用主义、人本主义等意义。毕竟英国底功利主义、经验主义，美国化的，是实用主义。最初把这个用语用在哲学上的，是美国底数学者皮耳士（Charles Peirce）。皮耳士，在一千八百七十七年发行底《通俗科学月报》当中，揭载一篇论文，题目叫作《怎样叫我们底观念明了》（*How to make our ideas Clear*?）。他在这篇论文当中，用这个用语，发表自家底学说。皮耳士，原来研究数学、自然科学，然而对于哲学，也有兴味，就中尤其研究康德哲学，他在康德底用语当中，发见他峻别实际的（Praktisch）和实用的（Pragmatisch）。把从幸福底动机所生底实行的法则，就是拿所谓幸福底经验的事物做动机底法则，叫作实用的法则。把不把些微经验的事物，混在动机当中；从义务底观念所生底道德的法则；叫作实际的法则。叫实行的法则和道德的法则对立。他扩张他底意义，拿实用主义底名称，给与拿行为或者他底效果做主体底哲学说。因而依他，所谓实用主义，是拿那个学说，是否适合拿效果做主体底一定的目的做标准，去决定那个学说底真假；就是考察行为底结果，由他底结果是否和目的适合，去把学说底真假决定底哲学思想。换句话说，就是携带有效的结果来底学说，是真的。和他相反底学说，是假的。把真理底标准，摆在结果如何。总之，实用主义，不把人生底本义，看作静的、思辨的，而看作活动的、情意的。是从头到尾拿所谓活动、所谓实行、所谓实际的结果做本旨底哲学。

实用主义底思想，不是皮耳士所独创，从古时就存在。希腊古代底哲学者勃洛大哥拉，把赫拉颉利图斯底万物皆流说，适用在认识论；以为认识客观就是对象，和认识主观就是人类；都常时流转变化不止。否定普遍不易的真理，拿人做万物底标准。所谓"人是万物底尺度"底名言，流传到现在。探究勃洛大哥拉底认识论，就明白他里面包含实用主义底思想。无论在什么时代，实用主义思想，如影随形，常时在理想主义思想底傍边流。从古代底苏格拉底同亚理斯多德起，到近世英国经验派底哲学者陆克、柏克立、休谟等，他们底哲学当中，都包含这种思想。这种思想，到近世，才被命名做实用主义。所以实用主义，不外乎固有的思想，穿上新衣服的。所以詹姆士在他底著作《实用主义》上，附加一个别名，叫作《对于旧思想法底新名称》（*A New name for Some old Ways of Thinking*）。一方面表示他底谦德，同时一方面说实用主义，断不是无谋的反抗哲学，也不是像某史家所嘲笑的批评：是商人底哲学；是拿经验主义乃至功利主义底澎湃的一大潮流，做他底背景的。

皮耳士，在一千八百七十九年，引用这个实用主义底用语之后，二十年间，差不多没有引起学界底注意。其后，詹姆士袭用这个用语，于是实用主义，逐渐为学界所知，成为美国思想界底一种指导原理。一千八百九十八年，詹姆士在加利福尼亚大学，作题目叫作《哲学的概念和实际的结果》底讲演，就中承袭皮耳士底思想，极力说真假不可不依结果底如何而定。一千九百零六年，更明了主张这种思想。所谓《实用主义》底著作，就是根据一千九百零六年底讲演所成。

和詹姆士底思想共鸣的不少，杜威就是其中底一个。美国底实用主义思想，由杜威而大为发展。

实用主义，是美国底哲学。然而英国和德国、奥国也都有。英国底代表者，是席勒尔。德国底代表者，是卫亨格（Vaihinger）。奥国底代表者，是耶路撒冷（Jerusalem）。席勒尔，和詹姆士差不多同时提倡这种思想。席勒尔著《人本主义》（Hwmanism），是詹姆士底《实用主义》出版底三年前，就是一千九百零三年。

詹姆士，杜威，席勒尔，这三个人；是实用主义底代表者。然而三个人底学说，很有差异。詹姆士，倡导根本经验说。杜威，倡导真理工具说。席勒尔，倡导人本主义。詹姆士，在哈佛大学，倡导这个学说。所以把他底学系，就是遵奉他底学说的，叫作哈佛学派（Harvard school）。杜威，后来转到哥伦比亚，然而在芝加哥底时候倡导他。所以把他底学系，叫作芝加哥学派（Chicago school）。席勒尔，在牛津底时候倡导他。所以把他底学系，叫作牛津学派（Oxford school）。这三个学派，是现代实用主义底三大系统。广义的实用主义很多，像勒夫佐意，说实用主义有十三种异说。又像另一美国哲学者，列举十七种实用主义。尤其可惊的，有明言这十七种异说当中，任何一种也不隶属底实用主义者。现在姑且就狭义的实用主义底代表者詹姆士、杜威、席勒尔底学说，约略说一点。

二　詹姆士

詹姆士（William James），是美国底哲学者、心理学者。以一千八百四十二年，生在纽约。他底父亲，是牧师，是斯威敦堡（Swedenborg）主义者。他底少年时代，完全在欧洲，被英法底精神所感化。一千八百五十九年，暂时在瑞士底日内瓦大学就学。一千八百六十年，研究绘画。从这个时候，对于科学底研究心很盛。十九岁底时候，回美国，进哈佛底罗凌士（Lowrence）理科学校，学解剖学和化学。一千八百六十三年，进医学校，学医学。几年后，重到欧洲，从一千八百六十七年到一千八百六十八年底冬天，在柏林大学，研究生理学。其后，又回哈佛，在博物馆，专修比较动物学。一千八百六十九年，得博士学位。一千八百七十三年，充任哈佛底生理学讲师，讲授比较解剖学和生理学。一千八百八十八年，充任哲学助教。一千八百八十九年，升充教授，担任心理学讲座。一千八百九十七年，专任哲学教授。一千九百零七年，辞职。一千九百十年，去世。

他底主要的著作，有《心理学底原理》（*The Principles of Psychology*），《信仰底意志》（*The Will to Believe*），《实用主义》（*Pragmatism*），《真理底意义》（*The Meaning of Truth*），《哲学底问题》（*Some Problems of Philosophy*），《追忆和研究》（*Memories and Studies*），《根本经验论》（*Essays in Radical Empiricism*）等。

（1）实用主义

像在前面所说，实用主义，拿实际的效果，做真理底标准。所谓真理，是说有实际上底效果。和这个相反，就纵令另外具备如何的条件，也不承认他为真理。唯理论者，举（一）不包含矛盾，（二）明了精确，（三）自明等三项；做真理底标准。然而所谓没有矛盾，结局，只是当做没有矛盾。纵然有矛盾，也当做没有，就成为真理。所谓明了精确，也是非常含浑的标准。纵然不明了不精确，也当做明了精确，就成为真理。又所谓自明，也把不是自明的当做自明，就也成为真理。像这样，唯理论关于真理底解释，极不完全。

其次，依从来底经验论者，知识，和客观的实在一致底时候，是真理。和客观的实在不一致底时候，不是真理。这种说法，骤然看见，好像很为明确。然而我们底知识，是不是和客观的实在一致，如何能够知道呢？通常我们容易把客观世界就是自然界，当做极其明了。然而这个是完全反对的事实。客观世界底真相底难以理解，到底不是主观的现象所可比。在我们，好像是自明的实在底客观世界；止是主观的回想底推测。像所谓知识究竟是不是真实和客观的实在一致，毕竟是不可解的问题。就是像所谓一致说（Correspondence theory）或者模写说（Copy theory），拿观念和实在底一致，做真理底标准。詹姆士底真理观，并不全然和像这样的普通的真理观矛盾。他也把观念和实在底一致，认为有益的真理标识底一种。虽然，两种底一致，只是一部的。例如我们闭起眼睛来，也能够在心里头把壁上时钟底面盘模写。然而像他底内部装置，假如不是钟表匠，就不能够明了写出在心头。至于时钟守时间底作用，和他里面发条底弹力等类；写象越发困难。这是因为观念和实在就是知觉，一同是经验内容。首先，两种既然是两种不同的经验内容，如何能够全然同一。纵然如何互相类似，然而那种类似，也不能够是全部的。其次，观念，是第二次的。他底内容，仰仗知觉。就是观念是知觉底抽象。是抽象底缘故，是舍象。因而意指缺损实在底一部。又观念，他底本性上，是分立的，所以不能够完全表现连续的知觉。而且观念又是固定的，所以不能够代表在知觉的流动所经验底力学的关系。

像这样，经验论和唯理论，都没有把正确的真理底标准，指示我们。这样，那么，区别真理和非真理底标准，应当在什么地方求他呢？实用主义，提出实用本位、结果本位底真理论。就是依实用主义，真理由实用决定。详细说，就是由实际上底效果如何，决定真理底标准。无论何事何物，把他适用在实际生活，于人生有益的，是真理。无益于人生的，不是真理。就是把和我们底经验调和的，叫作真理。不是在我们底实际的生活经验，产生什么效果的，就不是真理。知识那个东西，不是目的。知识断不是绝对的，我们为某种目的，要知识。所以知识底真假，应当依及到人生底利益如何而决定。在我们底生活，好的又美的，就是真理。所谓真理，意义不出有用的又好的。真理，不外乎一种价值。就是所谓真理，不是不活动的先验的绝对的固定物，他是一种实际的价值，是被结果、效果、目的等类所支配而生起底一种价值。实用主义，是经验主义，然而不陷在他底缺点。实用主义，是一种结果论。结果和经验相反的，不是真理。所以新观念底真假，由是不是和旧观念调和决定。这个主义，是绝对论和经验论底调和，是宗教和经验论底调和。绝对，在实用的范围，采用他。排斥离开经验底绝对。所以实用主义，不像绝对论是空想，也不是离开我们底经验的。

唯心论和唯物论，是哲学上底大问题，互相争持不下。然而依詹姆士，这个问题底解决，未必顶难。就是把唯心论和唯物论，适用在实际生活，考察他生起如何的结果，就可以决定他底真假。试把唯物论适用在实生活看，依唯物论，人类生活，毕竟不过是机械的、必然的物质生活。所以例如像所谓道德上底责任和自由，人类当然完全没有。一切的行为，都不过是必然的、机械的、偶然的。我们做什么行为，他都是必然的。所以我们自己，什么责任也没有。然而把唯心论应用在人生底结果，都是所谓自我底精神或者心底活动。所以对于道德上底行为，有充分的责任，也有自由。单从以上所述底结果判断，就不可不说是唯物论掌很有害的结果来。反过来，唯心论，在我们，产生有用的结果。唯心论，是更大的真理；唯物论，近于非真理；不是明白的事情么？

又无神论和有神论，互无优劣。说万有是神底创造，和说是物质底变化，都没有什么不妥当。虽然，把无神论适用在实生活底结果，他教示人生是没有秩序，没有目的、全然没有意义，又偶然的。像这样的教训，至少也把我们引到失望和自暴自弃。悲观的、厌世的倾向，必然从像这样的教训生起。然而把有神论适用在人生底结果，他和无神论反对，教示人生是被全能的神所支配底有意义、有目的的。所以至少也有鼓励我们对于将来怀抱希望，而且成为乐天的底力量。所以从理论上考察底时候，两样都无所不可。虽然，从实用上考察底时候，就有神论是真理。

又宇宙有意匠，没有意匠，并不相反。虽然，否定意匠，就陷于厌世。作为有，就成为乐天的。

又从理论上，说有自由意志，或者说没有，都无所不可。虽然，从实用上解释底时候，否定自由意志，就不能够从事社会底改善。所以自由意志论，近于真理。

又一元和多元，是哲学上底大问题。古来哲学者，多半主张一元论。虽然，从实用论看，万有可以看作一元，也可以看作多元。一和多，是相对的。现在我们底知识，不能够把万有统一做一个。在这个地方，可以说是多元的。虽然，我们有渐次统一宇宙底倾向，所以宇宙也可以说是一元。

总之，实用主义，依结果评价所有的事物，和依果实评定树木，依作品品评人物相同。在哲学宗教，也只观察他是否产生实际的结果。

依实用主义者自己所表说，就实用主义，不是像以那个学说为是，以这个学说为非底偏倚一方的。任何一种学说也不偏袒，只提供实际的方法，位在所有的学说底中央。依意大利底实用主义者帕品尼（Giovanni Papini）说，实用主义，像旅馆底走廊一般，位在所有的学说底中央；无数的房间，都通过他。在一个房间，看见起草无神论。在第二个房间，看见跪而祈祷。在第三个房间，看见研究人体构造底生理学者。在第四个房间，遇见唯心论的形而上学者。在第五个房间，有形而上学否定论者。然而这些人，要出入各自底房间，不可不通过这个共通的走廊。实用主义，是不问是唯心论、唯物论、经验论、唯理论、主智论、无神论、实证论等所有的学说学派，都不可不通过底关门，是要冲。依从来底学说，到底不能够解析哲学上底难题。把这个难题，像快刀断乱麻一样迅速解决的，就是实用主义底实际的方法。詹姆士用最明了的具体的实例，说明这个实际的方法。某年，詹姆士，看见一群的人，互相争论。他底主题，是一个松鼠。假定这个松鼠，停在树干底一方。一个人和松鼠，站在反的方面。那个人想看见松鼠，拼命绕树底周围去追赶他。松鼠也走到那个人底反对的方面。在像这样的场合，那个人是否绕松鼠底周围。依詹姆士，所谓绕，所谓不绕，只是看法不同。所谓绕，假如是像所谓从东到北，从北到西，从西到南，意思说绕某物底四方是绕，就那个人确实绕松鼠底周围。然而所谓绕，假如是像所谓先到松鼠之前，从前到右，从右到后左，又到前，意思说从某物底前面到后面是绕。就那个人常时面对松鼠底肚子，所以说是绕，就不能够。所以应当先解决的，是所谓绕，实际上意思是什么。这个插话，实在是道破实用主义底方法的。

（2）根本经验论

詹姆士本来底立脚地，是根本经验论（Radical Empiricism 也有翻译做彻底的经验论的）。他在他底著作《实用主义》底序文当中，说实用主义和根本经验论之间，没有什么论理的根据。然而在《真理底意义》底序文当中，又承认两种有密切的关系。总之，两种之间，有思想上底脉络。

詹姆士底所谓经验，不是柏克立、休谟等所尊重底常识的经验，是除去常识底独断之后底纯粹经验乃至根本经验。所谓根本经验论，是詹姆士为避免从来底经验论，就是陆克、柏克立、休谟所倡导底英国经验论，和他底经验论混同；自己所命名。

依休谟，经验，不过是从散乱的感觉印象所构成底镶嵌细工。经验底要素，就是感觉印象，恰巧和物理学所谓分子原子相同，各自有独立的存在和明确的轮廓。又把观念看作感觉印象底摹写，以为感觉印象已经褪色底摹写，是观念。因而观念也是互相分立的存在。各个印象、各个观念之间底关系，不过是想象底附加物，就是我们由想象拿关系附与各别的存在底印象和观念之间，不是实存底关系。像因果底关系，也不外乎本于习惯底联想。

詹姆士底新心理学，不拿常识底作为的经验做出发点；却从更纯粹的经验出发。这个直接经验，和常识的经验是互没有关系底感觉要素底凑集不同，是各要素互有关系底各种感觉底集合。关系，也和感觉相同，从最初是所与底直接经验。依詹姆士底根本经验论，直接经验，是有连续的性质底不断的思想之流（stream of thought）。詹姆士，把这个思想之流，叫作纯粹经验。在把经验看作连续的，詹姆士底纯粹经验，和柏格森底纯粹绵延相似。然而柏格森底纯粹绵延，是形而上学的。詹姆士底纯粹经验，全然是心理学的过程。他里面也包含空间的关系底经验。依他底心理学，一切的感觉，有一定的容积。也有普通的时间的关系底经验。就是比柏格森底直观，更是现实的。又有而且（and）、假如（if）、在内（in）、类似（1ike）、同一（one）、相与（with）等种种杂多的关系底经验。就是康德以为是先验的底时空形式以及其他范畴，已经在经验里面发见。于是乎孤立的感觉要素，如何统一底问题；完全倒过来，成为从这个浑然的经验当中，如何分解出各个的部分底问题。

但是詹姆士底经验论，在一方面，承认关系底实在。同时在另一方面，承认那个关系底复数。而种种关系，有各自底特色，不融解在唯一绝对的关系当中。就是纯粹经验底世界，本来不是一元的世界，是詹姆士底所谓多元的宇宙。其次，这些各种关系，不是固定不动的关系。同一要素，能够同时的又继起的，进入各种关系。所以那个多元的宇宙，不是绝对的多元的，不过是相对的多元的。

根本经验论底主眼，是以为存在都是经验，以为根本的存在就是实在是纯粹经验。就是世界只是由同一的原始材料所造。这个材料，叫作纯粹经验。纯粹经验，比如刚生的婴孩。所有无论什么都还没有定底经验。他仅仅是那个（a simple "that"），是分别未起性质不明的与料。而这个那个，次第长成种种的什么（what），就是物心关系等等。就是纯粹经验，是心物以上底一种根本的存在。心物都是后起的，不是最初的。最初的和原始的，只是经验。经验，在他底纯粹状态，是心物未分主客无别的。在这个无差别的纯粹经验上，一有动作，立刻就生反省。由反省才分做两种各异的系统，就是知者和所知。

（3）意识论

詹姆士底哲学，拿认识问题做中心。依他，认识底主体就是自我，是意识。他在《意识存在么》，《纯粹经验底世界》，《两个心如何能够知道一个事物》，《事物和关系》等论文；说意识，普通以为是在各种经验内容底背后，支持那些内容底本体；实在不过是许多经验内容，互相集合成功底一群；实质上没有什么特异的本性。内省意识底时候，我们在那里所发见的，是特殊的观念，例如红色、青色或者三角形、四角形等类。除掉像这样的特殊的形态和映像之外，找不着像所谓意识自体底本体。假如有所谓意识自体底本体，就不可以没有属于他底必然的内容。然而必然的只属于意识底内容，一种也没有。进入被称呼做意识底结合或者集团当中底要素，假如被其他的关系所结合，织进其他的系统底时候；构成实在底一部，而叫作自然。依詹姆士，意识和自然，是各别的组织。然而这两种组织，有共通要素。他把这个共通要素，叫作纯粹经验底素材，第一质料（Materia prima）。他自身不是精神的，又不是物质的，是中性的存在，是物质的，同时是精神的。这个共通要素，不但不同时候，能够属于两种组织。而且恰巧像两根直线底交叉点，同时在那两根直线上存在一般；那个共通要素，同时能够共属于两种体系。站在纯粹经验底见地去观察底时候，自然，不是像许多科学者底想法，是原子乃至电子等类底活动舞台。又不是像康德所谓物自体，是把我们底感觉触发底不可解的本体。也不是像主观的观念论者底假定，是我们底意识所创造底假象。意识和自然两种之间，难以超越底障壁，不存在。像这样，在不承认意识和自然、主观和客观、自我和非我底中间，绝对的差异底地方；在重视感觉底地方，詹姆士底根本经验论，是比柏克立一流底观念论进一步的。和马赫、阿味那流斯一派底新实证主义，（又一部分和柏格森底纯粹知觉说）酷似。

詹姆士，依据以上底说法，解决两个心如何能够知道同一物底问题。依主观的观念论，就我们到底不能够超越自己底意识。什么缘故呢？自己底意识之外，什么实在也不承认缘故。假如假定意识有两个，就属于一个意识底知觉，不能够同时属于其他意识。属于两个意识底两个知觉，虽然实际有类似底事情，然而各意识没有认知他底法子。依主观的观念论，去解决两个心知道同一物底问题，完全不能够。然而依纯粹经验说，意识和自然，既然能够通过共通要素，去互相关系交涉。那么，两个意识，共有同一要素，互相关系交涉，自然也能够。

（4）个性的自我（个我）——狭义的意识

纯粹经验，就是照事实原样底经验，是有连续的性质底思想之流。是各要素互相关系交涉底感觉印象同观念底集合。如何从像这样的浑一的思想之流就是纯粹经验当中，分解出种种的部分呢？换句话说，就是如何施行纯粹经验底分解呢？詹姆士，对于这个，像下面回答。就是由某种特殊的经验要素底结合，在照原样底经验界，更施行作为的分解。詹姆士，把这个特殊的结合体，叫作个性的自我（个我），或者意识。这里所谓意识，和前面所举底意识，意义不同，姑且叫他做狭义的意识。个我底特色，是伴随活动感。但是在纯粹经验底世界，不承认实体底存在。像所谓意识自体底本体，不存在一般，所谓活动自体底形而上学的原理，也不存在。我们像感觉时间、空间、色彩、音响、速度、重量等类一般，感觉倾向、障碍、意欲、紧张、胜利、服从等类。这个是一种活动感。这个活动感，更和情绪的状态结合底时候，被看作个性的自我底活动。这个情绪的状态，不消说，也完全是经验的状态。他一半是精神的，一半是肉体的，就是身体底经验。因此，所谓个性的自我就是狭义的意识，毕竟不外乎拿身体做中心底情意活动。因而意识底根本，是情意活动。实用主义，是事实本位底哲学，又是活动本位底哲学。像这样，远和奥坎、邓·斯各脱斯，近和叔本华底主意主义哲学握手。

（5）个我底职能

这样，那么，个我就是狭义的意识底职能，是什么呢？意识底职能，自然依他底本质而定。意识底根本，是情意活动。然而像上面所说，他断不是形而上学的本体，是和个我底身体结合底经验的情意活动。因而实用主义，当然和由达尔文新倡导，由斯宾塞哲学的发展底进化论结合。詹姆士，在他底心理学原理，叙述精神底组织，原来有生物学的起源，依生物学的法则而发展。把意识看作生物学的、进化论的，是实用主义底根本思想。实在，实用主义，大体，不外乎把英国底经验论翻译成进化论式的。然而进化论，虽然处理生命底现象，动辄有过于置重自然底环境，把要紧的有机体底自发的活动看轻底倾向。斯宾塞，把生命定义做内的关系对于外的关系底连续的顺应。詹姆士，更高唱意识底活动的、目的观的方面，论述像这样的内外底顺应一致，也拿我们底利害关系做基础；而把意识底根本作用，看作对于外界底顺应。意识，为达到保存自己底目的，从连续的流动的纯粹经验当中，抽出于自己利害关系密切的部分。这个被抽出部分底固定的（就是种种的观念或者概念），就是普通所谓知识。所以知识完全是为生活底手段，像所谓为知识底知识，不存在。就是统一意识底情意活动，选择外界底印象，只认识适合自己的。因而我们不能够把客观就那样认识。只能够认识适合情意活动底事实。而那个不单是知觉，像论理的思维作用也这样，断不是超越经验的。因而观念或者概念，也不外乎本于自我底活动所构成。换句话说，就是本于利害关系底情意活动，构成他们。又因而学问的知识或者理想，也是本于利害关系底情意所构成。

（6）观念底作用

像这样，知识就是种种的观念或者概念，是从纯粹经验底世界，抽出一部分，而叫他固定的。然而纯粹经验底世界，也是一种直接知识，他是根本不可疑底知识。问真假的，是间接的观念或者概念底方面。这样，那么，能够把像这样的观念底真假分别底标准，是什么呢？

依詹姆士，所谓真理，他底观念，不是固定的。所以真理没有固定不动的性质。真理底观念，不是固定的；那么，某种观念，是真理不是，依什么去定呢？詹姆士举所谓证明。所谓证明，有直接证明，和间接证明。所谓直接证明，是把我们底观念，领导到知觉的事实，去判断他底确实不确实。例如在深林当中迷路底时候，幸而发见一条小路，豫想沿着这条路走，必定能够到达有人家底地方。这个观念，是真是假，都不能够说。追逐这个人家底心像前进，于是到达实际的人家底时候；前面底观念，才成为真理。

像这样，观念底用处，是领导到知觉。所以观念没有和他底对象就是知觉类似底必要。只要能够把我们领导到知觉就够。他不一定要是心像，单是言语也可以，单是声音也可以。观念，就像火车底票子，又像纸币，又像图书馆底目录，我们依他所指示而行动底时候，能够到达目的底结果，他底任务就完结。

间接证明，是对于难以直接证明底观念所施行。我们往往遭遇不能够直接证明底观念。某种观念，是真是假，不领导到实际去证明，看不分明。然而在实际生活，从时间底经济上，把没有经过直接证明底概念和观念，假定做真的。例如我们没有到英国去看过，信用别人底言语，假定英国存在。于是依间接证明，判定真假。所谓间接证明，是说信用别人底言语，决定真假。就是自己没有看见过实际，然而看见过实际底别人说是真的，所以假定他是真的。这个时候，真理，可以说是由信用制度成立。恰巧像银行票据和纸币，只要大家都不拒绝接受他，就不必先兑成现金，然后才通用一般；我们底观念、思想、信念，也是别人不非难他，就通行做真理。

就是依詹姆士底意见，知识可以分做两种。一种是直接知识，就是亲悉

（Knowledge of acquaintance）。一种是间接知识，就是关知（Knowledge about）。通常都是用关知代替亲悉。观念底作用，也就是这种代替。所以观念，只是一种代理（vicarious subsititute）。就是代替实际的亲悉，去领导自己进到亲证底地步。这样，那么，用观念代替知觉，有什么样的利益呢？我们由间接知识底援助，能够把我们底精神的眼界非常扩大，去顺应非常大的环境。假如我们底意识，限于直接知觉，完全缺乏概念的知识底时候；就恰巧像附着岩石底海葵（Sea anemone），靠随波浪漂流来底些微食饵而生活一般；我们也不外乎靠偶然的刹那底经验而生活。然而我们拿观念做补助手段底时候，能够出直接经验底范围以外，知道时间的或者空间的远隔的经验。又能够把实际的经验底顺序，适宜变更；把远经验结合，把近经验隔离；飞越一种经验，去到达别的经验；以及用想象力，制造种种杂多的集合。总之，我们由概念的知识，能够把知觉之流，加以种种处分。就是我们把概念底马具，装在所谓知觉的实在底马上，骑着他自由各处走。像这样，由把知觉的经验，翻译成概念的知识；我们比较能够把事物理解底缘故；概念的知识，渐次丰富；临了于是发达成数学、论理学、物理学等各种科学。这些科学，毕竟是拿知觉做基础的，不过是顺应行动底目的底代用的知识。然而外观上，次第有独立的价值。

（7）感情底满足

纸币底价值，在代替硬币而便利底地方。同样，观念底价值，也为代替知觉而轻便。然而观念当中，有对于他底正货，虽然不明白，然而有用处底场合。例如宗教上底观念就是。在像这样的场合，不问正货底有无，叫我们底感情满足的，是真理。不单是宗教上底事情，在哲学，也根本不外乎由这个标准而定。采取唯理主义，还是采取经验主义，也由那个人底性质而定。感觉敏锐、心地软弱的人（Tender-minded or sentimental-hearted），采取唯理论。头脑冷静、心地刚强的人（Toughminded or hard-hearted），采取经验论。像这样看，就所谓真理，是把某种知觉领导到事实的，又是叫我们底感情满足的。把他总括起来说，就所谓真理，可以定义做于人生有用处的。

（8）真理底或然性

詹姆士，论真理底或然性。所谓真理，是什么呢？单是观念上底事情。所谓观念，是什么呢？是感觉印象底摹写。感觉印象就是经验的事实，不消说，不是唯一不变的。新事实时时刻刻出现。经验的事实，既然这样；关于他底真理，就也不是一定不变的。真理不是一，是多。然而这些许多的真理，不是必然的。过去的经验证明，认为真理的，将来也是真理不是，不分明。我们底日常生活，已经不是同一经验底反覆。真理，有或然的性质。

依詹姆士，实用主义，不是想给与什么特定的解决、最后的断案的。实用主义，是态度，是方法。

三 杜 威

杜威（John Dewey），是美国底哲学者、教育学者。以一千八百五十九年，生在美国北东部威尔满州（Vermont）底柏林敦（Burlington）。二十岁底时候，卒业同地底大学。其后，大约两年，在乡里底学校，当教师。后来进钟斯霍布金司（Johns Hopkins）大学。在当时黑智尔派底哲学者有名的莫理斯（Morris）之下，修学哲学。其后，在密歇根（Michigan）大学，充任心理学助教。一千八百八十八年，转到明尼苏达（Minnesota）大学。不到一年，重行回密歇根。这一次，充任哲学教授。一千八百九十四年，应当时新设底芝加哥大学之聘，讲授哲学和教育学。一千九百零四年，转到哥伦比亚大学。

他底主要的著作，是《心理学》（Psychology），《伦理学底研究》（Study of Fthics），《论理说底研究》（Studies in Logical Theory），《伦理学》（Ethics），《达尔文在哲学上底影响》（The Influence of Darwin on Philosophy and other Essays），《实验论理学论集》（Essays in Experimental Logic），《民本主义和教育》（Democracy and Education），《创造的智性》（Creative Intelligence）（共著），《哲学底改造》（Reconstruction in Philosophy），《经验和自然》（Experience and Nature），《确实底探索》（The Quest for Certainty）等。

杜威，是詹姆士死后美国最大的哲学者，是现代实用主义又经验主义底巨擘。

杜威，对于詹姆士底实用主义，把自己底学说，叫作工具主义（Instrumentalism），又实验主义（Experimentalism）。

（1）工具主义

所谓工具主义，是把知识看作生活底手段。就是说知识不过是维持我们底生活而且叫他发展底工具。所谓知识，是什么样的东西呢？所谓生活，是什么样的东西呢？

要阐明杜威底哲学，必须先从他底经验论开始。杜威从自己独得底立场，说明经验是什么。依他，所谓经验，是各人最直接的、最具体的、最根本的如实生活那个东西。就是体验底世界。这个看法，和詹姆士、柏格森近似。这个直接的、具体的、根本的世界（生活），不断的活动（流动）、发展、绵延不止。换句话说，就是经验，是连续的发展。

关于经验，像在前面所说，詹姆士，排斥从来底各种学说，提倡一种新学说。杜威，和旧日底经验论相同，于经验以外，什么都不假定。然而比詹姆士更热心主张对于旧日底经验论。所谓经验底概念，非大加修正不可。杜威批评经验底概念说：第一，依旧来底见解，经验是知识上底事情（knowledge-affair），就是所谓知识，所谓思维，是经验底第一义的意义。其实，经验，不外乎生物和社会的、物质的环境底交涉。第二，依旧来底见解，经验，是心理学的；因而不能够避免主观性。其实，经验，是客观的世界底事情；不外乎人类应环境而反应。第三，依旧来底见解，经验是记录已经过去底事情的。其实，活泼泼的真经验，是实验的，就是用自力变更外物底实验作用，是描写将来突进未知世界底活动。常时和将来有关系，是经验底物质。第四，依旧来底见解，经验是个别的，就是所谓经验的事实，是一个一个分离的事实，他里面底结合和连络，是经验以前的，是从外面来的。其实，经验，到处充满结合连络底关系。从环境受影响，同时努力向新方面支配他，就是说示经验有不断的连络的。第五，依旧来底见解，经验和思维，不能够两立；

就是经验不包含推理作用。因此，思维乃至推理，是飞越经验的。其实，经验，充满推理，没有推理，就没有我们底经验。

杜威，反对旧日底经验论者，把通过五官而进入底感觉印象，看作经验；说知识，由这个经验底机械的结合成立。旧日底经验论者，把感觉印象和感觉印象底摹写，看作经验底要素。而以为这些要素，恰巧像物理学底分子或者电子，是彼此相互之间，什么关系也没有底一个一个各别的存在。这样，那么，像这样个别的分立底要素，如何构成知识呢？依经验论者，是我们底想象或者联想，把他机械的结合。旧日底英国经验论者，从经验论底立脚地，说明认识底成立；自然不得不到达像前面所述底结论。就是依近世底经验论，所谓经验，是通过我们底五官而进入底感觉，把所谓印象底痕迹，残留在我们底心上。这个痕迹，由所谓记忆、联想等能力，加以机械的结合的，是知识。因而从各感官进入底各个感觉，相互之间，元来没有什么必然的连络，是彼此不生关系底一盘散沙。

然而像眼睛和耳朵底所谓五官，只拿刺戟给予我们。不过给予刺戟，把我们引到活动。五官，不是把外界底事物告诉我们的。五官，不是知识通过底门户。五官只给予叫我们起活动底刺戟，把心解释做受动的受容器，就不对。又经验论者，把我们底心，比配做白纸或者蜡板，说通过五官而进入底印象，把痕迹残留在这个白纸，这就是观念。而这个观念，由想象或者联想机械的结合的，是知识。把心比配做白纸或者腊板，然而一方面假定想象和联想等能力，从最初存在，是矛盾。

从和从来底经验论者完全不同的见地，论究认识的，是继承德国理想主义系统底唯理论者。康德拿纯粹悟性底先验的形式，做认识底根据。说通过五官而进入底感觉，由纯粹悟性底先验的形式，加以整理，于是认识才成立。所谓纯粹悟性，是离开经验独立底概念。以为像这样的离开经验独立底概念，一切的人们，共通存在，是唯理论和经验论根本不同底地方。杜威也不赞成像这样的唯理论者底认识论。康德，从唯理论底立脚地，借主观底先验的形式来，而拿连络和统一，给予个别的分立底经验要素，也许能够补经验论者底缺点。然而主观底先验的形式和经验，是到底不能够调和底相反的二元。这个经验和理性二元，是康德哲学底缺点。

杜威，把经验解释做心理学的。我们底心，不是白纸，是方向不定底无数精神的倾向（Mental disposition）。所谓方向不定底倾向，是什么呢？例如有光就想看，有声音就想听，肚子饿就想吃之类。有像这样的倾向，所以受外界底刺戟，就起反应。他变成精神的活动，更变成身体的动作。在这个刺戟和反应反复之间，能力和经验成立。刺戟，观念，动作，是一个有机的连环。依杜威底学说，我们底心，有应刺戟而活动底倾向，断不是白纸。然而我们底心所有的，和像唯理论者所说底先验的主观性，全然不同；只对于刺戟起反应。因而他也和能力心理学者所说底精神的能力不同。杜威明言种种的能力，由刺戟和活动底反复而后生。

杜威，又把经验看作生物学的。从这个立场，就我们底经验，是在处复杂的环境而生活之间，所获得。经验，不是单是知识上底事情，所谓经验就是生活（Experiencing is living）。

人类，适应环境而生活。我们日常接触底环境，极其复杂多样。这个复杂多样的环境当中，有于我们底生活有利的，也有于我们不利的。因而我们不可不离开于生活上不利的环境，就有利的环境。所谓适应环境而生活，是祛除环境底不利的条件，叫有利的条件越发有利。就是所谓适应环境，是统御环境。未开化的人类，受自然底支配，依从自然所许底条件，保持生存。虽然，伴随文明底进步，人类统制自然，叫自然适应自己。

人类，在像这样适应环境而生活之中，有失败，也有成功。由像这样的失败和成功所渐次蓄积的，是经验。所以所谓经验，是由生活所获得。更适切说，就是生活那个东西。

依杜威，经验像下面成立。从心理学上说，是由刺戟和反应底反复所生。从生物学上说，是为适应环境而生活所生。依杜威底学说说，就是知识包含在经验当中。他解释做经验就是生活那个东西。经验，是我们适应复杂的环境而生活之间所蓄积。因而经验离开生活，什么意义也没有。由过去生活所蓄积底经验，只在做引导将来生活底指针，有意义。所以经验（知识），不过是维持我们底生活，而且叫他发展底工具。

（2）实验主义

实验主义，和工具主义，有深切的关系。所谓实验主义，简约说，就是由实验决定真理。所谓真理，一种一种实验看，才决定。拿实验来证明而获得正确的结果的，是真理。和这个相反的，是虚伪。这个学说从把真理看作只在各个事物存在底思想出发。杜威不承认真理底普遍性。他以为真理都是特殊的，只在各个事物存在，普遍的不能够认为真理。什么算做这样呢？像这样的杜威底真理观，是从什么样的地方生出来的呢？

杜威底所谓经验，有非常广泛的意义。像在前面所说，他把经验解释做生活那个东西。知识，不消说，包含在经验当中。因而所谓思维，就是所谓推理或者反省底智力作用，也非包含在经验当中不可。杜威把经验区别做反省的经验，和无反省的经验。所谓反省的经验，是像推理和反省拿思维做主体底经验。所谓无反省的经验，是不拿所谓反省底态度做主体，就那样前进底经验。他对于所谓无反省的经验，举所谓社交的、情操的、技术的底场合；总之，说，听，哭，笑，做事，吃饭，走路，常人底生活经验，是无反省的经验。详细说，就我们在动气、发笑底感情的经验，没有特别反省感情底道理。又在普通做工作时候底技术的经验，并不研究种种技术，他只是就这样的无反省的经验。但是他里面，也包含先前反省底结果；又自然他里面，也不是没有思维、推理底作用。然而那个状态，就全体说，所谓思维，不是主体。这个就是无反省的经验底状态。就是经验之流（如实生活），不受什么障碍（机能阻止），如实绵延；那就是无反省的经验底状态。无反省的经验，他里面有种种杂多的要素性质，然而不是没有统一，确实有杂多底统一。像这样的无反省的经验，如何移到反省的经验呢？在无反省的经验就这样延续下去底时候，不起反省。然而那个经验当中，发现不调和的要素。互相矛盾冲突，不许前进；就是被什么原因阻止他底活动，于是呈现一种紧张的状态，才产生讨究作用。所谓讨究作用，是反省、思维、判断底作用，而这个是所谓理智的活动，这样，那么，什么缘故无反省的生活经验，产生像这样的不调和的要素呢？不可不说是遭遇新经验底缘故。无反省的经验，保持统一，保持全体性而进行。然而他里面有焦点，和前后周缘。而那个焦点，不是固定的，是动摇不绝的。焦点逐渐转化，于是遭遇新经验，那个时候，全体的经验，呈现不调和、不安定的状态。于是非想出懈决那个场面底方法不可。于是所谓反省的经验或者理智的经验底状态出现。所以思维经验，可以说是生活经验当中底一个样相。由像这样的反省思维作用，把那个矛盾解决，滑溜的经验底连续的活动，重行开始。换句话说，就是重行进入无反省底状态。

依杜威，所谓思维，是向未来开拓底一种行动。就是实行。所以实行是判断底完成。判断到达实行，才获得完成。思维，实在是可能的行动（Thinking is possible action）。

像这样，思维移到行动，才产生意义。思维底真假，被实行，被实验，才分明。更反复前面底说明。思维就是反省，起在无反省的状态，感觉什么矛盾，发生动摇底时候。解决那个矛盾，动摇就安静，同时反省也停止。在无反省的状态继续之中，产生矛盾，就又起像前面底反省。因而思维底真假，拿实行、实验底结果来证明，而后能够决定他。一切的知识，从实验生。知识底本质，是实验的。一种一种实验而后真假定，所以真理从实验生。假如真理由一种一种事物底实验而定，那么，真理就只在各个事物存在，没有所谓普遍的真理。

（3）创造的智慧

杜威，在他底著作《达尔文在哲学上底影响》，把自己底哲学，叫作直接经验论。把从来底哲学所说底经验，看作经过哲学的技巧底间接经验。像这样，他底哲学，无疑，是一种经验论。虽然，断不是像过去底经验论，蔑视理性的要素。而且在经验底名称里面，充分容纳理性的要素。杜威以为改造哲学，是现在治哲学者底责任。而这个事业底焦点，首先在改造经验和理性底概念。经验，被改造做像已经陈述底直接经验。理性，被改造做像后来陈述底智性（Intelligence）。直接经验，换句话说，就是生活那个东西。生物底生活，就是经验，是直接经验。他是如实的经验。然而生物底如实经验，由生物和环境底能动受动的交涉成立。环境影响生物，生物反应环境。那个经验，起初在生物底方面，是极受动的。然而跟随经验底生长，次第变成能动的。这个，在人类全体底生活——经验——又在一个人一生底生活，或者在更小更短的一种经验，都这样；从受动移到能动。像这样，生物底经验，跟随生长，增加能动底力量。这个力量，就是智力。把这个智力，叫作智性。这个在经验当中生长底智力就是智性，是统整、指导经验的。在那个意味，这个智性，和旧哲学所谓理性或者悟性相当。然而所谓理性，是在经验之外，支配、统整经验的。智性，在经验当中生长，而构成、指导后来底经验。对于理性是回顾的，智性是先见的。智性、不把过去看作过去，把他看作未来底豫表。而由他创造未来底经验。在这些意味，智性，是创造的，是构成的。此所以有创造的智性底名称。而智识是这个创造的智性底产物。

康德调合从前底唯理论和从前底经验论，去构成他底所谓批判哲学，以为悟性拿经验做材料，建设有普遍妥当性底真知识。然而从詹姆士或者杜威底眼睛看起来，像这样的调合，不彻底，因而他底成果奇特。理性乃至悟性和经验，本来是各别的存在。这个各别的两种，如何能够亲密融合呢？根本缺点，在把理性乃至悟性和经验，看作各别的两种底地方。把这两种看作一体的、一元的，问题就解决。这个是杜威和詹姆士共通的见解，是企图，又是成果。

现在，在杜威，旧经验论的经验，改换做生活相即底经验——直接经验。超越的理性——和经验没有关系底理性——乃至悟性，改换做在经验里面发生底智性。智性，在经验——生活——里面生长；而由智性底指导，经验——生活——越发生长、发展。要约起来看，就关于经验，（一）经验是能动受动底同时的二重活动。（二）经验贯通实验，他是试验，又是做。（三）思维能力，在经验里面发生，他是智性。（四）经验，由于这个，是先见的，创造的。换句话说，就是向未来突出，是他底特征。关于智性，是（一）智性，在经验里面，因而不像理性是超越的。（二）对于理性是支配的（对于经验是君临的），智性是创造的。（三）对于理性是回顾的，智性是向未来突出的。

把经验和他底真髓就是智性，看作眺望未来，力图创造什么新东西底地方，是过去底一切哲学所没有看见。在这个意味，过去底哲学，是回顾的，就是过去底哲学。在这个意味，杜威底哲学，是向未来突出的，就是他是未来底哲学。又像已经明白，杜威底哲学，无疑，是经验论。然而那个经验底真髓，是智性。从这个地方看，他底哲学，就也是智性主义底哲学——在某种意味底理性论。

（4）经验和自然

所谓智性，所谓经验，都断不可以用古来底意义，看作实在；宁可以看作哲学方法。这个，杜威，在《经验和自然》里面，说得尤其明白。就是经验，是哲学底方法，不是特别的题材。把他当做题材底哲学，是错误。然而同时说经验里面，包含梦、疯狂、病、死、劳动、战争、混乱、暧昧、诈伪和诚实。又他里面，各种超越的组织，和各种经验的组织一同包含；又魔法或者迷信，和科学，一同包含。这个是为说明经验不是特别的题材，然而同时也成为经验是一切底主张。像这样看，就经验什么事都是。他像世界一切存在底宽度和深度，那样宽，又那样深。又他是历史底全体，至少也像那个历史全体那样宽，那样深，又那样充满。经验，是方法。然而是世界底一切，他是历史，是生活，是文化。

在杜威，一切的存在，都是方法。换句话说，就方法就是存在。存在底根本姿态，不是坚牢的固定的，是动和静底混合。他更进而指示经验和艺术（极广的意义）底同一，又知识和艺术底同一，又经验和自然底同一，艺术和自然底同一等等。因此，结局，经验和自然，是同样的。又以为自然就是世界，而把那个世界，分做存在底领域，和价值底领域。

照以上看起来，杜威晚近底哲学，好像是想把文化底哲学，历史底哲学，价值底哲学，变化底哲学等最现代底一切哲学，综合的。

詹姆士死后，实用主义底代表者，是杜威。属于他底学派的，相当的多。他有和他底学派共同著作底《创造的智性》。属于那里面底人们，从和他合著

《伦理学》底塔夫慈（J. H. Tufts）起，有穆尔（A. W. Moore），布拉文（H. C. Brown），弥德（G. H. Mead），波德（B. H. Bode），斯图亚特（H. W. Stuart），喀伦（H. M. Kallen）等。各各从实用论的立场，解释论理，数学，科学的方法，心理学，经济学，道德生活，价值和存在底问题等等。这些人们底学说，都是接近杜威底思想。在那个意味，是实用主义者——创造的智性主义者。

四 席勒尔

席勒尔（Ferdinad Conning Schott Schiller），是英国底哲学者。生在一千八百六十四年。少年时代，在牛津大学，研究哲学。当时牛津大学，以教授德国哲学及其他理想主义哲学为主，忽略经验的方面。然而席勒尔从那个时候，已经怀抱实用主义的思想。

他底主要的著作，有《斯芬克士底谜》（*Riddles of the Sphinx*），《人格的观念论》（*Personal Idealism*），《人本主义》（*Humanism*），《人本主义底研究》（*Studies in Humanism*），《柏拉图呢还是勃洛大哥拉呢》（*Plato ar Protagoras*），《形式论理学》（*Formal Logic*）等。

（1）人本主义

席勒尔，对于詹姆士底实用主义，杜威底工具主义；把自己底学说，叫作人本主义。

所谓人本主义，是人类本位底哲学，拿人类做一切判断底标准。像在前面所说，所谓"人是万物底尺度"底思想，从希腊古代已经有，不是席勒尔底独创。然而标榜这个思想，建设自己底哲学，而且把所谓人本主义底名称，冠在他底学说上的，是席勒尔。

人本主义一语，原来是对丁神本主义的。神本主义，是拿神做中心去看人类底学说。和他相反，人本主义，是人类本位主义。实用主义，立脚在经验主义，拿自己底经验，做解释万有底基础。认为从超越经验底绝对就是神底观念，论究经验的事实，不可能。注重经验，排斥形而上学的思索底实用主义，当然站在人本主义。

实用主义底人本主义，和理想主义者尤其是英国新黑智尔派底耆宿格林底神本主义，完全相反。格林，拿永久的自意识，做宇宙底本体。说现象世界底事物，都是这个永久的自意识底发现。永久的自意识，是绝对精神。就是神。拿神做经验的事物底本体，因而他底学说，被称呼做神本主义，被称呼做绝对的唯心论。和格林底学说相反，实用主义，否定形而上学的实在，拿人类做解释万有底基础。所以对于格林底神本主义，被称呼做人本主义。对于绝对的唯心论，被称呼做人格的唯心论。从进化主义、自然主义底见地，排斥格林底绝对的唯心论的，是在前面陈述过底实证主义者斯宾塞。实用主义，在站在经验主义上底地方，和斯宾塞底实证主义，倾向相同。然而又有和斯宾塞底学说，大不相同底地方。依斯宾塞一派底进化论的自然主义，精神现象，不过是物理的过程底结果。他们把精神作用，看作起于脑髓底物理的现象。换句话说，就是以为精神是从物质派生的。实用主义，反对像这样的唯物论的见解，承认精神的原理底存在。

席勒尔，关于实用主义底本质，列举七种定义。就是：（一）充分而且方法的确认精神生活底合目的性，也影响到所有我们底认识活动。就是我们底精神作用，都适合目的；认识作用，也漏不出那个例子。（二）意识的应用由形而上学的合目的性所暗示底目的观的心理学，就是由所谓哲学的主意说底立脚地，论究知识问题。（三）消极的说，就是当建立思想同实在底学说，反抗把经验上底合目的性抽象底主义，就是反对所谓机械的说明底哲学说。（四）真理，是价值。实在，是由评价过程所到达。所以事实，不是离开真理独立的；又真理，不是离开善独立的。（五）真理底意义，在目的。（六）法则底意义，在应用。（七）更确实说，就是断定底真理，在他底应用。就是真假是被应用在特殊的事实所决定。这个是他关于实用主义底见解。把像这样从实用论上解释知识底精神，适用在知识问题以外，去解决一切的问题底态度，就是所谓人本主义。

实在，是一种生成过程。我们拿他做材料，不断构成世界。因而世界底中心，是人类底意识。人类，努力用人类底手段，理解人类底经验世界。我们不先从我们自己底本质出发，就什么事也不能够论断。一切的世界，是人类自己所经验。所以全然没有把和自己悬隔底宇宙理解底豫想。那个所谓人是万物底尺度，实在包含自明的真理。勃洛大哥拉底认识论，由人本主义而复活。人本主义受攻击，多半在这个地方。他们非难假如像这样说，就全然否定外界底独立性。然而人本主义，断不拒否常识的实在论底假定。只把实在论所假定底外界，也看作毕竟属于人类底经验。人本主义，不像其他什么的哲学，把人类底本性截断削除。拿人类底本性做前提，拿人类底满足做目的，要求解决人生底实际问题。

依席勒尔，实用主义，是把人本主义适用在认识论的。人本主义，比实用主义，有普遍的意义。认识论，不消说，从形而上学、美学、神学等各种学科起，各种人类生活都适用。两种底差异，在这个地方。两种底价值，也在这个地方。

（2）真理观

席勒尔底真理观，是极端的相对主义。在否定绝对的真理底地方，所有的实用主义者，都一致。然而最力说这个地方的，是席勒尔底人本主义。依他，绝对的真理，纵或存在，也不是我们人类所能够到达。纵或能够到达他，我们也没有知道他是绝对的真理底法子。所以像所谓绝对的真理底假定，在我们，全然无益。不但无益，而且有害。什么缘故呢？假如以为绝对的真理，和人类的真理，性质不同；就想象绝对的真理，比人类的真理更优；其结果，发生蔑视一切人类的知识底倾向。又假如绝对的真理，和人类的真理之间。没有性质上底差别；真理底变更，就成为不可能。不但杜绝进步底途径，而且丧失把他底本性理解底希望。人本主义底真理观，救济像这样的弊病，叫真理无限成长发展。从人本主义底立场说，真理，不过是为统御人类底经验所设底一种评价。因而真理，无论如何变化，丝毫也不狼狈。从主智主义底立场说，真理不是人类所造。然而从实用主义、人本主义底见地看，他就是

人类所造底制造品。和主观的活动没有关系底真理，不存在。真理要求底妥
当性，只由我们底实地经验，能够证明。就是：是不是真理？不把他适用于
实际去看，不分明。这个事情，有普通常识底人，在日常生活，相信他。科
学者也相信自己所相信底法则，是真理不是？由他底实际的适用决定。不由
实验证明的，在自然科学，不是真理。不相信他的，惟独空想的主智主义的
哲学者。知识作用那个东西，也没有所谓纯粹的知识作用。知识作用当中，
泌进利害、目的、欲望、情绪、善、选择等类底观念。总之，所谓真理，是
在人类的经验底与料上，施行人类的作为所构成。被发现底真理，不是在没
有被发现以前，已经独立存在。由被发现，才成为真理。因而不是人类所造
底绝对的真理，断不存在。

　　席勒尔，拿人类做真理底标准，然而他不单是个人，也着眼社会的标准。
种种的真理，最初虽然是个人的。然而各个人构成社会，由社会底交通参互，
适者生存底原理，就行于诸多的真理之间。这个自然淘汰底结果，许多个人
的真理，被淘汰而删除。光是于社会最有益的真理，残留做被承认底真理。
像这样的真理，是经过社会的承认底真理，是个人的评价以上底真理。比方
是一种共同财产。普通所谓客观的真理，实在不外乎像这样的社会的确立底
真理。像数学底公理，物理学底真理，也漏不出这个例子。这样，那么，如
何的真理，经过社会底承认，而成为共同财产呢？实用主义说：真理经过社
会的承认底条件，是实用同效验。结果实用的有效的真理，能够经过社会的
承认。这个原则底适用，比个人底场合，更明了而且显著。总之，这个所谓
实在底标准，是取舍选择个人的真理评价，去构成能够得社会的承认底客观
的真理。有用的，有效验的，这就是有客观的性质底真理。

　　（3）实在观

　　席勒尔，不以真理底构成为满足，进一步说实在底构成。依詹姆士，实
用主义，不过是方法论、认识论，不是哲学上底一种一定的学说。是无论到
什么样的哲学，都不可不通过底通路。虽然，像已经说过，他底真理说，和
那个根本经验论就是一种哲学说，站在不可分离底关系。又在他在别的方面

主张这个实在不是绝对的独立底地方，也是形而上学者。他认许实在至少也一部分由我们变化。观念或者信念，也是一种实在，和服从又顺应别的实在一样，别的实在，也服从顺应他。观念和信念，是应当加在普通所谓实在里面底补充要素。经验，是可塑的。詹姆士所承认底第一实在，是感觉世界。感觉世界，单是"存在"，离开我们独立；然而能够依我们底兴趣，去特别注意、取舍、选择他底一部；依我们底便利，去安排组织。我们关于实在底言说，依据我们底见地。例如同是滑铁卢之战，英国人把他解释做"胜利"，法国人把他解释做"败北"。世界，在乐天主义者，好像是善美的天国。然而在厌世主义者，觉得像地狱一般。实在，向我们呈现底景象，依我们底配景法。实在底事实（that），是那个实在自身。但是他底特定的性质（what），依他底特定的存在（which）而决定。而这个特定的存在，又依我们底选择而决定。所与底实在，比方是一块大理石。从这个大理石雕刻什么样的像，非等待我们自己底技术不可。关于詹姆士底第二实在，就是事物底永远的部分，也是一样。我们把知觉的关系，加以种种安排、组织、分类，于是做成论理学或者几何学底秩序。以上两种，就是感觉上底实在，和关系上底实在；只是一种哑要素，什么自己也没有说，非我们替他们说不可。而我们所谓真理，就是常识上和学术上底真理，就是詹姆士底第三实在，是自然淘汰底结果，继续存在到现在底人为的真理。总之，不可以把全世界，像主智主义者底假定那样看法。就是主智主义者，以为全世界是永久不变完全的无限的书籍，我们人类，不过另外制造许多排错很多底有限的缩版。宁可以把全世界看作还没有完成，以由人类底思维的活动为主，正在被一点一点完成底一大书籍。

又从杜威底方便论理学底思想，也能够说实在底构成。杜威，不像詹姆士，把感觉的与料，看作真理底标准。依他，所与的经验材料，是比较混沌的，所以不能够拿秩序井然的思维底产物和他比较。假使经验自始已经完成，像思维作用，就是无用的长物。为想整理自始混沌的经验，科学的研究底必要，也生出来。想把思维底价值，依他底先行去决定，不是拿误谬做真理底标准么？思维底价值，只应当和他所作成功底调和的经验相关联去决定。而这个作成功底统一的经验，也和原始的经验一样是实在的。然而思维作用，不是对于这个统一的经验底外的工具，是他底所谓内在的工具，而构成他底一部分的。真工具，不是单像建筑物底间架，是建立建筑物底作用。这个作用，也含有间架做他底一种成分。不可以把建立底作用，做为单是对于目的底手段，和完成底建筑物对立。那种作用，总之，是历史上被看作过程底目的。间架，对于建立底作用，也不是外的手段。是构成他底有机的一部的。思维底产物，是到达完成之域底思维作用，又这个作用，是正在被实现底结果那个东西。所以杜威底立场，比起詹姆士底立场来，不可不说是更主观的。

虽然，在这个地方，作最大胆的论议的，仍然是席勒尔。依他，真理底构成，和实在底构成，难以分离。第一，真理底构成，真实变更主观的实在。换句话说，就是知识把他自己加在实在。就是由知识，实在增加他底内容。第二，我们底知识，把他适用在客观的实在底时候；他也把客观的实在变更。第三，不能够适用底知识，不是真实的知识。第四，在某种场合，例如在人们底交际；主观的构成，同时是实际的构成。就是人们被别人底意见所影响。第五，单是认识，也变更那个人里面底实在。就是知识常时真实变化知识者。而且他也能够把认识底对象变化。所谓知识底作用，不是只像镜子映写事物，单把实在受容之谓。由认识的努力，我们能够把实在变形。所谓实在，总之，是在我们底实在。我们判断做真的，就是那个是实在。实在，由我们底发见，才成为实在。所谓被发见，也许骤然看见，好像是在我们底构成之先，独立存在。然而像这样想的，是把单被主张底实在，和被实际证明底实在混同。被发见做真的底实在，依靠确认他底心理作用，在他，断不独立。真理和实在，在这种完全的意义，不是出发点，是目标。被认容底实在同真理，不外乎从实际底认识过程开展底成果。

像这样，实在是常时在构成路上底未完成者，不完全者；而想把他完成，又想叫他完全的，是我们底知识。

第三节　新实在论

一　新实在论概观

实在论的思想，是通过现代英美哲学界底一大思潮，其中也有新实在论者，和批判的实在论者底思想的区别。美国新实在论（New Realism）底代表者，是柏雷，皮特金（Walter B. Pitkin），孟德鸠（W. P. Montague），斯波尔丁（E. G. Spaulding），霍尔特（Edwin B. Holt），马文（Walter T. Maruin）等六个实在论者。这六个人，在一千九百十年底《哲学、心理学及科学方法》（*Journal of Phil. and Scientific Method*）杂志，发表一篇联合底宣言，叫作《六个实在论者底计画和第一纲领》（*The Program and First Platform of Six Realists*），主张新实在论，表明他们底主义方针。到一千九百十二年，更把他们共同研究底结果所作底论文，合成一本书，在新实在论底名称之下发表，把从前发表底主义纲领，更详细论述。由此新实在论的思想，逐渐引起学界底注目。

英国也起同样的运动，然而和美国底这种运动，全然没有关系。在英国，这种运动底中心，是剑桥大学底穆尔（George Edward Moore）同罗素两个人。穆尔，在伦理的方面；罗素，在理论的方面；主张他。穆尔，在一千九百零三年，著《伦理学原理》（*Principia Ethica*），倡导新实在主义的伦理学说。对于由穆尔同罗素所主唱底这种新倾向，赞成反对底议论蜂起。在赞成者当中，著名的，是亚历山大（Samuel Alexander），威尔逊（Wilson）。亚历山大，是进化论的伦理学说底有力的代表学者，然而和新实在论底主张共鸣。

原来，在英美两国，经验主义哲学，最发达；产生种种有力的思想系统。尤其是詹姆士同杜威底实用主义，成为学界底一大势力。然而受德国哲学底影响，遵奉理想主义的；也陆续辈出。由英国底格林同卜拉德赉，美国底罗益世同闵斯德堡等；理想主义哲学，在经验主义底本舞台英美两国，也扶植不可拔的势力。于是在挽近底英美两国，经验主义哲学，理想主义哲学，互相对峙。从这两个大势力互相拮抗底中间出现的，是新实在论哲学。新实在论，立脚在英美两国固有底经验主义，反对德国理想主义派底观念论。依观念论，一切的现象，都是精神底产物。实在，光是精神，经验的事实，都不过是假象。因而我们生存底世界，化做一种幻影。新实在论，排斥像这样的世界观。复活从来底实在论，主张事物独立存在。柏雷，把新实在论，叫作幻影消灭底哲学。新实在论，明白是旧实在论底复活。虽然，不像苏格兰底常识哲学者，陷于二元论的实在论；把实在一元的说明。依哈密尔敦底学说，意识底根本条件，是知觉和思维。外界底知觉，和内界底思维，是什么人也不能够疑惑底自明的真理。像这样，苏格兰学派底思想，他底根柢，是精神和自然二元对立。然而新实在论者，把这个精神和自然，一元的说明。以为事物对于精神，独立存在。然而他被我们认识底时候，变成精神里面底观念。所以把事物，从某方面看，就是观念。把观念，从某方面看，就是事物。新实在论，又和从来底超越的实在论相反，把实在实证论的说明。这些地方，是新实在论所以和旧实在论区别。新实在论，立脚在经验主义，而反对观念主义底地方；和实用主义，他们底倾向相等。然而新实在论，也不赞同实用主义。和实用主义拿情意做本位，把理智看作不过是情意底补助相反；新实在论者，置重知识，充分排斥浪漫的空想。这种主智的倾向，在罗素底哲学等类，最能够表示。总之，新实在论，是反抗观念主义、实用主义而起的，是现代现实主义哲学底一个系统。

二　新实在论底特征

新实在论底主张，因人而异。和美国底新实在论者，多半发表类似自然主义底意见相反；像罗素，唱导和迈农底对象论相近底学说。学派当中异论很多底地方，很像实用主义。

新实在论，是从英美两国现实主义思想当中生起底新哲学思潮运动。所以他底特征，不消说，和其他现实主义系统底哲学相似。最显著的特征，是经验主义，主智主义。

第一，新实在论，像已经说过，属于经验主义。新实在论反对底目标，是德国底观念主义。和观念主义，把一切的现象，看作精神底产物；以为经验的事实，不过是假象，相反；新实在论，十分置重经验的事实；以为离开经验的事实，把一切归到精神的所产底观念主义，不过是幻影。像罗素，在某地方，唱导和唯理论相等底学说，然而仍然固执经验论底立脚地。他以为拿普遍做对象底论理的法则，客观的存立。就是以为论理的法则，是难以用经验证明底先验的。这个先验的法则，是我们能够直下领会就是直观的。然而他把论理的判断，看作只指示可能的存在，而他底真假，由经验才决定。在这里他最能够表示经验论者底态度。

第二，新实在论，站在主智主义上。是同属于现实主义底思想系统，然而和实用主义不同底地方。唱导新实在论的，常时标榜主智主义，去对抗实用主义底主情意主义。最能够表示新实在论底主智的倾向的，是罗素。罗素是数学者，所以屡屡把数学上底知识，应用在哲学上；期图论理底正确。不但罗素，继承新实在论系统底哲学者，都置重知识，努力用知识去解决一切的问题，厌恶藏在情意底暗地，耽溺浪漫的空想。

三 柏 雷

柏雷（Ralph Barton Perry），是美国底哲学者。以一千八百七十六年，生在威尔满州。少年时代，在普麟斯吞大学同哈佛大学，就学。一千九百零二年，充任哈佛大学底哲学讲师。一千九百零五年，升充助教。一千九百十三年，晋升教授。

他底主要的著作，是《最近哲学思潮》（*Present Philosophical Tendencies*），《关于价值底一般论文》（*General Theroy of Value*）等。

（1）内在论

二十世纪初年，詹姆士底思想当中所包含底实在的论旨，由柏雷、霍尔特、孟德鸠等，开拓做独立的哲学思想。

依柏雷，实在论，从两部分成立。一种是内在论，另一种是独立论。所谓内在论，主张当某事物被认识底时候，那个事物自身，和精神发生关系。变做观念就是精神底内容。也可以叫他做认识论上底一元论。由这个内在论，能够避免底二元论，有两种。就是精神和物体底二元论，又思维（知识）和事物底二元论。依柏雷，历史上最明白主唱精神和物体底二元论的，是笛卡儿。笛卡儿底哲学，把精神和物体，看作两种互相独立底二元的实体。这两个实体，都有属性。精神底属性，是思维，就是思。物体底属性，是延长，就是广。而这个思维和延长，性质完全不同。因而他们所限定底实体就是精神和物体，也完全隔绝。然而假如精神和物体，没有关系；那么，他们结合底经验的事实，如何说明呢？例如知觉作用和意志作用，都不全然是精神的，也不全然是身体的，是两种底混合。知觉作用，始于身体，终于精神。意志作用，始于精神，终于身体。二元论，因为非常容易理解，为常识所欢迎，似乎是不可疑底真理。然而包含很暧昧的地方。把像这样的二元论底缺陷补正的，是内在论，就是认识论的一元论。依内在论，所谓精神，所谓物体，他也断不是不可分的本体，是还能够分析做许多更根本的要素底复合体。而构成他们底这个更根本的要素，是至少也能够互相交换的。依马赫，物质界底要素，和精神界底要素同一。没有所谓物体底根本的要素不能够进入精神底论据。内在论认为同一的要素，构成精神和物体。所以这两种，不属于被分割底两种范围，不能够互相贯彻；是同一范围内底互相贯彻的关系态。像这样看来，知觉物体的对象底问题，不难解决。什么缘故呢？某种经验要素，在某种关系，他是物体的；同时在别种关系，他也可以是知觉底内容缘故。例如当知觉火星底时候，太阳底卫星（物体），是知觉物（精神底内容）。火星是物体，同时是精神，什么矛盾也没有。

柏雷，更进而论究知识和事物底二元论。知识事物底二元论，和精神物体底二元论，意义不同。这个二元论，不是基于属性不同的实体底对立，而基于所谓知识底自己超越。知识，不是事物那个东西，似乎是关于自己以外底事物的。这个引起物自体底概念，而物自体，是知识所指示，然而常时是知识底内容以外的。于是知识和实在就是思维和事物之间底桥梁断绝。内在论，把这个二元论，加以订正。主张知识事物底差异，和精神物体底差异相同，不过是关系上和作用上底差异，不是内容上底差异。我们先必须把知识区分做直接知识，和间接知识。在直接知识底场合，事物和知识之间，什么差异也没有。只他们底关系不同。在间接知识就是论理的思维，知识和事物之间，有彻底的差异。知识和事物，简直差不多些微的同一内容也没有底场合也有。和当思维火星底时候，用所谓火星太阳等言语底名辞一样；思维 a，能够用 bc 等名辞。内在论，说明像这样的场合。说所思维底事物，和思维，都是经验的事实。事物超越思维，然而能够知觉，又能够用某种方法直接接近。就是像詹姆士说：一切间接知识，结局，归着直接知识。这个场合，事物不超越知识，然而被表象底事物，超越表象作用。

总之，内在论，用所谓关系底概念，替代所谓实体底概念，去避免那些二元论。

（2）独立论

所谓独立论，依柏雷，内在论，不但还不够做确立新实在论底根据，而且从把超越的引进精神里面底地方看，似乎简直把实在论破灭。因为这个缘故，必须把这个内在，同时能够独立，加以证明。柏雷把这个独立论就是内在底独立，看作新实在论底根据。就是新实在论底主要原理，是所谓内在底独立。柏雷为把自己底学说弄明白，举两种实在论，把他排斥做半实在论。

这个半实在论底第一，是由客观的观念论绝对的观念论所发表底学说。说实在离开有限的知识独立。有限的知识，豫想实在。就是有限的知识，假定规范（Norm）才能够存在。所以实在是不能够依系这个有限的知识底规范，或者理想。就是绝对的观念论者，把超越的理想，看作实在；说这个实在，对于有限的知识独立。像黎卡特等先验的观念论者，不在存在自身里面，求所有内在的存在底究竟的根柢；又不在超越的实在里面求，而在超越的理想里面发见。论理上应然在实然之先，所以这个超越的理想，绝对的独立。然而像这样的见解，包含和实在论底精神相反底两点。第一是意识的经验以外，不承认任何的存在。第二是对于判断底主观，把离开思维底活动，什么意义也没有底应然；建立做这个主观非服从他不可底对象。

半实在论底第二，是实用主义底学说，说经验离开思维独立。依实用主义，思维不过是特殊的媒介作用。他从经验发生，使用经验的要素。但是经验自身，是什么呢？事物底本质，是经验吗？又经验也是偶然的关系吗？关于这个地方，实用主义，和现时底思想相同，非常暧昧。

柏雷，把观念主义同实用主义底实在论，像以上论述之后，叙述完全的实在论义。依他底学说，完全的实在论，必须主张事物不但对于思维独立，而且对于任何的经验独立。像这样的独立，是新实在论底根本特征。柏雷对于这个独立，像下面说：事物能够直接被知道，然而那个事物底存在或者本性，不依靠所谓被知道底特殊事情。观念论者说：事实假如不在什么地方，如何能够自己独立存在呢？于是把这个事实，放在意识当中。然而实在论者说：经验的要素，什么地方也不在，只照他自己原样，这个要素，当进入关系态底时候，获得一个地位，然而有完全独立的物质。

（3）实在底消极的证明

新实在论，为证明所谓独立底根本原理，驳斥观念论主张认识是存在底条件。实在论主张观念论没有充分证明自己底主张。那种证明，本于两种误谬的论程。就是（一）依自己中心的述定底推论（Argument from the ego-centric predicament），拿我们所发见的，都是能够知道的，做前提；结论做我们所不能够知道的，不存在；知识是存在底条件。（二）依初发的述定底定义（Definition by initial predications），在最初论述底关系以外，不能够承认对象底其他关系。所以可以说观念论没有充分证明自己底主张。又像观念论者说：光是认识存在，对象和意识作用又意识状态，一同生起消灭。这样，那么，许多的认识者，认识同一事物；又同一认识者，在不同的时候，认识同一事物；就成为不可能。真实的同一，不会存在。存在的，单是杂多的意识现象。把观念论底主张彻底，就陷于主观主义底独我论。观念论者，又像下面说：假如自己中心底推论，不能够证明观念论，那他就至少也不能够证明实在论。什么缘故呢？我们不能够知道有不能够认识底事物缘故。虽然，罗素回答他说：当我们知道一般的命题底时候，没有把他底所有的就是任何的例子都知道底必要。像千以上底数目互相乘积底总和，任何人也从来不会思维过，又今后恐怕也断不会思维。然而明白是真实的命题。所以我们能够知道有我们不能够知道底命题。

（4）实在底积极的证明

其次，实在论底积极的根据，是所谓关系是外面的。名辞，从他们底新关系，获得附加的性质。就是事物发生新关系，那个事物，就附加种种的性质。这个附加的性质，不是既有性质底存在条件，也不是必然的把他变更的。把这个外的关系说，应用在认识论上；就第一事物底内容，断不是由那个事物以外底关系所构成。不消说，所谓某种事物底意识，从那个事物，和那个事物对于意识底关系成立。然而这个时候，是那个事物，把自己底性质，寄与意识底复合体。不是自己底性质，从意识底复合体派生。其次，虽然说事物和意识之间，有关系。然而把那种关系，就推断做从属的依立的关系，却是早计。那个是什么样的关系，属于经验上底问题。所以不可不实际观察，去决定他。

光是外的关系说，还不够建设实在论。实在论，不可不更进而检讨事物对于意识底关系，是依属关系不是？而这个是一个事实问题，恰巧等于潮和月底关系。依实在论，意识也不过是一种关系态。然而这个意识和对象，全然不同。穆尔力说这个地方。观念论者，不知道意识和对象，是不同的。所谓黄色存在，和所谓感觉，意义不同。总之，感觉底对象，不是感觉自身。要想感觉成为对象，有更引进别的意识例如内省等类底必要。而像这样的意识，断不是感觉自身底意义所不可缺底要素。所有的事物，被意识底时候，不被意识底时候，都同一。

四 罗 素

罗素（Bertrand Russell），是英国底数学者、哲学者，而且是社会改造思想家。以一千八百七十二年，生在蒙穆斯州（Monmouth）底特勒来克（Trelleek）。少年时代，在剑桥大学三一学院（Trinity College），学数学同伦理学。卒业后，充任母校底讲师同校友。以记号论理、数理哲学底研究者，同新实在论哲学者著名。因为主张和平反对战争底缘故，欧战起后，很受英国政府底严厉的干涉，曾经被处徒刑，并且丧失母校底位置。一千九百二十年，跟随英国劳动委员团，到苏俄视察。同年十月，到中国来讲学。过后，充任伦敦大学教授。

罗素底哲学上立场，是新实在论派，是新论理主义者。他十八岁底时候，读穆勒底论理学。后来研究康德同黑智尔底哲学。并且游于卜拉德贲之门，大受影响。一千八百九十八年时候，和穆尔大肆论议，自己底见解，发生变化；舍弃观察论的乃至唯心论的见解，抱持实在论的见地。又读来布尼兹底学说，有所得；想在数学的基础上，建设哲学。

他底主要的著作，是《哲学论集》（*Philosophical Essays*），《哲学问题》（*Problems of Philosophy*），《哲学上底科学的方法》（*Scientific Method of Philosophy*），《数理哲学概论》（*Introduction to Mathematical Philosophy*），《哲学纲要》（*An Ontline of Philosophy*）等。

（1）论理的原子论

罗素底立脚地，和胡塞尔、黎卡特等同样，是一种柏拉图主义。他底哲学，是从数学的基础进入底新实在论。然而他把他自己底哲学，叫作论理的原子论（Logical atomism），又叫作中立的一元论（Neutral monism）。把从论理上分析为有，最后所发见底要素（原子）；看作实在。对于美国底新实在论者们所谓实在，是詹姆士底纯粹经验，稍微素朴的实在化的。罗素底实在就是论理的原子，却是分析论理的命题最后残留底要素。那些要素，原来用名词底形式或者形容词底形式表示。同时也用前置词、副词、接续词等类底形式表示。因此，所谓在……之北等类底关系，就那样是实在。刚正和所谓白、所谓正义底普遍的性质（所谓白，所谓正义；不是这个所谓白、那个所谓白底感觉的事实，是凡一般普遍可以叫作白底事实。正义也是这样）是实在，同样。就是罗素主张事物底关系，也和事物同样，有实在性。就是宇宙底根本，是些关系同关系者，所以宇宙是多元的。像这样看起来，罗素底所谓实在，约略和柏拉图底实在（就是理型就是观念）相当。因此，罗素把他底实在，又叫作普遍；承认他类似柏拉图底理型。但是柏拉图底理型，超越经验。而罗素底普遍，是就我们底经验的。

像这样，所谓实在，因而没有是物的存在底道理，同时也没有是心的存在底道理。罗素在他底近著《哲学纲要》里面，把究竟的根本实在，看作不是心的，也不是物的，是中性的一元的存在。就是他和美国底新实在论者同样，主张宇宙底要素（Stuff），不是心的，不是物的，是中立的要素（Neutral stuff）。心的、物的，从他构成。就是宇宙底最后的原料，不能够说是心，也不能够说是物，只是事情（Event）。例如我们举起一支铅笔来，大家都说是看见铅笔。而能够看见的，是感觉和视觉。但是感觉和视觉，各个人互有不同。这种不同，虽然很有规则，但是这一支铅笔，你从这边看，是这样；他从那边看，是那样。一个人看去，是一个样子。在几千个人看来，就已经有几千个铅笔样子。而这几千铅笔样子，是由一个现象发出的。铅笔底样子，虽然有几千，把这几千铅笔底样子集合起来，就算是一个真实的铅笔。就是铅笔是一个事情，由几百几千所见底样子合起来而成。

我们平常所说底事情，范围比较广。像革命，也是一件事情。物理学上所说底事情，是要素的事情（Elementary event），是不能够再分的。现在用事情底观念，来说明物质，就可以知道一个物件，是许多的事情集合成功的。例如桌子，是由许多的事情加起来集合成功的。凡我们所看见底颜色，摸着底硬度等等，这些事情加起来，就成功桌子。譬如当奏谐乐底时候，我们从头到尾听下去，听的只是一个声音。其实是由各个发声底单音集合起来，而成功一种复音的。然而听起来，却好像是一个。桌子也是这样。像谐乐当中底最真实的声音，就是那一个一个的单音。桌子既然是各种事情集合成功的，最真实的，也就是那个要素的事情。虽然常时有变更，不过也像谐乐当中底有节调，有定律。不过他底节调和定律，是用论理的方法连缀起来的，也正像谐乐把音调用艺术的方法配合起来一样，看去虽然是很长很大的一片，实在都是由极简单的要素的事情连合成功的。

罗素底学说，和柏格森正反对。柏格森以为真的存在，变迁，真的时间；是不断的。被割成底片段，是假的。罗素以为动，是假的。片段，是真的。个体存在，是真的。每个个体，都各各有宇宙。所以他自己叫他做绝对的多元论。实际是分开的，不相贯串的，完全靠抽象的定理，把他们联合起来，构成一个不断的宇宙。

（2）实 在

依罗素，实在，离开我们底精神，独立存在。然而实在，当我们认识他底时候，变成一种表象或者观念，进入我们底精神当中。而那个时候，已经不是客观的实在本身，不外乎表象或者观念。实在，不是不能够直接进入精神当中，然而像这样进入底时候，被称呼做表象或者观念。所以表象或者观念，在某种关系，是事物。又事物，从所谓被认识底方面看，就是表象或者观念。罗素把这个中间底关系，毫无余蕴的说明。就是他从论理的分析客观的事物，和人类底本能的信仰；论断实在是离开我们底精神独立的。感觉不是实在本身，实在，俨然中性的存在。就是从理智看，又从人类底最根本的本能看，实在都存在。然而他既然不是照原样被我们所认识，而是变做表象或者观念，进入精神当中，就和事物有别。人类，命中注定那样先验的认识事物。我们底感觉，不消说，各各不同，就是主观的。例如这里有一张桌子，他底颜色和形式，随每个看他底人而不同。就是假如几个人同时看这张桌子，其中不会有两个人所看见底颜色和形式，是完全相同的。什么缘故呢？没有两个人会从完全相同的观点去看他，观点既然不同，所看见的，也就不同，缘故。又敲击他底时候，发出声音。那个声音，也随听底人而不同。纵然接触，触觉也差异。像这样，感觉的认识，因人而异。因而不能够说照感觉的认识原样，又照观念原样，是事物本身。各人底感觉，各各不同。虽然，实际桌子底认识，在所有的人，在所有的场合，大体相同。因丽超越各人感觉底中性的桌子，不可不客观的存在。而他是离开我们底精神独立的，所以自己不看见底时候，也非存在不可。不那样，再来，就不能够看见他，因而和事实相背驰。像这样追究，就叫我们底感觉构成底某物，不可不客观的存在。他像这样分析感觉底要素，排除主观的气味，最后发见客观的物理的对象。又最适切的实例，是空间底场合。空间是由视觉和触觉知道的，映现在眼睛底空间，和触觉所感受底空间有别，然而由经验统一做一种空间。所以不可不承认有和视觉触觉两方面底空间观念有别的。就是中立的空间。这个是物理的空间，不映现在感觉，然而不把他当做实际存在，就不能够说明。换句话说，就是有不依赖感觉底独立的空间。那个空间当中，又有不依赖感觉底物理的物体。

（3）感觉与料

罗素哲学底中心问题，是说明他所谓感觉与料（感觉材料 Sense data），和数学、物理学所处理底时间、空间、物质之间底关系。

所谓感觉与料，是什么呢？罗素说腊丁文有一个与料（Data）底字，是给与底意思。和十八世纪时候所谓印象（Impressions）底意思，很相仿佛。凡被我们所看见底颜色，摸着底硬度，听见底声音等等；由直接经验感触所得的，就可以叫他做感觉与料。就是把由感觉所直接知道底所谓颜色、声音、香味、硬、粗等等，叫作感觉与料。又把能够直接知道这些事物底经验，叫作感觉。譬如我们看见颜色底时候，有颜色底感觉。颜色本身，不是感觉，是感觉与料。颜色是我们所直接知道底事物，而这个知道，就是感觉。

罗素说知识有两种，一种是关于事物底知识，一种是关于真理底知识。更把关于事物底知识，分做两类。第一类是亲悉，就是直接知识（Knowledge by Acquaintance）。第二类是关知，就是间接知识，也就是记述的知识（Knowledge by Description）。直接知识，是我们现在正知道事物底知识。间接知识，是依推理判断底知识。不靠什么推论底过程，不凭什么真理底知识，单倚仗自己底感官，直接知道事物；就是所谓亲悉。例如现在我们看见在眼前底桌子，就直接知道构成那张桌子底颜色、形式、硬、滑等外观底种种感觉与料。这些，都是我们看见那张桌子，而且用手接触底时候所直接知道。就是例如现在我们看见桌子底颜色，这个现在正知觉底感觉，是不能够怀疑底一种知识。罗素叫他做直接知识，又叫作直观的知识，又叫作本能的信仰。直接知识，有两种。就是外官上底直接知识，和内官上底直接知识。所谓外官上底直接知识，像所谓这个颜色，这个声音，从视觉器官和听觉器官来。所谓内官上底直接知识，像喜怒哀乐等，从内的感官来。此外像明白的记忆和普遍（概念），罗素也算在直接知识当中。

罗素说直接知识，没有什么误谬。因而没有真假底区别。和他相反，间接知识，是把他记述、推理、判断的，所以容易生误谬。误谬是伴随推理判断底作用而生的。所以期望间接知识底正确，不可不论理的避免思维、推理、判断底误谬。因而研究论理底原则，成为必要。

（4）论理的法则

罗素论究论理的法则，承认关系底外在性。所谓论理的法则，就是一般的原理，不仅仅是归纳法，有同一、矛盾、拒中等法则。这个法则，断不是单是思维作用上底法则，是事物界底法则，就也是一种实在的。然而和经验的事物不同，不能够用所谓经验证明他。在这个地方，论理的法则，是所谓先验的。然而这个先验的，和康德底所谓先验的，意义完全不同。康德底所谓先验的，是主观的形式。罗素底先验的，不外乎我们所直下领会底事实中间底关系。论理的法则，和经验的事实不同，所以适合论理的法则的，未必和现实的事实一致。论理上虽然正确，然而不能够用现实的事实证明，那个法则，就不过只有可能的价值。就是论理的判断，只指示可能的存在，而真假由事实决定。从以上底见地，罗素，把哲学叫作可能哲学问（The Science of the possible）。

依罗素，从来底哲学说所采取底论理形式，单是主宾（主语加谓语）底形式，忘记他里面包含着关系底形式。例如这里有所谓"爱丁堡在伦敦之北"底命题，所谓在……之北，不附着爱丁堡，也不附着伦敦，而是两个地方之间底一种关系。这种关系，不依靠我们底知识而存在。爱丁堡所据有地球表面底部分，在伦敦所据有底部分之北：纵然知道南北底人们一个也没有，又纵然宇宙当中完全没有所谓精神；这种关系，依然存在。所以关系，不是存在（Exist），是存立（Subsist）。这个叫作关系底外在性（Externality or reality of relation）。因为把像这样的关系底外在，忘记了底缘故；变成所谓爱丁堡是在伦敦之北的。只表明爱丁堡底性质，不是表明爱丁堡和伦敦之间底关系。所谓在……之北底关系，和伦敦一同变成把所谓爱丁堡底主语说明底形容词。伦敦和爱丁堡，不能够保持独立的存在，结局，另一方面，被放在一方面底形容词的依存的立场。就是主张关系底内面性，就一切的关系，被吸收在事物底性质之内，因而不得不把和他有关系底各种事物，看作一个绝对或者一个本体底属性。一切都归于一物一体，多就不能够说明。论理的法则，不消说，是处理普遍的，不拿特殊的事实做对象。然而普遍未必只由名词、形容词表示。动词、前置词，也表示普遍。例如所谓犬，所谓白，是名词、形容词的普遍。所谓在……之北，所谓同，所谓走，是用前置词、接续词、动词底形式所表示底普遍。所谓关系，不外乎用前置词所表示底普遍。不承认关系底外在，只依主宾底形式，就一切归一，不能够说明各种事物底实在。斯宾挪莎同黑智尔底哲学，是他底好例子。

罗素把关系，分类做（一）均整的（Symmetrical），（二）非均整的（Nonsymmetrical），（三）不均整的（Insymmetrical）。又（一）移行的（Transitive），（二）非移行的（Nontransitive），（三）不移行的（Intransitive）。罗素，用不均整的关系和移行的关系，说明物的世界。不均整的关系和移行的关系，是连续性底观念。有这个连续性底观念缘故，能够认识事物底同一性。连续性底观念，是认识同一性底基础。例如水结成冰底时候，我们所经验的，是水和冰，是各别的。然而有连续性底观念缘故。我们知道水结成冰。就是把水和冰看作同一。

罗素又依这个连续性底观念，论空间同时间，以及其他各种问题。像在前面所说，所谓空间，是各个人由视觉或者触觉知道的。所以空间，是视觉的、触觉的空间。因而空间，有私的、个人的性质。然而像这样有私的、个人的性质底无数空间，连续的组织，就是公的、三次元底世界。就是这个人底私的空间，和那个人底私的空间，不相同一。公的空间，是由这些私的空间所合成，是一个论理上底产物。像这样的世界，不能够感觉的经验。然而在论理上，是客观的可能世界。时间底方面，也同样，从无限邻接底私的时间，由连续性，成立一种公的时间。此外也同样。

罗素，承认普遍同论理的原则底客观的存立。然而他们不是由感觉的经验所知道，是直观的先验的所知道的。在这个地方，他是唯理论者。然而以为论理的判断，只指示可能的存在；真假，不可不由经验决定。在这个地方，是经验论者。

五 怀特海

怀特海（Alfred North Whitehead），是英国底哲学者。生在一千八百六十一年。少年时代，在剑桥大学，学数学。从一千九百十一年到一千九百十四年，在伦敦底大学院（University College），充任数学同力学讲师。从一千九百十四年到一千九百二十四年，充任帝国科学院（Imperial College of Science）底应用数学教授。发表许多重要的数学书。到最近，从数学进到哲学底分野。一千九百二十四年以后，应美国哈佛大学之聘，充任哲学教授。

他底主要的著作，有《数学原理》（Principia Mathematica）（本书和罗素合著），《自然的知识底原理》（Principles of Natural Knowledge），《自然底概念》（Concept of Nature），《科学和现代底世界》（Science and Modern World），《过程和实在》（Process and Reality）等。

有机体说

怀特海，像罗素一样，从数理哲学出发，主张实在论底哲学。像在罗素，关系都是实在一样；他把实在看作有机的体系。以为世界，在本质上，是有机体。电子和阳子（Proton），也可以看作有机体。就是依怀特海，整个的宇宙，是一个有机的全体。宇宙是一个过程（Process），这个过程，是许多现实的实体（Actualentity）所构成。而这些现实的实体，是彼此互相关系互相依靠的。宇宙，是一个有机的全体；而这些现实的实体，就是有机的全体当中底部分。全体能够影响部分，部分底存在，依他底全体的结构而变化。但是宇宙间，没有一个事物，不被别的事物所包含。换句话说，就是没有一个事物，不是别的事物当中底部分。再换句话说，就是宇宙间一切的事物，都互相渗透，互相含摄。像怀特海说：在某种意味，一切的事物，于一切时，在一切处。所以有机体底原则，普遍全宇宙。总之，他把宇宙看作许多现实的实体所构成底脉络相关（Solidarity）。

　　所谓现实的实体，怀特海有时候把他叫作现实的机遇（Actual occasion），又叫他做经验底点滴（Drops of experiences），就是罗素底所谓事情，并不是呆板的物质，而是一种事态或者事实。就是现实的实体，并不是物质的事物，而是那个事物，在那个特殊的时间、空间同那个特殊的环境之下发现底那个事实。依怀特海，所谓现实的实体，是由与料发生底经验活动。一个现实的实体，是一个感知就是积极的握住（Prehension）许多与料底过程。感知许多与料，而把他们吸收到个别的满足底个体（The unity of individual satisfaction）里面。每一个现实的实体，在他完成做某一个现实的实体底时候，就叫作满足，意思是说他已经达到主观的目的。就是每一个现实的实体，积极的握住：把这一个现实的实体构成底一部分永远的对象（Eternal obiect），和他本身以外宇宙间所有一切现实的实体。消极的握住：把他构成底永远的对象以外底另一部分永远的对象。当他完成做他自己底时候，就是得到个别的满足。在现实的实体得到满足底一下功夫，在这个暂时底逗留里，他完成做一个特殊的现实的实体。这个现实化底现实的实体，一方面，拿新影响供给其他现实的实体；一方面，因为受其他现实的实体底影响，又开始创造而变化成另一个现实的实体。像这样不断创造的前进，以至于无穷。所以每一个现实的实体，都是旋起旋谢，随生随灭的。然而他底存在，是一件不可磨灭的事实。

怀特海，把空间时间看作一个无限的扩张和一个无限的延续底合一。叫他做扩张的延续（Extensive continuum）。扩张，平常多半用以形容空间；而延续，是指时间。然而怀特海底所谓扩张的延续，兼指空间和时间底全部而言。空间时间，是合一的，不可分离的。我们只有一个宇宙间架，时间空间，是一个间架上交织在一起底两种秩序。一般人对于时间空间底素朴的看法，总以为先有时间，而后事情在里面先后相续；先有空间，而后物件在里面左右排列。其实时间空间底秩序，由现实的实体而起。现实的实体，被客观化底时候，于是延续，由延续而构成时间。又现实的实体，被客观化底时候，于是扩张；由扩张而构成空间。扩张的延续，就是时间空间底一齐向外的放射。就是大十字架的空间时间，变成一个向四面放射底一个整个的过程。怀特海把这个过程，叫作自然之流（Passage of nature），又叫作创造的前进（Creative advance），又叫作自然底创造力（Creative force）。

怀特海，把对象分做三种。第一感觉的对象，像红、方、香等类。第二知觉的对象，像椅子、笔、房子等类。第三科学的对象，像电子、量子、原子等类。他说最后的实在就是自然界终极的事实，是事情。至于对象，却在事情当中。所以他又建立一个新名词，就是进入（Ingression）。他把永远的对象，看作有普遍性。说像色、音、臭、几何学的性质等永远的对象，是被要求做自然底原理的，不是从自然跳出（Emerge）的。然而各永远的对象，是用他自体底特殊的形态，像他本来就是那样底个体。就是各永远的对象，是独特的存在。而在他就是那样以外，不能够叙述。所以永远的对象，他们底本质，是抽象的。他所谓是抽象的，意思是说永远的对象底本质，和叫作经验底特殊的场合，没有关系。就是在现实当中，从特殊的个体把他抽出所可理会而知（Comprehensible）。所谓抽象，是超越实际生起底具体的场合。然而所谓超越实际的场合，不是所谓从实际的场合分离底意思。和这个相反，各永远的对象，和像这样的各实际的场合，有相应的关系。叫他做进入各场合底样相（Mode of ingression）。

各永远的对象，也都有有机的相关性。换句话说，就是对象和对象之间，也是互相关系互相依靠的。被看作抽象的实体底永远的对象，不能够离开和其他永远的对象底关系，而且也不能够离开和现实的实体底关系。这个原理，可以换句话说，就是各永远的对象，有互相关系的本质。由像这样的互相关系的本质，决定对象如何能够进入实际的场合就是具体的事物当中。

事情，是不居故常的，是不断创造的前进日新月异的。而对象却无所谓新旧，只反复发现而已。事情所以常新，就是因为对象底进入各各不同底缘故。所以他说自然有两方面，一方面是变动不居的，一方面是常自同一的，他叫他做自然底两元性。

怀特海，把具体底原理（Principle of Concretion），叫作神，代替亚理斯多德底主动者。神不是具体，是为实现具体底基础。神底本性，是合理底根据，所以对于神底本性，什么理由也不能够给予。神又叫作最后的实体（Final entity）。最后的实体就是神底作用，是把永远的对象和现实的实体合而为一。神其实就是这个整个的宇宙。神有两种性质，一种是先在性（Primordial nature），一种是后在性（Consequental nature）。前一种，表现在一切永远的对象当中，就是可能世界。后一种，表现在一切现实的实体当中，就是现实世界。把这两方面合在一起看，就是神。

第四节　批判的实在论

批判的实在论（Critical Realism），是最近美国底一种新哲学思潮运动，在广义，也是一种新实在论。然而和所谓新实在论，论点多少有些不同。是继新实在论之后，想把他底见地加以批判修正，所倡导底学说。像新实在论者们，有六个人底共同著作一般；批判的实在论者们，有七个人底共同著作《批判的实在论论文集》（*Essays in Critical Realism*）。所谓七个人，是德锐克（Durant Drake），勒夫佐意（Arthur O. Lovejoy），勃拉特（James Bissett Pratt），罗哲士（Arthur K. Rogers），散达亚那（George Santayana），塞拉斯（Roy Wood Sellars），斯特龙（C. A. Strong）。这个拿散达亚那做中心底七个批判的实在论者，从一千九百十六年，互相协议。一千九百二十年，把他们几年来通信协议互相检讨底结果所得底共同理论，在各各不同的题目之下，各撰一篇论文，合成一本书，题做批判的实在论论文集，而发表。

这个批判的实在论，虽然是为想订正新实在论底见地而起底思潮。然而同样是实在论的，又同样继承詹姆士底实用主义当中所包含底思想；而对于杜威等，反而说自己是实用主义底嫡流。乃至尊重常识和科学，而又是多元的实在论；都是思潮上底气脉同样底地方。然而新实在论，把认识底主观和客观看作一体，不尊重主观和客观底区别，是认识论上底一元论。像在前面所说，新实在论，建立论理的实体，说他是中性的，同时可以说是心的存在，也可以说是物的存在。就是那个中性的论理的实体，是主观的，也是客观的。批判的实在论，对于这个，叫能认识就是能知底心理的主观，和被认识就是所知底客观物体对立。就这个地方说，他们在认识论上，采取二元论的立场。虽然，批判的实在论和新实在论，都同样认容与料就是实在或者事实，是多元的。但是依批判的实在论，新实在论底与料，虽然并非就是常识那样所谓与料，然而根本性质上，和他同样；认识主观，能够拿照所与原样底客观事物做与料而认识他。就是能知不拿什么变化给所知，把事物就那样认识。因而他里面不发生什么误谬。就是在外的世界的，和呈现在意识上的；也就是外物底真相，和知觉底内容同一；所以没有看错、听错、想错底道理。这个很不可解，和我们底经验的事实相反。就是实际上我们有许多的错觉、幻觉、误谬。何况视觉、听觉有异状的，不能够捕捉许多事实底真相呢。批判的实在论所谓与料，是叫作本质（Essence）、又普遍或者意义、又性质复合体（Character-Complex）、又作用、又意识内容种种名称的，不是单是所谓心理的、主观的意识状态底事实，又不是实际的、客观的、物理的存在，是恰巧位在主客两种底中间，然而有客观的意义底一种事实，而营为认识外界事物底活动的。也可以说是一种论理的实体，和英国实在论者底普遍相当。这个，在认识上、是直接与料。由这个活动，认识外界。就是批判的实在论，认许内的、心的状态，和外的、物的对象，各各存在。然而那些存在，不是直接与料。与料，是叫作本质的，就是现象底世界。从那个地方说，他们底学说，是一种现象论，就是批判的实在论把心的存在和物的存在，认为两种存在。在他底中间领域，设置所谓本质，把他看作直接与料。想在认识论上，从这个本质底领域，对于心和物底存在世界，建立某种关系。假如心和物、能知和所知底中间，没有这个本质，关系就不能够成立。这句话就是说主观和外界事物，不能够直接发生关系。也就是说主观底所知，不是外界事物本身，只是本质。就是当我们知觉一个事物底时候，伴随感觉而立刻就唤起的，只是知觉底内容，就是所谓本质，而不是外界事物底真相。外界事物，只可以由理会而知。就是依批判的实在论，我们不能够直接捕捉外界事物，只直接获得知觉底内容，再借这个知觉内容，去求真确知道外界事物。就是本质是我们认识外界事物底一个工具，本质所代表的，是一个意义。从这个意义，我们可以知道外界事物是什么。因此，本质不过是一种符号，一种象征。他不是物理的，就是不是外界事物本身。也不是心理的，就是不是心的状态，因而不是实际存在的。然而关于所谓本质，究竟是心理的，还是物理的底问题；七个批判的实在论者，意见却不一致，而分做两派。一派是勒夫佐意、勃拉特、塞拉斯等三个人，以为本质是精神上底存在，就是正知觉时候底心的状态。一派是其余的四个人，以为知觉底内容，不仅仅是心理的，而且夹杂有因有机体而必然发生的，也有的确是属于外界事物的。

因为与料，不是像新实在论者所说就是客观的存在底缘故；于是有误谬发生。然而不是单是心理的一时的事实，虽然是心所思，然而有一种客观的妥当性，而论理的存在。所以他们底与料，位在所谓心理的、主观的和所谓物理的、客观的底中间；一面和心理的事实相合，成为性质群（Quality-group）；一面和物理的事实同一化（Identity），成为客观的知识。而他们关于对于不是客观事物本身底与料，如何能够和他同一化而成为知识底说明；用实用主义底解释法。就是根据与料所指示底活动，而在实用上奏效，就肯定与料底认识的价值，就是肯定那个与料是表记客观事物的。在这里，他们是实用主义底徒众。然而不像杜威等是彻底的，却是在说明困难底地方，应用实用论的方法。

现在再拿德锐克底《到批判的实在论底门路》（*The Approach to Critical Realism*）做中心，概观他们底学说。依德锐克，大凡论究知识常有底态度，是主观论的态度，和客观论的态度。客观论的态度，像说知觉与料是外的存在，而我们就那样把他认识底素朴的实在论；是他底典型的。这个，不消说，是实在论。然而主观论的态度，也可以说是实在论。什么缘故呢？主观论者，也说知觉与料，是心的存在；而他是一种不可疑的事实缘故。所以两种学说所归，都不外乎实在论。虽然，说知觉与料，就那样是外的、物的存在，也错误。又说他是内的、心的存在，也错误。所以知觉与料，是直接呈现在我们意识上底性质复合体，他可以看作就那样表示外界事物的，然而实在不是外界事物本身，但是又不是心的状态。介在两种存在中间，制作所谓本质底领域，拿他做与料，去认识内外底存在世界。批判的实在论，像这样，在认识论上，是二元论的。然而把认识论的出发点，放在和心物任何一种存在世界也不同底本质。所以他们在一方面，反对主观主义的认识论。同时在另一方面，反对客观主义的实在论。在那种意味，也反对新实在论。

什么缘故反对主观主义呢？他们底意见，是像这样就光是心理学的经验界存在。而我们底经验内容，变成极其狭窄。我们断不能够以为光是我们底意识内容，是存在世界。我们所相信底存在世界，比在主观的意味底经验界更广。不得不以为种种的事物，离开我们经验他，而他自身存在。就是不能够禁止客观的实在论的思想。相信周围底物的世界存在，可以说是我们底本能的信仰。借散达亚那底话说，就他可以说是动物的信仰。我们反应周围底世界而活动，所以在那个范围以内，不能够只甘于心的存在底世界。照知觉与料，断定事物存在；或者错误。然而以为他存在，是本能的、实际的不能够避免底信仰。所以主观主义，从这个本能的实际的生活底要求看，不能够承认。像这样，可以说是从实用论的态度，对于主观主义底攻击。而且主观主义者，也在自己底心的存在之外，认许别人底心的存在罢？这样，那么，在那种意味，恐怕就不能够否认他物底存在。

像这样说来，他们也可以看作党与客观的实在主义或者素朴的实在论的。然而像先前也已经说过，断不这样。他们把新实在论，看作一种素朴的实在论。或者把霍尔特底学说，或者把罗素底理论提来；加以非难。对于新实在论者们，建立中性的论理的实体；又对于说直接与料底感觉世界，也可以看作实在底破片；而无论什么人底感觉与料，都各各是一片事实是存在底学说；尽力加以攻击。

他们从像这样的论旨，批评新实在论，像在前面所说，非难做不能够把我们底误谬、错觉、幻觉说明底学说。新实在论，更犯把现象从时间的、空间的关系撤掉去看底谬见。例如现在在这里看见在天空辉耀底星光。这个是知觉与料。然而依他们，那个星光，是同时存在底星光。但是那个实际的星，也许在几年前消逝。什么缘故呢？光底速度有限，所以也许在那个星光到达地球以前，实际的星，已经消逝。这样，那么，就不能够说他是存在。又例如听见雷鸣，那个是知觉与料。然而实际是几秒钟前底事情。这样，那么，就不能够说他就那样存在。所以不可以把知觉与料看作就那样存在。此外，无论关于什么知觉与料，也像这样，不能够说他就那样是外的事实。在这个意味，像新实在论，就是站在素朴的客观的实在的立场底学说，虽然能够满足急急以为通通都是存在都是实际的事实底本能的、动物的信仰，然而不能够叫真知见满足。

像这样，批判的实在论者说知觉与料乃至意识与料，是一种呈现（Appearance）底世界，是性质复合体底世界，是本质底世界。虽然说是存立，然而不能够说他自身存在。存在的，是外的物的事件和内的心的事件。在意识与料能够的确指示他们底时候，说是真正的知觉。而在与料本身，真和假都不能够决定。所以知觉与料，不是被知见事物底头际的部分，也不是从他选出底侧面，是所谓性质复合体乃至本质。而在知觉底时候，不得不把他看作外的存在底性质。然而在知觉底时候，断没有能够说知觉与料底性质，就真正是外的存在底性质底证据，也许单是想象的幻觉的所与，理论上常时可能缘故。虽然，我们有不得不把像这样的性质，看作外的事物底性质底本能的要求。而他在实际实行底生活，假如没有错误，依从他能够遂行，在那个意味，就不妨说是真实。

现在把知觉与料，从极其主观上说。然而依他们，知觉与料，不是就那样是所谓心的状态。例如以为桌子底下面有蛇，只采取所谓"以为"底心作用，固然是心的状态。然而以为有底蛇，他是错觉，是性质复合体。这个是无论在如何的场合，也是就知觉与料说，因而把知觉与料就那样看作心的状态，和把他就看作物的状态，一同错误。

所以知觉与料，无论是在错觉底场合，在幻觉底场合，乃至在正觉底场合；都是同样的性质复合体乃至本质，是一种存立底领域。虽然，像先前说过，有与料呈现，就无论如何，也不得不同时以为他存在。例如看见碗，就以为碗存在；看见钢笔，就以为钢笔存在。虽然，有时那个是错觉，是幻觉。然而我们尽管以为他存在。所以知觉与料底世界，是被想象做存在底世界，就是"以为"底世界。碗底知觉，是想象做碗。钢笔底知觉，是想象做钢笔。那个所谓想象，不是所谓空想的想象，是自然生起底想象。用这个意味，就一切知觉与料毕竟是想象与料。像这样，他们所谓本质乃至性质复合体就是与料底世界，在物的存在和心的存在之间，取得不思议的位置。批判的实在论者和新实在论者，现在还继续剧烈的论争。而在另一方面，又和杜威等底实用主义混乱，形成盛大的论坛。批判的实在论者，其后更发表独自底研究论文的也有，例如斯特龙底《意识底起源》（*Origin of Consciousness*），德锐克底《精神和他在自然界底位置》（*Mind and its Place in Nature*），又散达亚那底《怀疑主义和动物的信仰》（*Scepticism and Animal Faith*），以及《本质底领域》（*Realm of Essence*）等类；最值得注目。但是七个批判的实在论者，他们关于认识论上底意见，虽然发见互相一致，而共同主张。然而关于本体论乃至形而上学上底主张，却未必完全互相一致。

美国底实在论者，多半属于新实在论或者批判的实在论。又新实在论者斯波尔丁，最近著《新唯理主义》（*New Rationalism*）一书，反对自然主义，说新实在论的见地，是和主张事实底实在同时，主张理想底实在。在英国，批判的实在论者，有赖尔德（John Raird）。

参考书目

《西洋哲学史》　　　顾西曼著　瞿世英译　　　商务印书馆出版

《西洋哲学史》　　　威柏尔　柏雷合著　詹文浒译　世界书局出版

《西洋哲学史 ABC》　张东荪著　　　　　　　世界书局出版

《新哲学论丛》　　　张东荪著　　　　　　　商务印书馆出版

《现代哲学小引》　　李石岑著　　　　　　　商务印书馆出版

Rogers：Student's History of Philosophy

Windelbend：A History of Philosophy

Thilly：History of Philosophy

Alfred Weber and R. B. Perry：History of Philosophy

R. B. Perry：Present Philosophical Tendencies

Aliotta：The Idealistic Reaction against Science

H. Höffding：The Modern Philosophers

J. Royce：spirit of Modern Philosophy

《西洋哲学史》　　　大西祝著

《西洋哲学史要》　　波多野精一著

《西洋哲学史》　　　蟹江义丸著

《西洋哲学史讲义》　高桥敬视著

《西洋哲学史》　　　帆足理一郎著

《近世西洋哲学史》　　冈岛诱著

《近世哲学史》　　　　哈夫定著　北昑吉译

《现代哲学思潮大系》　西官藤朝著

《现代哲学概论》　　　金子筑水著

《现代哲学大纲》　　　三浦藤作著

《现代哲学史》　　　　大岛丰著

图书在版编目（CIP）数据

黄忏华西洋哲学史纲：全2册 / 黄忏华著 . -- 北京
：北京联合出版公司, 2013.10（2025.4 重印）
（民国大师文库）
ISBN 978-7-5502-2129-1

Ⅰ. ①黄…　Ⅱ. ①黄…　Ⅲ. ①西方哲学—哲学史
Ⅳ. ① B5

中国版本图书馆 CIP 数据核字（2013）第 253192 号

黄忏华西洋哲学史纲

作　　者：黄忏华
选题策划：北京三联弘源文化传播有限公司
责任编辑：李　征

北京联合出版公司出版
（北京市西城区德外大街 83 号楼 9 层　100088）
天津海德伟业印务有限公司印制　　新华书店经销
字数 453 千字　710 毫米 ×1000 毫米　1/16　32.5 印张
2014 年 1 月第 1 版　2025 年 4 月第 3 次印刷
ISBN 978-7-5502-2129-1
定价：165.00 元（全 2 册）